El queso y los gusanos

Contemporánea
Humanidades

CARLO GINZBURG

EL QUESO Y LOS GUSANOS

EL COSMOS SEGÚN UN MOLINERO DEL SIGLO XVI

Traducción de Francisco Martín

Traducción de las citas latinas al cuidado de Francisco Cuartero

Traducción del posfacio de Patricia Orts García

AUSTRAL

PENÍNSULA

PEFC Certificado
El papel de este libro procede de bosques gestionados de forma sostenible
PEFC
PEFC/14-38-00305 www.pefc.es

Título original: *Il formagio e i vermi*

Ediciones Península,
Avda. Diagonal, 662-664 08034 Barcelona
edicionespeninsula@planeta.es
www.edicionespeninsula.com

Diseño de la colección: Compañía
Adaptación de la cubierta: Austral / Área Editorial Grupo Planeta
Primera edición en Austral: enero de 2026
Segunda impresión: julio de 2026
Tercera impresión: septiembre de 2026

Depósito legal: B. 21.114-2025
ISBN: 978-84-1100-449-7
Impreso en España

Biografía

Carlo Ginzburg (Turín, Italia, 1939) es doctor en Filosofía y Letras por la Universidad de Pisa. Historiador original, en ocasiones provocativo, ha tratado de demostrar las limitaciones de ciertos aspectos de la metodología histórica tradicional y se ha erigido en uno de los principales representantes de la llamada «microhistoria», de la que *El queso y los gusanos* (1976) es una de las más acabadas muestras. Ha enseñado en las universidades de Bolonia, Yale, Harvard, Princeton y California. En la actualidad es profesor emérito *(emeritus)* en la Scuola Normale Superiore de Pisa. Sus obras han sido traducidas a una veintena de lenguas.

A Luisa

ÍNDICE

PREFACIO

1

Antes era válido acusar a quienes historiaban el pasado de consignar únicamente las «gestas de los reyes». Hoy día ya no lo es, pues cada vez se investiga más sobre lo que ellos callaron, expurgaron o simplemente ignoraron.[1] «¿Quién construyó Tebas de las siete puertas?», pregunta el lector obrero de Brecht.[2] Las fuentes nada nos dicen de aquellos albañiles anónimos, pero la pregunta conserva toda su carga.[3]

2

La escasez de testimonios sobre los comportamientos y actitudes de las clases subalternas del pasado es fundamentalmente el primer obstáculo, aunque no el único, con que tropiezan las investigaciones históricas. No obstante, es una regla con excepciones. Este libro narra la historia de un molinero friulano —Domenico Scandella, conocido como Menocchio— muerto en la hoguera por orden del Santo Oficio tras una vida transcurrida en el más completo anonimato. Los expedientes de los dos procesos en que se vio involucrado a quince años de diferencia nos facilitan una elocuente panorámica de sus ideas y sentimientos, de sus fantasías y aspiraciones. Otros documentos nos aportan información sobre sus actividades económicas y la vida de sus hijos. Incluso disponemos de páginas autógrafas y de una lista parcial de sus lecturas (sabía, en efecto, leer y escribir). Cierto que nos gustaría saber otras muchas cosas sobre Menocchio, pero con los datos disponibles ya podemos reconstruir un fragmento de lo que se ha dado en llamar «cultura de las clases subalternas» o «cultura popular».[4]

3

La existencia de diferencias culturales dentro de las denominadas sociedades civilizadas constituye la base de la disciplina que paulatinamente se ha autodefinido como folclore, demología, historia de las tradiciones populares y etnología europea.[5] Pero el empleo del término «cultura» como definición del conjunto de actitudes, creencias, patrones de comportamiento, etc., propios de las clases subalternas en un determinado período histórico, es relativamente tardío y préstamo de la antropología cultural. Sólo a través del concepto de «cultura primitiva» hemos llegado a reconocer la entidad de una *cultura* entre aquellos que antaño definíamos de forma paternalista como «el vulgo de los pueblos civilizados». La mala conciencia del colonialismo se cierra de este modo con la mala conciencia de la opresión de clase. Con ello se ha superado, al menos verbalmente, no ya el concepto anticuado de folclore como mera cosecha de curiosidades, sino incluso la postura de quienes no veían en las ideas, creencias y configuraciones del mundo de las clases subalternas más que un acervo desordenado de ideas, creencias y visiones del mundo elaboradas por las clases dominantes quizá siglos atrás. Llegados a este punto, se plantea la discusión sobre qué relación existe entre la cultura de las clases subalternas y la de las clases dominantes. ¿Hasta qué punto es en realidad la primera subalterna a la segunda? O, por el contrario, ¿en qué medida expresa contenidos cuando menos parcialmente alternativos? ¿Podemos hablar de circularidad entre ambos niveles de cultura?

No hace mucho, y ello no sin cierto recelo, que los historiadores han abordado este problema. No cabe duda de que el retraso, en parte, se debe a la persistencia difusa de una concepción aristocrática de la cultura. Muchas veces, ideas o creencias originales se consideran por definición producto de las clases superiores, y su difusión entre las clases subalternas como un hecho mecánico de escaso o nulo interés; a lo sumo se pone de relieve con suficiencia la «decadencia», la «deformación» sufrida por tales ideas o creencias en el curso de su transmisión. Pero la reticencia de los historiadores tiene otro fundamento más notorio, de índole metodológico más que ideológico. En comparación con los antropólogos y los investigadores de las tradiciones populares, el historiador parte en notoria desventaja. Aún hoy día la cultura de las clases subalternas es una cultura *oral* en su mayor parte (con mayor motivo en los siglos pasados).[6] Pero está claro: los historiadores no pueden entablar diálogo con los campesinos del siglo XVI (además, no sé si les entenderían). Por lo tanto, tienen que echar mano de fuentes escritas (y, eventualmente, de hallazgos arqueológicos) doblemente indirectas: en tanto que *escritas* y en tanto que escritas por individuos vinculados más o menos abiertamente con la cultura dominante. Esto significa que las ideas, creencias y esperanzas de los campesinos y artesanos del pasado nos llegan (cuando nos llegan) a través de filtros intermedios y deformantes. Sería suficiente para disuadir de entrada cualquier intento de investigación en esta vertiente.

Los términos del problema cambian radicalmente si nos proponemos estudiar no ya la «cultura producida por las clases populares», sino la «cultura impuesta a las clases populares». Es el objetivo que se marcó hace diez años R. Mandrou,[7] basándose en una fuente hasta entonces poco explotada: la literatura de *colportage*, es decir, los libritos de cuatro cuartos, toscamente impresos (almanaques, coplas, recetas, narraciones de prodigios o vidas de santos) que vendían en las ferias y las poblaciones rurales los comerciantes ambulantes. El inventario de los temas más recurrentes llevó a Mandrou a formular una conclusión algo precipitada. Esta literatura, que él denomina «de evasión», habría alimentado durante siglos una visión del mundo imbuida de fatalismo y determinismo, de portentos y de ocultismo, que habría impedido a sus lectores la toma de conciencia de su propia condición social y política, con lo que habría desempeñado, tal vez conscientemente, una función reaccionaria.

Pero Mandrou no se ha limitado a considerar almanaques y poemas como documentos de una literatura deliberadamente popularizante, sino que, dando un salto brusco e injustificado, los ha definido, en tanto que instrumentos de una aculturación triunfante, como «reflejo [...] de la visión del mundo» de las clases populares del Antiguo Régimen, atribuyendo tácitamente a éstas una absoluta pasividad cultural, y a la literatura de *colportage* una influencia desproporcionada. A pesar de que, según parece, las tiradas eran muy altas y aunque, probablemente, cada ejemplar se leía en voz alta y su contenido llegaba a una amplia audiencia de analfabetos, los campesinos capaces de leer —en una sociedad en la que el analfabetismo atenazaba a tres cuartas partes de la población— eran sin duda una escasa minoría. Identificar la «cultura producida por las clases populares» con la «cultura impuesta a las masas populares», dilucidar la fisonomía de la cultura popular exclusivamente a través de los proverbios, los preceptos, las novelitas de la *Bibliothèque bleue* es absurdo. El atajo elegido por Mandrou para soslayar la dificultad que implica la reconstrucción de una cultura oral le devuelve de hecho al punto de partida.[8]

Se ha encaminado por el mismo atajo con notable ingenuidad, aunque con muy distintas premisas, G. Bollème. Esta investigadora ve en la literatura de *colportage*, más que el instrumento de una (improbable) aculturación triunfante, la expresión espontánea (más improbable aún) de una cultura popular original y autónoma, influida por los valores religiosos. En esta religión popular, basada en la humanidad y pobreza de Cristo, se habría fundido armoniosamente la naturaleza con lo sobrenatural, el miedo a la muerte con el afán por la vida, la aceptación de la injusticia con la rebeldía contra la opresión. Está claro que de este modo se sustituye «literatura destinada al pueblo» por «literatura popular» dejándola al margen de la cultura producida por las clases dominantes. Cierto que Bollème plantea de pasada la hipótesis de un desfase entre el opusculario en sí y la forma en que presumiblemente lo leían las clases populares, pero también esta utilísima puntualización es en sí estéril pues desemboca en el postulado de una «creatividad popular» imprecisa y aparentemente intangible, subsidiaria de una tradición oral que no ha dejado huellas.[9]

4

La imagen estereotipada y edulcorada de cultura popular que constituye el punto de llegada de estas investigaciones contrasta enormemente con la vigorosa conclusión esbozada por M. Bajtin en un libro fundamental sobre Rabelais y la cultura popular de su época.[10] Según parece, *Gargantúa* o *Pantagruel*, no leídos probablemente por ningún campesino, son de mayor utilidad para nuestra comprensión de la cultura rural que el *Almanach des bergers* que, por el contrario, debió de circular generosamente por la campiña francesa. En el centro de la cultura reconstruida por Bajtin hay que situar el carnaval: mito y rito en el que confluyen la exaltación de la fertilidad y la abundancia, la jocosa inversión de todos los valores y jerarquías, el sentido cósmico del fluir destructor y regenerador del tiempo. Según Bajtin, esta visión del mundo, elaborada a lo largo de los siglos por la cultura popular, se contrapone expresamente, sobre todo en los países meridionales, al dogmatismo y a la seriedad de la cultura de las clases dominantes. Sólo teniendo en cuenta esta contraposición resulta comprensible la obra de Rabelais. Su comicidad procede directamente de los temas carnavalescos de la cultura popular. Por lo tanto, dicotomía cultural, pero también circularidad, influencia recíproca —especialmente intensa durante la primera mitad del siglo XVI— entre cultura subalterna y cultura hegemónica.

En parte son hipótesis no todas avaladas por una buena documentación. Pero quizá el alcance del apasionante libro de Bajtin sea otro: los protagonistas de la cultura popular —campesinos, artesanos— que él trata de describir, hablan casi exclusivamente por boca de Rabelais. La propia riqueza de las perspectivas de investigación indicadas por Bajtin nos faculta para desear una indagación directa, sin intermediarios, del mundo popular. Aunque en este terreno de investigación, por los motivos que hemos expuesto, es muy difícil sustituir una estrategia elusiva por una estrategia directa.

5

Hay que admitir que cuando se habla de filtros e intermediarios deformantes tampoco hay que exagerar. El hecho de que una fuente no sea «objetiva» (tampoco un inventario lo es) no significa que sea inutilizable. Una crónica hostil puede aportarnos valiosos testimonios sobre comportamientos de una comunidad rural en rebeldía. En este aspecto, el análisis realizado por E. Le Roy Ladurie sobre el «carnaval de Romans» es ejemplar.[11] En general, frente a la metodología insegura y la pobreza de resultados de la mayoría de los estudios dedicados específicamente a la definición de lo que era la cultura popular en la Europa preindustrial, destaca el nivel de investigación de obras como las de N. Z. Davis y E. P. Thompson sobre el «Charivari», que arrojan luz sobre aspectos particulares de aquella cultura. Aunque la documentación sea exigua, dispersa y difícil, puede aprovecharse.

Pero el temor a incurrir en un desprestigiado positivismo ingenuo, unido a la exacerbada conciencia de la violencia ideológica que puede ocultarse tras la más normal y aparentemente inocua operación cognoscitiva, induce actualmente a muchos historiadores a arrojar el agua con el niño dentro —sin metáforas—, a descartar la cultura popular con la documentación que nos facilita de aquélla una imagen más o menos deformada. Después de criticar (y con razón) los estudios mencionados sobre literatura de *colportage*, un grupo de investigadores[12] ha llegado a preguntarse si «la cultura popular existe fuera del gesto que la suprime». La pregunta es pura retórica y la respuesta es claramente negativa. Esta especie de neopirronismo parece paradójico de entrada, ya que tras ello hallamos los estudios de M. Foucault, y éstos son los que con mayor autoridad, junto con su *Historia de la locura*, han llamado la atención respecto a las prohibiciones y barreras a través de las cuales se constituyó históricamente nuestra cultura.[13] Si miramos con atención, no obstante, la paradoja es sólo aparente. Lo que fundamentalmente interesa a Foucault son los gestos y criterios de la exclusión; los excluidos, menos. En la *Historia de la locura* ya estaba parcialmente implícita la trayectoria que induciría a Foucault a escribir *Las palabras y las cosas* y *La arqueología del saber*. La redacción de estas dos obras fue casi con certeza acelerada por las facilonas objeciones nihilistas planteadas por J. Derrida a la *Historia de la locura*. No se puede hablar de la locura en un lenguaje históricamente partícipe de la razón occidental, y en consecuencia del proceso que ha conducido a la represión de la propia locura: el punto de equilibrio de que ha dotado Foucault a su obra —dice en síntesis Derrida— no existe, no puede existir. De tal forma que el ambicioso proyecto foucaultiano de una *archéologie du silence* se ha transformado en un silencio puro y simple, eventualmente acompañado de una muda contemplación estetizante.

De esta involución da testimonio un volumen que reúne varios ensayos de Foucault y de sus colaboradores, además de una serie de documentos diversos sobre el caso de un joven campesino de principios del siglo XIX que mató a su madre, a una hermana y a un hermano. El análisis versa fundamentalmente sobre la intersección de dos lenguajes de la exclusión, que tienden a negarse alternativamente: el judicial y el psiquiátrico. La figura del asesino, Pierre Rivière, acaba por trasladarse a un segundo plano, llegado el momento en que precisamente se publica un memorial escrito a petición de los jueces, en el que aquél explica cómo llegó a cometer el triple asesinato. Se excluye explícitamente la posibilidad de interpretación de este texto, porque ello equivaldría a forzarlo, reduciéndolo a una «razón» ajena. No queda más que el «estupor» y el «silencio», únicas reacciones legítimas.

Vemos que el irracionalismo estetizante es la única meta de esta serie de investigaciones. Apenas se acentúa la relación oscura y contradictoria de Pierre Rivière con la cultura dominante; se pasan por alto, sin más, sus lecturas (almanaques, libros piadosos, aunque también *Le bon sens du curé Meslier*). Se prefiere describírnoslo vagando por los bosques después de cometer el delito, como «un hombre inculto [...] un animal sin instintos [...] un ser mítico, monstruoso, imposible de definir por ser ajeno a todo orden enunciable». Se cae en éxtasis ante una enajenación absoluta, éxtasis que no es más que el resultado de eludir el análisis y la interpretación. Las víctimas de la exclusión social se convierten en depositarias del único *discurso* radicalmente alternativo a las mentiras de la sociedad establecida; un discurso que pasa por el delito y la antropofagia, que se encarna indiferentemente en el memorial redactado por Pierre Rivière o en su matricidio. Es un populismo de signo contrario, un populismo «negro», pero en definitiva populismo.

6

Lo que hemos dicho hasta ahora demuestra con amplitud la ambigüedad del concepto de «cultura popular». Se atribuye a las clases subalternas de la sociedad preindustrial una adaptación pasiva a los subproductos culturales excedentes de las clases dominantes (Mandrou), o una tácita propuesta de valores, si acaso parcialmente autónomos respecto a la cultura de aquéllas (Bollème), o una ajenidad absoluta que se sitúa sin rebozo más allá, o mejor dicho más acá, de la *cultura* (Foucault). Es mucho más valiosa la hipótesis formulada por Bajtin de una influencia recíproca entre cultura de las clases subalternas y cultura dominante. Aunque precisar el modo y el momento de tal influencia (ha comenzado a hacerlo con óptimos resultados J. Le Goff)[14] significa afrontar el problema con una documentación que, en el caso de la cultura popular, como hemos señalado, es casi siempre indirecta. ¿Hasta qué punto los eventuales elementos de cultura hegemónica rastreables en la cultura popular son fruto de una aculturación[15] más o menos deliberada, o de una convergencia más o menos espontánea, y no de una deformación inconsciente de las fuentes, claramente proclives a reducir al silencio lo común y lo corriente?

Hace años tuve que afrontar un problema similar durante una investigación sobre los procesos de brujería[16] entre los siglos XVI y XVII. Quería saber qué había representado en realidad la brujería para sus propios protagonistas: las brujas y los brujos; pero la documentación con que contaba (los procesos, y no digamos los tratados de demonología) constituía una barrera tan impenetrable que ocultaba irremediablemente el estudio de la brujería popular. A cada paso tropezaba con los esquemas de origen culto de la brujería inquisitorial. La única brecha en el obstáculo fue el descubrimiento de un filón de creencias hasta entonces ignoradas, y centradas en los *benandanti*, un culto agrario cuya existencia se puede verificar en el Friuli entre el siglo XVI y el XVII. La discrepancia entre las preguntas de los jueces y las respuestas de los acusados —discrepancia que no podía achacarse ni al trauma del interrogatorio ni a la tortura— traslucía un profundo núcleo de creencias populares sustancialmente autónomas.

Las confesiones de Menocchio, el molinero friulano protagonista de este libro, constituyen en ciertos aspectos un caso análogo al de los *benandanti*. También aquí la irreductibilidad a esquemas conocidos de parte de los razonamientos de Menocchio nos hace entrever un caudal no explorado de creencias populares, de oscuras mitologías campesinas. Pero lo que hace más complicado el caso de Menocchio es la circunstancia de que estos oscuros elementos populares se hallan engarzados en un conjunto de ideas sumamente claro y consecuente, que van desde el radicalismo religioso y un naturalismo de tendencia científica hasta una serie de aspiraciones utópicas de renovación social. La abrumadora convergencia entre la postura de un humilde molinero friulano y las de los grupos intelectuales más refinados y conscientes de la época vuelve a plantear, de pleno derecho, el problema de la circulación cultural formulado por Bajtin.

7

Antes de examinar en qué medida las confesiones de Menocchio nos ayudan a precisar el problema, es justo preguntarse qué relevancia pueden tener, en general, las ideas y creencias de un individuo de su nivel social considerado aisladamente. En un momento en que hay equipos enteros de investigadores que emprenden ambiciosas empresas de historia *cuantitativa* de las ideas o de historia religiosa *seriada*,[17] proponer una indagación lineal sobre un molinero puede parecer paradójico y absurdo: casi un retorno al telar manual en la época del telar automático. Es sintomático que la viabilidad de una investigación de este tipo haya sido descartada de antemano por los que, como F. Furet, sostienen que la reintegración de las clases inferiores en la historia sólo es posible bajo el epígrafe «del número y del anonimato», a través de la demografía y la sociología, «del estudio cuantitativo de la sociedad del pasado».[18] Con semejante aserto por parte de los historiadores, las clases inferiores quedarían condenadas al «silencio».

Pero si la documentación nos ofrece la posibilidad de reconstruir no sólo masas diversas, sino personalidades individuales, sería absurdo rechazarla. Ampliar hacia abajo la noción histórica de «individuo» no es objetivo de poca monta. Existe ciertamente el riesgo de caer en la anécdota, en la vilipendiada *histoire événementielle* (que no es sólo, ni necesariamente, historia política).[19] Pero no es un riesgo insalvable. En algunos estudios biográficos se ha demostrado que en un individuo mediocre, carente en sí de relieve y por ello representativo, pueden escrutarse, como en un microcosmos, las características de todo un estrato social en un determinado período histórico, ya sea la nobleza austríaca o el bajo clero inglés del siglo XVII.[20]

¿Es éste el caso de Menocchio? Ni mucho menos. No podemos considerarlo como un campesino «típico» (en el sentido de «medio», «estadísticamente más frecuente») de su época: su relativo aislamiento de la aldea no plantea dudas. A los ojos de sus paisanos Menocchio era un hombre cuando menos distinto de los demás. Pero esta singularidad tiene límites precisos. De la cultura de su época y de su propia clase no escapaba nadie sino para entrar en el delirio y en la falta de comunicación. Como la lengua, la cultura ofrece al individuo un horizonte de posibilidades latentes, una jaula flexible e invisible para ejercer dentro de ella la propia libertad condicionada.[21] Con claridad y lucidez inusitadas Menocchio articuló el lenguaje de que históricamente disponía. Por ello en sus confesiones podemos rastrear, con una facilidad casi exasperante, una serie de elementos convergentes, que en una documentación análoga contemporánea o algo posterior aparecen dispersos o apenas mencionados. Ciertos sondeos confirman las existencia de indicios que nos llevan a una cultura rural común. En conclusión: también un caso límite (y el de Menocchio lo es) puede ser representativo.[22] Tanto en sentido negativo —porque ayuda a precisar qué es lo que debe entenderse, en una determinada situación, por «estadísticamente más frecuente»—, como en sentido positivo, al permitir circunscribir las posibilidades latentes de algo (la cultura popular) que se advierte sólo a través de documentos fragmentarios y deformantes, procedentes en su mayoría de los «archivos de la represión».[23]

Con ello no deseamos confrontar las indagaciones cualitativas con las cuantitativas.[24] Simplemente queremos hacer hincapié en que, en lo que respecta a la historia de las clases subalternas, el rigor de éstas no puede prescindir (o, si se quiere, no puede *todavía* prescindir) del vituperado impresionismo de aquéllas. El alegato de E. P. Thompson contra el «grosero impresionismo del ordenador, que repite *ad nauseam* un elemento simple recurrente, ignorando todos los datos documentales para los que no ha sido programado», es literalmente cierto, en el sentido de que, como es lógico, el ordenador no piensa: sólo ejecuta. Por otra parte, sólo con una serie de profundas indagaciones particulares podemos elaborar un programa articulado para someterlo al ordenador.

Pondremos un ejemplo concreto. En los últimos años se han llevado a cabo varias investigaciones cuantitativas sobre la producción bibliográfica francesa del siglo xviii y su difusión, con el justísimo propósito de ampliar el cuadro de la historia tradicional de las ideas mediante el censo de una interminable lista de títulos (casi cuarenta y cinco mil) hasta la fecha sistemáticamente ignorados por los eruditos.

Únicamente de este modo —se ha dicho— podremos evaluar la incidencia del elemento inerte, estático de la producción libresca, y al mismo tiempo comprender el significado de ruptura de las obras verdaderamente innovadoras. A este planteamiento, un investigador italiano, F. Diaz, ha objetado que, por una parte, se corre el riesgo casi siempre de descubrir lo evidente y, por otra, de quedar detenido en algo que es históricamente desviante.[25] En pocas palabras: los campesinos franceses de finales del siglo XVIII no asaltaron los castillos de la nobleza porque hubieran leído *L'ange conducteur*, sino porque «las nuevas ideas más o menos implícitas en las noticias que llegaban de París» confluyeron con «intereses y [...] antiguos rencores». Está bien claro que esta segunda objeción (la otra tiene mayor fundamento) niega de hecho la existencia de una cultura popular, aparte de la unidad de la investigación sobre las ideas y creencias de las clases subalternas, volviendo a proponer la vieja historia de las ideas, de tipo exclusivamente verticalista. En realidad la crítica que hay que hacer a las investigaciones históricas cuantitativas es de otra índole: no es que sean demasiado poco verticalistas, sino que todavía lo son demasiado. Parten del supuesto de que no sólo los textos, sino más aún los títulos, dan una orientación inequívoca, hecho que pierde cada vez más verosimilitud conforme desciende el nivel social del lector. Almanaques, coplas, libros piadosos, vidas de santos, todo el variopinto opusculario que constituía la masa de la producción libresca de antaño, nos parece actualmente estático, inerte, siempre igual a sí mismo; pero, ¿cómo lo leía el público de entonces?[26] ¿En qué medida la cultura primordialmente oral de aquellos lectores interfería con el disfrute del texto, modificándolo, remodelándolo hasta casi desnaturalizarlo? Las referencias de Menocchio a sus lecturas nos dan un ejemplo flagrante de esta relación con el texto, muy distinta de la del lector culto de nuestros días. Esto nos permite, en suma, medir el desfase (a que alude con justicia la hipótesis de Bollème) entre los textos de la literatura «popular» y el modo en que los leían campesinos y artesanos. Cierto que en el caso de Menocchio este desfase es más pronunciado y nada corriente, pero también esta singularidad nos facilita indicaciones valiosas para seguir investigando. En el caso de la historia cuantitativa de las ideas, por ejemplo, sólo la constatación de la variabilidad, histórica y social, de la figura del lector nos puede encaminar a las premisas de una historia de las ideas igualmente distinta desde un punto de vista *cualitativo*.

8

El desfase entre los textos leídos por Menocchio y la manera en que los asimiló y refirió a sus inquisidores, indica que sus actitudes no son imputables o reducibles a tal o cual libro. Por una parte, nos remiten a una tradición oral probablemente muy antigua. Por otra, reclaman una serie de temas elaborados por los grupos heréticos de formación humanista: tolerancia, tendencia a reducir la religión a un concepto moral, etc. Es una dicotomía puramente aparente que nos remite en realidad a una cultura unitaria, en la cual no podemos operar por cortes precisos. Incluso si Menocchio hubiera entrado en contacto, de forma más o menos inmediata, con ambientes doctos, sus afirmaciones en defensa de la tolerancia religiosa, su deseo de una renovación radical de la sociedad, poseen un timbre original y nos parecen consecuencia de influencias externas asumidas de forma pasiva. La raíz de tales afirmaciones y aspiraciones es antigua, se afirma en un acervo oscuro, casi indescifrable, de remotas tradiciones rurales.

En estas circunstancias podríamos preguntarnos si lo que emerge de los razonamientos de Menocchio más que una «cultura» es una «mentalidad».[27] Aunque lo parezca, no es una distinción perogrullesca. Lo que ha caracterizado los estudios históricos sobre la mentalidad es la recurrencia de elementos inertes, oscuros, inconscientes de una determinada visión del mundo. Las supervivencias, los arcaísmos, la afectividad, lo irracional, todo ello delimita de modo específico la historia de la mentalidad, diferenciándola con bastante nitidez de las disciplinas paralelas ya consolidadas, como la historia de las ideas o la historia de la cultura (aunque algunos investigadores no establezcan diferencias entre éstas). Reducir el caso de Menocchio exclusivamente al ámbito de la historia de la mentalidad, significaría situar en segundo plano el acentuado componente racional (no necesariamente identificable con nuestra racionalidad) de su visión del mundo. Pero el argumento concluyente es otro: la connotación decididamente interclasista de la historia de la mentalidad. Ésta estudia, como hemos dicho, lo que hay de común entre «César y el último soldado de sus legiones, entre san Luis y el campesino que labra sus tierras, entre Cristóbal Colón y el marinero de sus carabelas». En este sentido el adjetivo «colectiva» unido a «mentalidad» no deja de ser puro pleonasmo, la mayoría de las veces. Ahora bien, no es que queramos negar la legitimidad de las investigaciones de este tipo, pero es notable el riesgo de incurrir en extrapolaciones indebidas. Incluso uno de los mayores historiadores de nuestro siglo, Lucien Febvre, ha caído en la trampa. En un libro equivocado, aunque fascinante,[28] intentó recrear, a partir de una investigación sobre un individuo (si bien excepcional como Rabelais), las coordenadas mentales de toda una época. Mientras trata de demostrar un presunto «ateísmo» de Rabelais, todo va bien. Pero cuando se interna en el campo de la «mentalidad (o psicología) colectiva», sosteniendo que la religión ejercía sobre los «hombres del siglo XVI» una influencia sutil y a la vez agobiante a la que era imposible sustraerse —como no pudo sustraerse Rabelais—, el argumento se hace inaceptable. ¿Quiénes eran aquellos mal definidos «hombres del siglo XVI»? ¿Humanistas, mercaderes, artesanos, campesinos? Con esta noción interclasista de «mentalidad colectiva», los resultados de una encuesta, realizada sobre el débil estrato de la sociedad francesa compuesto por individuos cultos, se prolongan tácitamente hasta abarcar sin exclusiones todo un siglo. Pero por encima de las teorizaciones sobre mentalidad colectiva planea la historia tradicional de las ideas. Los campesinos, es decir, la inmensa mayoría de la población de entonces, aparecen en el libro de Febvre para ser despectivamente liquidados en tanto que «masa [...] semisalvaje, presa de supersticiones»; mientras que la afirmación corriente según la cual en aquel tiempo era evidentemente imposible formular y menos mantener una postura irreligiosa críticamente consecuente, se traduce en el aserto harto manido de que el siglo XVII no era el XVI y Descartes no era contemporáneo de Rabelais.

A pesar de estas limitaciones, sigue siendo magistral el modo en que Febvre ha logrado desentrañar los múltiples hilos con que un individuo está vinculado a un ambiente y a una sociedad históricamente determinados. Los instrumentos de que se ha servido para analizar la religión de Rabelais pueden valer para analizar la religión, tan distinta, de Menocchio. Sin embargo, se comprenderá, tras lo argumentado, que en vez de «mentalidad colectiva» prefiramos el término de «cultura popular», a su vez tan poco satisfactorio. El clasismo genérico no deja de ser en todo caso un gran paso adelante respecto al interclasismo.

Con ello no pretendemos afirmar la existencia de una cultura homogénea común tanto a campesinos como a artesanos de las ciudades (por no hablar de los grupos marginales, como los vagabundos)[29] de la Europa preindustrial. Simplemente nos proponemos delimitar un ámbito de investigación en cuyo seno habrá que llevar a cabo análisis particularizados similares.[30] Sólo de esta manera podremos eventualmente extender las conclusiones a que podamos llegar.

9

Dos grandes acontecimientos históricos hacen posible un caso como el de Menocchio: la invención de la imprenta y la Reforma. La imprenta le otorga la posibilidad de confrontar los libros con la tradición oral en la que se había criado y le provee de las palabras para resolver el conglomerado de ideas y fantasías que sentía en su fuero interno. La Reforma le otorga audacia para comunicar sus sentimientos al cura del pueblo, a sus paisanos, a los inquisidores, aunque no pudiese, como hubiera deseado, decírselo a la cara al Papa, a los cardenales, a los príncipes. La gigantesca ruptura que supone el fin del monopolio de la cultura escrita por parte de los doctos y del monopolio de los clérigos sobre los temas religiosos había creado una situación nueva y potencialmente explosiva. Pero la convergencia entre las aspiraciones de un sector de la alta cultura y las de la cultura popular ya había quedado eliminada definitivamente medio siglo antes del proceso de Menocchio, con la feroz condena de Lutero a los campesinos sublevados y a sus reivindicaciones. A partir de entonces no aspirarían a tal ideal más que exiguas minorías de perseguidos como los anabaptistas. Con la Contrarreforma (y, paralelamente, con la consolidación de las iglesias protestantes) se inicia una época altamente caracterizada por la rigidez jerárquica, el adoctrinamiento paternalista de las masas, la erradicación de la cultura popular, la marginación más o menos violenta de las minorías y los grupos disidentes. También Menocchio acabaría en la hoguera.[31]

10

Hemos dicho que es imposible proceder por cortes precisos en el *corpus* cultural de Menocchio. Sólo un juicio *a posteriori* nos permite aislar aquellos temas, ya por entonces convergentes con las tendencias de un sector de la alta cultura del siglo XVI, que se convertirían en patrimonio de la cultura «progresista» del siglo siguiente: la aspiración a una renovación radical de la sociedad, la corrosión interna de la religión, la tolerancia. Por todo ello, Menocchio se inserta en una sutil y tortuosa, pero nítida, línea de desarrollo que llega hasta nuestra época. Podemos decir que es nuestro precursor. Pero Menocchio es al mismo tiempo el eslabón perdido, unido casualmente a nosotros, de un mundo oscuro y opaco, al que sólo con un gesto arbitrario podemos asimilar a nuestra propia historia. Aquella cultura fue destruida. Respetar en ella el residuo de indescifrabilidad que resiste todo tipo de análisis no significa caer en el embeleco estúpido de lo exótico y lo incomprensible. No significa otra cosa que dar fe de una mutilación histórica[32] de la que, en cierto sentido, nosotros mismos somos víctimas. «Nada de lo que se verifica se pierde para la historia», recordaba Walter Benjamin, mas «sólo la humanidad redenta toca plenamente su pasado».[33] Redenta, es decir, liberada.

Una redacción provisional de este libro fue sometida a discusión primeramente durante un cursillo sobre religión popular impartido en el otoño de 1973 en el Davis Center for Historical Studies de la Universidad de Princeton y, luego, en un cursillo coordinado por el autor en la Universidad de Bolonia. Quedo sumamente agradecido a Lawrence Stone, director del Davis Center, y a todos los que con sus críticas y observaciones me prestaron su ayuda para mejorar el texto, especialmente a Piero Camporesi, Jay Dolan, John Elliott, Felix Gilbert, Robert Muchembled, Ottavia Niccoli, Jim Obelkevich, Adriano Prosperi, Lionel Rothkrug, Jerry Seigel, Eileen Yeo, Stephen Yeo, así como a mis estudiantes de Bolonia. No quiero olvidar mi agradecimiento al padre Guglielmo Biasutti, bibliotecario de la Curia Arzobispal de Udine; el maestro Aldo Colonnello; a Angelo Marin, secretario del municipio de Montereale Valcellina, y a los funcionarios de los archivos y bibliotecas citados. Otras contribuciones se mencionan en el texto que sigue.

Bolonia, septiembre de 1975

Tout ce qui est intéressant se passe dans l'ombre.
On ne sait rien de la véritable histoire des hommes.

CÉLINE

I

[MENOCCHIO]

Su nombre era Domenico Scandella, y le llamaban Menocchio.[1] Nació en 1532 (en su primer proceso[2] declaró tener cincuenta y dos años) en Montereale,[3] un pueblecito entre las colinas del Friuli, a veinticinco kilómetros al norte de Pordenone, desde el que se divisan los Alpes del Véneto. Siempre vivió allí, salvo durante dos años de destierro (1564-1565), por motivo de una riña,[4] durante los que residió en otro pueblo cercano —Arba— y en una localidad de la comarca de Carniola que no conocemos. Estaba casado y era padre de siete hijos; otros cuatro murieron. Al canónigo Giambattista Maro, vicario general del inquisidor de Aquileia y Concordia, le declaró que sus actividades eran de «molendero, carpintero, serrar, hacer muros y otras cosas». Pero fundamentalmente trabajaba como molinero y vestía las prendas tradicionales del oficio:[5] bata, capa y gorro de lana blanca. Así compareció en el proceso, vestido de blanco.

Dos años más tarde[6] diría a sus inquisidores que era «pobrísimo»: «Sólo tengo dos molinos en alquiler y dos campos como aparcero,[7] con ello he sustentado y sustento a mi pobre familia». Pero desde luego exageraba. Aunque buena parte de las cosechas sirviera para pagar y tuviera que satisfacer el impuesto del canon sobre los terrenos y el alquiler de los dos molinos (probablemente en especies),[8] debía quedarle suficiente para vivir y hasta salir de apuros en las malas temporadas. Sabemos que, cuando estuvo desterrado en Arba,[9] alquiló enseguida otro molino. Su hija Giovanna,[10] al casarse (casi un mes después de la muerte de Menocchio), aportó una dote equivalente a 256 liras y nueve sueldos. No era gran cosa, pero tampoco una miseria en comparación con lo habitual en la región por aquellos tiempos.

A grandes rasgos, no parece que la situación de Menocchio,[11] en el microcosmos social de Montereale, fuese de las peores. En 1581 había sido alcalde de su municipio y de las «villas» circundantes (Gaio, Grizzo, San Lonardo, San Martino),[12] así como, en fecha no precisada, «camarero», es decir administrador, de la parroquia de Montereale. No sabemos si allí, como en otras localidades de Friuli, el antiguo sistema de cargos rotativos[13] había sido reemplazado por el sistema electivo. Si así era, el hecho de saber «leer, escribir y cuentas»[14] debió de jugar en favor de Menocchio. Desde luego los camareros[15] solían elegirse entre personas que habían ido a una escuela pública elemental, en donde aprendían incluso algo de latín. Existían escuelas de este tipo[16] en Aviano y Pordenone; sin duda Menocchio asistió a una de ellas.

El 28 de septiembre de 1583 Menocchio fue denunciado al Santo Oficio.[17] La acusación era haber pronunciado palabras «heréticas e impías» sobre Cristo. No se trataba de una blasfemia ocasional: Menocchio había intentado expresamente difundir sus opiniones, argumentándolas («praedicare et dogmatizare non erubescit»). Con ello su situación era grave.

Estos intentos de proselitismo quedaron claramente confirmados en la encuesta informativa que un mes más tarde se iniciaría en Portogruaro, y proseguiría en Concordia y en el propio Montereale. «Siempre está llevando la contra en cosas de la fe, por discutir, y también con el párroco», declaró Francesco Fassetta al vicario general.[18] Otro testigo, Domenico Melchiori, manifestó: «Suele discutir con unos y con otros, y como quería discutir conmigo yo le dije: "Yo soy zapatero y tú molinero, y tú no eres docto, ¿a qué disputar sobre esto?"».[19] Las cosas de la fe son graves y difíciles, lejos del alcance de molineros y zapateros: para discutir es necesaria la doctrina, y los depositarios de ella son antes que nada los clérigos. Pero Menocchio afirmaba no creer que el Espíritu Santo gobernase la Iglesia, y añadía: «Los prelados nos tienen dominados y que no nos resistamos, pero ellos se lo pasan bien»; en cuanto a él: «Conocía mejor a Dios que ellos».[20] Y cuando el párroco del pueblo le condujo a Concordia, ante el vicario general, para que aclarara sus ideas, le reconvino diciéndole «Estos caprichos tuyos son herejías»,[21] Menocchio le prometió no enzarzarse más en discusiones, pero volvió enseguida a las andadas. En la plaza, en la hostería,[22] en el camino de Grizzo o de Daviano, de regreso de la montaña: «Suele con todo el que habla —dice Giuliano Stefanut— salir con razonamientos sobre las cosas de Dios, y siempre meter algo de herejía: así porfía y grita para mantener su opinión».[23]

2
[EL PAÍS]

No es fácil captar, por las actas del sumario, cuál fue la reacción de los paisanos de Menocchio a sus palabras; está claro que ninguno estaba dispuesto a admitir el hecho de haber escuchado aprobatoriamente los argumentos de un sospechoso de herejía. Por el contrario, alguno se apresuró a manifestar al vicario general que instruía el caso su propia reacción de enojo. «¡Quita, Menocchio, por gracia, por amor de Dios, no digas esas cosas!», había exclamado Domenico Melchiori al oírle.[24] Y Giuliano Stefanut: «Yo le he dicho muchas veces, y sobre todo cuando íbamos hacia Grizzo, que le aprecio, pero no puedo soportar lo que dice sobre cosas de la fe, porque siempre me pelearé con él, y si cien veces me matase y yo resucitara, siempre me haría matar por la fe».[25] El sacerdote Andrea Bionima le lanzó incluso una amenaza velada: «Calla, Domenego, no digas esas cosas, porque algún día podrías arrepentirte».[26] Otro testigo, Giovanni Povoledo, dirigiéndose al vicario general, hizo una definición, aunque peque de genérica: «Tiene mala fama, es decir, opiniones equivocadas sobre la rama de Lutero».[27] Pero este coro de voces no debe inducirnos a engaño. Casi todos los interrogados declararon conocer de mucho tiempo a Menocchio: algunos hacía treinta o cuarenta años, otros veinticinco, otros veinte.[28] Uno de ellos, Daniele Fasseta, dijo que le conocía «desde que era un chuponcillo porque somos de la misma parroquia».[29] Parece que algunas de las afirmaciones de Menocchio databan no sólo de algunos días atrás, sino de «muchos años»,[30] hasta de treinta años antes. En todo ese tiempo nadie del pueblo le había denunciado. Y sin embargo, todos conocían sus discursos; la gente los repetía,[31] quizá con curiosidad, quizá moviendo la cabeza. En los testimonios recogidos por el vicario general no se advierte una clara hostilidad hacia Menocchio, a lo sumo desaprobación. Cierto que algunos de ellos son parientes, como Francesco Fassetta o Bartolomeo di Andrea, primo de su mujer, que lo define como «hombre de bien». Pero, por otra parte, el propio Giuliano Stefanut que había plantado cara a Menocchio, diciéndose dispuesto a dejarse «matar por la fe», añade: «Yo le aprecio». Nuestro molinero, alcalde del pueblo y administrador de la parroquia, no vivía precisamente al margen de la comunidad de Montereale. Muchos años más tarde, durante el segundo proceso, un testigo declaró: «Yo siempre le veo con gente y creo que es amigo de todos».[32] A pesar de todo, en un momento determinado, fue víctima de una denuncia que puso en marcha el sumario.

Como veremos, los hijos de Menocchio enseguida atribuyeron la delación anónima al párroco de Montereale, el padre Odorico Vorai. No se equivocaban. Entre él y Menocchio existían rencillas: hacía cuatro años que el molinero se confesaba fuera del pueblo.[33] Cierto que el testimonio de Vorai con el que se cierran las indagaciones del proceso es curiosamente elusivo: «No puedo recordar exactamente qué cosas decía, por tener poca memoria, y por mis ocupaciones en otros asuntos».[34] En principio, ninguno mejor que él para facilitar al Santo Oficio información sobre el asunto, pero el vicario general no insistió. No había necesidad: había sido el propio Vorai,[35] instigado por otro cura —el padre Ottavio Montereale,[36] miembro de la familia señorial del pueblo—, quien transmitió la denuncia detallada sobre la que se basaron los interrogatorios del vicario general a los testigos.

Es fácil explicar tal hostilidad del clero local. Como hemos visto, Menocchio no reconocía a las jerarquías eclesiásticas ninguna autoridad especial en cuestiones de fe. «¡Los papas, los prelados, los curas!, decía con desprecio que no creía en ellos», alegó Domenico Melchiori.[37] A fuerza de discutir y polemizar por calles y hosterías, Menocchio debía de haber casi llegado a impugnar la autoridad del párroco.[38] Pero ¿qué es lo que decía Menocchio?

Para empezar, no sólo blasfemaba «desmesuradamente»,[39] sino que sostenía que blasfemar no era pecado (según otro testigo, no era pecado blasfemar de los santos, pero sí de Dios) y añadía sarcástico: «Cada uno hace su oficio, unos aran, otros vendimian, y yo hago el oficio de blasfemar».[40] Además hacía extrañas afirmaciones, que sus paisanos refieren más o menos fragmentariamente y de forma inconexa al vicario general. Por ejemplo: «El aire es Dios [...] la tierra es nuestra madre»; «¿Quién os imagináis que es Dios? Dios no es más que un hálito, y todo lo que el hombre pueda imaginarse»; «todo lo que se ve es Dios, y nosotros somos dioses»; «el cielo, tierra, mar, aire, abismo e infierno, todo es Dios»; «qué creéis, ¿que Jesucristo nació de la Virgen María?; no es posible que le haya parido y siguiera siendo virgen: puede que haya sido algún hombre de bien o el hijo de algún hombre de bien».[41] Hasta se decía que escondía libros prohibidos, especialmente la *Biblia* en lengua vulgar: «Siempre discute sobre esto y aquello, tiene la *Biblia* vulgar y en ella se fundamenta obstinándose en sus razonamientos».[42]

Mientras se iban recogiendo los testimonios, Menocchio empezó a sospechar que se estaba preparando algo contra él. Por ello fue a visitar al vicario de Polcenigo, Giovanni Daniele Melchiori,[43] amigo de la infancia, quien le exhortó a presentarse voluntariamente al Santo Oficio, o por lo menos a obedecer sin dilación cualquier citación que se produjera, y le amonestó así: «Contéstales a todo lo que te pregunten y no intentes hablar de más ni trates de hablar de estas cosas; responde únicamente a lo que te pregunten». También Alessandro Policreto, un antiguo abogado de Menocchio, a quien se encontró casualmente en casa de un amigo suyo mercader de leña, le aconsejó presentarse a los jueces reconociéndose culpable, pero declarando al mismo tiempo no haber creído nunca sus propias afirmaciones heterodoxas. Por ello Menocchio fue de inmediato a

Maniago, obedeciendo la citación del tribunal eclesiástico. Pero al día siguiente, 4 de febrero, visto el curso que tomó la instrucción sumarial, el inquisidor en persona, el franciscano fray Felice da Montefalco, le hizo arrestar y «llevar esposado» a la cárcel del Santo Oficio de Concordia.[44] El 7 de febrero de 1584 Menocchio fue sometido a su primer interrogatorio.

3
[PRIMER INTERROGATORIO]

A pesar de los consejos que le habían dado, muy pronto se mostró extremadamente locuaz. Intentó presentar su postura bajo un ángulo más favorable que el que arrojan los testimonios. Por ejemplo, aun admitiendo haber tenido, dos o tres años antes, dudas sobre la virginidad de María y haber hablado con varias personas, entre ellas un sacerdote de Barcis, puntualizó: «Es cierto que yo he dicho estas palabras ante varias personas, pero no las exhortaba a que las creyeran, y al contrario, he exhortado a muchos diciéndoles: "¿Queréis que os enseñe el camino verdadero? Tratad de hacer el bien y seguir el camino de mis antecesores, y lo que manda la Santa Madre Iglesia". Pero las palabras que yo antes pronunciara, las decía por tentación, y porque así las creía y quería enseñar a otros; ha sido el espíritu maligno el que me hacía creer aquellas cosas y asimismo me incitaba a decirlas a otros».[45] Con esta declaración, Menocchio confirmaba sin más, inconscientemente, la sospecha de que se había atribuido en el pueblo el papel de maestro en doctrina y en comportamiento («¿Queréis que os enseñe el camino verdadero?»). En cuanto al contenido heterodoxo de este tipo de prédica no había dudas, y sobre todo ante la exposición que haría Menocchio de su singularísima cosmogonía, de la que al Santo Oficio había llegado hasta entonces un eco confuso: «Yo he dicho que por lo que yo pienso y creo, todo era un caos, es decir, tierra, aire, agua y fuego juntos; y aquel volumen poco a poco formó una masa, como se hace el queso con la leche y en él se forman gusanos, y éstos fueron los ángeles; y la santísima majestad quiso que aquello fuese Dios y los ángeles; y entre aquel número de ángeles también estaba Dios, creado también él de aquella masa y al mismo tiempo, y fue hecho señor con cuatro capitanes, Luzbel, Miguel, Gabriel y Rafael. Aquel Luzbel quiso hacerse señor comparándose al rey, que era la majestad de Dios, y por su soberbia Dios mandó que fuera echado del cielo con todos sus órdenes y compañía; y así Dios hizo después a Adán y Eva, y al pueblo, en gran multitud, para llenar los sitios de los ángeles echados. Y como dicha multitud no cumplía los mandamientos de Dios, mandó a su hijo, al cual prendieron los judíos y fue crucificado».[46] Y añadió: «Yo no he dicho nunca que le mataran como a una bestia» (era una de las acusaciones contra él: más tarde admitiría que sí, que podía haber dicho algo así).[47] «Yo he dicho claramente que se dejó crucificar, y aquel que fue crucificado era uno de los hijos de Dios, porque todos somos hijos de Dios, y de la misma naturaleza que el crucificado; y era hombre como nosotros, pero de mayor dignidad, como si dijéramos hoy día el Papa, que es hombre como nosotros, pero con más dignidad que nosotros porque tiene poder; y el que fue crucificado nació de san José y la Virgen María».

4
[¿«POSESO»?]

Durante la fase de instrucción del proceso, dadas las extrañas manifestaciones referidas por los testigos, el vicario general preguntó al principio si Menocchio hablaba «en serio o en son de burla»; más adelante, si estaba mentalmente sano. En ambos casos la respuesta no dejó lugar a dudas: Menocchio hablaba «en serio»,[48] y estaba «en su juicio, no [...] loco».[49] Pero una vez iniciados los interrogatorios, uno de los hijos de Menocchio, Ziannuto,[50] por sugerencia de algunos amigos de su padre (Sebastiano Sebenico, y otro al que sólo se ha identificado por Lunardo) comenzó a difundir el rumor de que estaba «loco» o «poseso». Pero el vicario no lo creyó y el proceso siguió su curso. Por un momento se pensó en liquidar las opiniones de Menocchio, especialmente su cosmogonía, calificándolas de amasijo de extravagancias impías pero inocuas (el queso, la leche, los gusanos-ángeles, Dios-ángel creado del caos), pero se descartó esta alternativa. Cien o ciento cincuenta años más tarde,[51] probablemente Menocchio habría sido recluido en un hospital para locos, por afección de «delirio religioso», pero en plena Contrarreforma las modalidades represivas eran distintas, y antes que nada pasaban por la individualización y, en consecuencia, la represión de la herejía.

5
[DE CONCORDIA A PORTOGRUARO]

De momento dejemos aparte la cosmogonía de Menocchio y sigamos el desarrollo del proceso. Inmediatamente después del encarcelamiento de Menocchio, uno de sus hijos,

Ziannuto, intentó prestarle ayuda de diverso modo: buscó a un abogado de Portogruaro, un tal Trappola; fue a Serravalle para hablar con el inquisidor y había conseguido del Ayuntamiento de Montereale una declaración en favor del preso, que había enviado al abogado insinuándole la posibilidad, en caso necesario, de conseguir otros certificados de buena conducta: «Y si se necesitara fe del Ayuntamiento de Montereale de que dicho preso ha confesado y comulgado cada año, la extendería el párroco; si se necesitara fe de dicho ayuntamiento de haber sido alcalde y rector de cinco villas, se la harán; y de haber sido camarero de la parroquia de Montereale y hecho su oficio de hombre de bien, le será hecha; y de haber sido "recibidor" de la Iglesia parroquial de Montereale, le será hecha [...]». Además, junto con sus hermanos, había inducido con amenazas a aquel que a sus ojos era el principal responsable de toda la situación —es decir el párroco de Montereale— a que les escribiera (Ziannuto era analfabeto) una carta para Menocchio, preso en las cárceles del Santo Oficio. En ella se le sugería que prometiera «obediencia absoluta a la Santa Iglesia, diciendo que no creéis ni jamás creeréis más que lo que manda Dios Nuestro Señor y la Santa Iglesia, y que pretendéis vivir y morir en la fe cristiana según lo que ordena la Santa Iglesia romana católica y apostólica, que antes bien (si llegara el caso) perderíais la vida, y mil vidas que hubiereis, por amor de Dios Nuestro Señor y de la santa fe cristiana, así como que reconocéis tener la vida y todo bien de N. S. M. la Iglesia [...]».[52] Al parecer Menocchio no reconoció tras estas líneas la mano de su enemigo, el párroco, y las atribuyó a Domenego Femenussa,[53] un mercader de lana y madera manufacturada que venía a su molino y a veces le prestaba dinero. Pero estaba claro que cumplir las sugerencias que le indicaba la carta le resultaba duro. Al final del primer interrogatorio general (7 de febrero) exclamó con obvia reluctancia, volviéndose hacia el vicario general: «Señor, esto que he dicho es por inspiración de Dios o del demonio, yo no confirmo que sea ni verdad ni mentira, pero pido misericordia y haré lo que me sea indicado».[54] Pedía perdón pero no renegaba de nada. Durante cuatro largos interrogatorios (7, 16 y 22 de febrero, y 8 de marzo) se enfrentaría a las objeciones del vicario, negando, apostillando, rebatiendo. «¿Consta en el proceso —pregunta por ejemplo Maro— que habéis dicho no creer en el Papa, ni en las reglas de la Iglesia, y que cualquiera tiene tanta autoridad como el Papa?».[55] Respuesta de Menocchio: «Yo ruego a Dios omnipotente que me haga morir ahora mismo si yo creo haber dicho eso que V. S. me pregunta». Pero ¿era cierto que había dicho que las misas por los muertos eran inútiles? (según Giuliano Stefanut,[56] las palabras que pronunció Menocchio, un día que volvían de misa, fueron exactamente éstas: «¿Por qué hacéis limosna en memoria de un montón de ceniza?»). Explicación de Menocchio: «Yo he dicho que hay que estar prestos a hacer el bien mientras uno está en este mundo, porque después Dios-Señor es quien gobierna las almas; porque las oraciones y limosnas y misas que se hacen por los muertos, se hacen, creo yo, por amor de Dios, quien luego hace lo que quiere, porque las almas no reciben esas oraciones y limosnas, y depende de la majestad de Dios el recibir estas buenas obras en beneficio de los vivos o de los muertos».[57] Pretendía ser una hábil precisión, pero que en realidad contradecía la doctrina de la Iglesia sobre el purgatorio. «No intentes hablar de más»,[58] le había aconsejado el vicario de Polcenigo, que por algo era amigo suyo de la infancia y le conocía bien. Pero era evidente que a Menocchio le era siempre difícil contenerse.

De repente, en los últimos días de abril, se produce algo nuevo. Las autoridades de Venecia invitaron al inquisidor de Aquileia y Concordia, fray Felice de Montefalco,[59] a que se atuviera a la costumbre vigente en los territorios de la República, que imponía, en las causas del Santo Oficio, la presencia de un magistrado seglar junto a los jueces eclesiásticos. Este conflicto entre ambos poderes era tradicional.[60] No sabemos si en este caso se debió también a una gestión del abogado Trappola en favor de su cliente. El hecho es que Menocchio fue conducido a Portogruaro, al ayuntamiento, para que confirmase en presencia del alcalde los interrogatorios que se habían celebrado. Cumplido este requisito, se reanudó el proceso.

En el pasado, en diversas ocasiones, Menocchio había dicho a sus paisanos que aceptaba y hasta deseaba declarar sus propias «opiniones» sobre la fe a las autoridades religiosas y seculares. «Me ha dicho —declaró Franceso Fassetta— que si alguna vez terminaba por esto en manos de la justicia, él iría por las buenas, pero si se le hace menoscabo, diría bastante sobre los superiores y sus malas obras».[61] Daniele Fassetta testimonió: «El citado Domenego ha dicho que si él no temiese por su vida, hablaría hasta sorprendernos, y yo creo que se refería a la fe».[62] En presencia del alcalde de Portogruaro y del inquisidor de Aquileia y Concordia, Menocchio confirmó estos testimonios: «Es cierto que he dicho que si no tuviese miedo de la justicia hablaría hasta causar estupor; y he dicho que si tuviera la gracia de poder presentarme ante el Papa, un rey o un príncipe que me escuchase, diría muchas cosas; y si me hubiesen hecho morir no me hubiera importado».[63] Entonces le exhortaron a que hablase y Menocchio prescindió de reticencias. Era el 28 de abril.

6
[«HABLAR DE MÁS CONTRA LOS SUPERIORES»]

Empezó denunciando la opresión que ejercían los ricos sobre los pobres mediante el uso, en los tribunales, de una lengua incomprensible como el latín: «Yo soy de la opinión que hablar latín es un desacato a los pobres, ya que en los litigios los hombres pobres no entienden lo que se dice y se hallan aplastados, y si quieren decir dos palabras tienen que tener un abogado».[64] No era más que un pequeño ejemplo de la opresión general, de la que la Iglesia se hacía cómplice y partícipe: «Y me parece que en nuestra ley, el Papa, los cardenales, los obispos son tan grandes y ricos que todo es de la Iglesia y los curas, y oprimen a los pobres, los cuales si tienen dos campos alquilados son de la Iglesia, de tal obispo, de tal cardenal». Recuérdese que Menocchio tenía dos campos como aparcero, de los que ignoramos el propietario; en cuanto a sus conocimientos de latín se limitaban, a lo que parece, al *credo* y al *pater noster* aprendidos cuando ayudaba a misa. Su hijo Ziannuto se apresuró a encontrarle un abogado en cuanto el Santo Oficio le encarceló. Pero estas coincidencias, o posibles coincidencias, no deben engañarnos: el discurso de Menocchio, a pesar de que adquiera mayor relieve por su caso personal, desembocaba en un ámbito de mayor envergadura, y al exigir de una Iglesia que abandonase sus privilegios, que se hiciera pobre con los pobres, se vinculaba, siguiendo el ejemplo evangélico, a la formulación de una religión distinta, sin existencia dogmática, reducida a un núcleo de preceptos prácticos: «Quisiera que se creyese en la majestad de Dios, y en ser hombre de bien, y hacer como dice Jesucristo, que respondió a los judíos que le preguntaban qué leyes debían tener, y él les respondió: "Amar a Dios y al prójimo"». Esta religión simplificada no admitía para Menocchio limitaciones confesionales. Pero la apasionada exaltación de la equivalencia de todas las religiones, sobre la base de una iluminación concedida en igual medida a cualquier hombre —«La majestad de Dios ha infundido a todos el Espíritu Santo: a cristianos, a herejes, a turcos, a judíos, y a todos ama, y todos se salvan de igual modo»—, acabó en una explosión violenta contra los jueces y su soberbia doctrinal: «Y vosotros, sacerdotes y frailes, aún queréis saber vosotros más que Dios, y sois como el demonio y queréis hacer de dioses en la tierra[65] y saber igual que Dios, como el demonio: y quien piensa que más sabe, menos sabe». Prescindiendo ya de toda discreción y prudencia, Menocchio declaró que rechazaba todos los sacramentos, incluido el bautismo, por ser invenciones de los hombres, «mercancías», instrumentos de explotación y de opresión por parte del clero: «Creo que la ley y los mandamientos de la Iglesia son mercancías, y viven de esto». Del bautismo comentó: «Creo que en cuanto nacemos estamos bautizados, porque Dios, que ha bendecido todas las cosas, nos bautiza; y el bautismo es una invención, y los sacerdotes empiezan a comerse las almas antes de que nazcan y las comen continuamente hasta después de la muerte». Dijo de la confirmación: «Creo que es una mercancía, invención de los hombres, los cuales tienen todos el Espíritu Santo, y buscan saber y no saben nada». Del matrimonio: «No lo ha hecho Dios, lo han hecho los hombres: antes el hombre y la mujer se daban fe y eso bastaba, y luego han llegado esas invenciones de los hombres».[66] De la ordenación: «Creo que el espíritu de Dios está en todos [...] y creo que cualquiera que haya estudiado puede ser sacerdote, sin ser consagrado, porque todos son mercancías». De la extremaunción: «Creo que no es nada y no vale nada, porque se unge el cuerpo pero el espíritu no puede ungirse». De la confesión llegó a decir: «Ir a confesarse a los curas y frailes es como ponerse delante de un árbol».[67] Como el inquisidor le reprochara estas palabras, Menocchio explicó con cierto aire de suficiencia que: «Si ese árbol supiese hacer saber la penitencia, ya bastaría; y si algunos hombres van a los sacerdotes es por ignorar la penitencia que hay que hacer por los pecados, hasta que se la enseñan, que si la supieran no necesitarían ir, y aquellos que la conocen no necesitan ir».[68] Estos últimos deben confesarse «a la majestad de Dios dentro de su corazón, rogando que les perdone sus pecados».

Sólo el sacramento de la eucaristía escapaba a las críticas de Menocchio, aunque interpretado de manera heterodoxa. Es cierto que las frases citadas por los testigos sonaban a blasfemias o negaciones despreciativas. En una visita que hizo el vicario de Polcenigo al molino un día en que se hacían las hostias, Menocchio había dicho: «¡Por la Virgen María, qué grandes son estos bichos!».[69] Y, en otra ocasión en que discutía con el sacerdote Andrea Bionima: «Yo no veo en ello más que un trozo de masa, ¿cómo puede ser que esto sea Dios-Señor? Y ¿qué es este Dios-Señor, más que tierra, agua y aire?».[70] Pero al vicario general le dio esta explicación: «Yo he dicho que aquella hostia es un trozo de pasta, pero el Espíritu Santo viene del cielo a ella, y esto lo creo ciertamente».[71] El vicario, incrédulo, preguntó: «Qué creéis que es el Espíritu Santo», y Menocchio: «Creo que es Dios». Pero ¿sabía cuántas eran las personas de la Trinidad? «Sí, Señor, está el Padre, el Hijo y el Espíritu Santo». «¿En cuál de estas tres personas creéis que se convierte la hostia?». «En el Espíritu Santo». «¿Qué persona precisa de la Santísima Trinidad creéis que está en la hostia?». «Creo que es el Espíritu Santo». El vicario no daba crédito a semejante ignorancia: «Cuando vuestro párroco hacía sermones sobre el santísimo sacramento, ¿qué ha dicho que era esa santísima hostia?». Pero no era ignorancia: «Ha dicho que es el cuerpo de Cristo, pero yo seguía creyendo que es el Espíritu Santo, y es porque creo que el Espíritu Santo es mayor que Cristo que era hombre, y el Espíritu Santo viene de la mano de Dios». «Lo ha dicho [...] pero yo seguía creyendo». En cuanto se presentaba la ocasión, Menocchio reafirmaba casi con insolencia la propia independencia de juicio, del propio derecho a asumir una actitud autónoma; añadió para el inquisidor: «Me gusta el sacramento pues cuando uno se confiesa, comulga y toma el Espíritu Santo, y el espíritu se alegra [...]; en cuanto al sacramento de la eucaristía, es algo para gobernar a los hombres, hecho por los hombres a través del Espíritu Santo; y decir misa es cosa del Espíritu Santo, igual que adorar la hostia, para que los hombres no sean como los bichos».[72] Por lo tanto, misa y eucaristía se justificaban, desde un punto de vista casi político, como medios de civilización, aunque ello tuviera lugar en una frase en la que resonaba involuntariamente, con signo cambiado, lo que dijo al vicario de Polcenigo («hostias [...] bichos»).

Pero ¿en qué se basaba esta crítica radical de los sacramentos? Desde luego no en la Sagrada Escritura. Menocchio sometía la propia Escritura a un examen sin prejuicios, reduciéndola a «cuatro palabras» que constituían su núcleo principal: «Creo que la Sagrada Escritura ha sido dada por Dios, pero luego ha sido aumentada por los hombres; bastarían cuatro palabras de esta Sagrada Escritura, pero es como los libros de caballerías que han crecido».[73] También los Evangelios, con sus discrepancias, se alejaban, según Menocchio, de la brevedad y simplicidad de la palabra de Dios: «En cuanto a las cosas del Evangelio, creo que parte son verdad y parte son cosa de los propios evangelistas, como se ve por los pasajes que uno explica de una manera y otro de otra». Es comprensible, pues, que Menocchio hubiera podido decir a sus paisanos (y confirmarlo durante el proceso) que «la Sagrada Escritura ha sido recuperada para engañar a los hombres». Refutación de la doctrina, refutación de los propios libros sagrados, insistencia exclusiva sobre el aspecto práctico de la religión: «Me dijo también que él [Menocchio] sólo creía en las buenas obras», manifestó Francesco Fassetta.[74] Y en otra ocasión el propio acusado, volviéndose hacia Francesco, exclamó: «Yo sólo quiero hacer el bien». En este sentido, la santidad le parecía un modelo de vida, de comportamiento práctico y nada más: «Yo creo que los santos han sido hombres de bien, y han hecho buenas obras, y por ello Dios Nuestro Señor les ha hecho santos y creo que ruegan por nosotros». No era necesario venerar las reliquias ni las imágenes: «En cuanto a sus reliquias, como un brazo, cuerpo, cabeza, mano o pierna, creo que son como las nuestras cuando morimos, y no deben adorarse ni reverenciar [...] no se deben adorar sus imágenes, sino sólo a Dios que ha hecho el cielo y la tierra; ¿no veis —exclamó volviéndose a sus jueces— que Abraham derribó todos los ídolos e imágenes para adorar sólo a Dios?». También Cristo había dado a los hombres, con su pasión, un modelo de comportamiento: «Nos ha ayudado [...] a nosotros cristianos, ya que ha sido como espejo, y así como él ha padecido con paciencia por amor nuestro, nosotros muramos y padezcamos por amor suyo, y no nos asombremos de morir ya que Dios ha querido que muriera su hijo».[75] Pero Cristo no era más que un hombre, y todos los hombres son hijos de Dios, «de aquella misma naturaleza del que fue crucificado».[76] En consecuencia, Menocchio rechazaba la creencia de que Cristo hubiera muerto para redimir a la humanidad: «Si uno ha pecado tiene que hacer penitencia».[77]

La mayoría de estas afirmaciones las hizo Menocchio durante un único y larguísimo interrogatorio. «Hablaría cosas que sorprenderían»,[78] había prometido a sus paisanos; y así fue: el inquisidor, el vicario general, el alcalde de Portogruaro debieron quedarse boquiabiertos ante un molinero que con tanta seguridad y agresividad exponía sus propias ideas. Menocchio estaba plenamente convencido de su originalidad: «Yo nunca he andado con herejes —dijo en respuesta a una pregunta concreta de los jueces—, pero mi cerebro es sutil y me ha gustado aprender las cosas elevadas que yo ignoraba, y lo que he dicho no creo que sea verdad, mas quiero ser obediente a la Santa Iglesia. Y he tenido inclinaciones a hacer el mal, pero el Espíritu Santo me ha iluminado, y ruego la misericordia de Dios magno, del Señor Jesucristo y del Espíritu Santo que me haga morir si no digo la verdad».[79] Finalmente había decidido seguir el camino que le había aconsejado su hijo, pero antes había querido hacer oír lo que prometía hacía tanto tiempo, «diría mucho contra los superiores y sus malas obras».[80] Cierto que no ignoraba a lo que se exponía. Antes de volver a la cárcel, imploró piedad de los inquisidores: «Señores, yo os ruego por la pasión de Jesucristo Nuestro Señor que me liberéis; y si merezco la muerte, dádmela, pero si merezco misericordia, se me otorgue, porque quiero vivir como un buen cristiano».[81] Pero el proceso no había concluido ni mucho menos. Algunos días más tarde (1 de mayo) se reanudaron los interrogatorios. El alcalde había tenido que ausentarse de Portogruaro, pero los jueces estaban impacientes por volver a oír a Menocchio. «En la vista antedicha —dice el inquisidor— hemos visto que en el proceso parece estar vuestro ánimo lleno de estos humores y de malas doctrinas, pero el santo tribunal desea que acabéis de esclarecer vuestro ánimo».[82] Respuesta de Menocchio: «Mi amigo era altanero, y deseaba que hubiese un mundo nuevo y otro modo de vivir, pues la Iglesia no andaba bien, y que se hiciera algo para que no hubiese tantas pompas».

7
[UNA SOCIEDAD ARCAICA]

Sobre el significado de la referencia al «mundo nuevo», al nuevo «modo de vivir», volveremos más adelante. Antes vamos a tratar de comprender de qué manera este molinero friulano había podido expresar tales ideas.

Friuli en la segunda mitad del siglo XVI era una sociedad con características arcaicas muy marcadas.[83] Las grandes familias de la nobleza feudal mantenían aún un peso preponderante en la región. Instituciones como la servidumbre llamada de «mesnada» se habían mantenido hasta cien años atrás, mucho más tiempo que en las regiones circundantes.[84] El antiguo parlamento medieval había conservado sus propias funciones legislativas, a pesar de que el poder efectivo estuviera desde hacía tiempo en manos de los lugartenientes venecianos.[85] En realidad, el dominio de Venecia, iniciado en 1420, había perpetuado el estado de cosas en el límite de lo posible. La única preocupación de la República fue la de crear un equilibrio de fuerzas con tal de neutralizar las tendencias disgregadoras de la nobleza feudal del Friuli.

A principios del siglo XVI los contrastes en el seno de la nobleza se habían acentuado. Se habían creado dos partidos: los *zamberlani*, favorables a Venecia, aglutinados en torno al poderoso Antonio Savorgnan (que habría muerto tránsfuga en el bando imperial) y los *strumieri*, hostiles a Venecia, a cuya cabeza estaba la familia de los Torreggiani. En esta discordia política entre facciones nobiliarias, se insertó una violentísima lucha de clases. Ya en 1508, el noble Francesco di Strassoldo, en una intervención parlamentaria, advirtió que en varias localidades del Friuli se habían reunido los campesinos en «conventículos» que alcanzaban hasta dos mil individuos, en los que, entre otras cosas, se habían proferido «algunas palabras nefandísimas y diabólicas tales como cortar en pedazos a prelados, gentilhombres, castellanos y ciudadanos, y de incluso hacer una víspera siciliana y muchas palabras malsonantes».[86] Que, por otra parte, no eran sólo palabras: el jueves de carnaval de 1511,[87] poco después de la crisis que siguió a la derrota veneciana en Agnadello y coincidiendo con una epidemia de peste, los campesinos fieles a Savorgnan se sublevaron, primero en Udine y luego en otras localidades, haciendo estragos entre la nobleza perteneciente a ambos partidos e incendiando castillos. A la inmediata recomposición de la solidaridad de clase entre los nobles, siguió una feroz represión de la revuelta. Pero la violencia de los campesinos había amedrentado a la oligarquía veneciana, por una parte y, por otra, se había esbozado como posibilidad de una audaz política de contención de la nobleza friulana. En las décadas que siguieron a la efímera revuelta de 1511, se acentuó la tendencia veneciana de apoyo a los campesinos del Friuli (al igual que los de la Tierra Firme) frente la nobleza local. En este sistema de contra pesos tomó cuerpo una institución excepcional dentro del propio territorio de la República: la *Contadinanza.*[88] Este órgano ostentaba funciones no sólo fiscales, sino también militares, y a través de las llamadas «listas de hogares» recaudaba una serie de tributos, y mediante el reclutamiento de campesinos echado a suerte organizaba una milicia rural con base local. Especialmente esta última potestad constituía una verdadera afrenta para la nobleza friulana, si pensamos que en los estatutos de la Patria,[89] tan impregnados de espíritu feudal (y en los que entre otras cosas, figuraban penas para los campesinos que hubieran osado obstaculizar el noble ejercicio de la caza poniendo lazos a las liebres o cazando perdices de noche), había un párrafo titulado *De prohibitione armorum rusticis.* Pero las autoridades venecianas, aun manteniendo la fisonomía propia de la *Contadinanza*, estaban totalmente dispuestas a que fuera el órgano representativo de la autoridad de los intereses de la población campesina. Desaparecía también formalmente la ficción jurídica según la cual el Parlamento era el órgano representativo de toda la población.[90]

La serie de disposiciones de la República veneciana en favor de los campesinos friulanos es larga.[91] Ya en 1533, en respuesta a la petición presentada por los «decanos» de Udine y otras localidades del Friuli y de Carnia, que lamentaban el «estar muy oprimidos y más en nuestra condición de aparceros respecto a los tributos que se pagan en esa Patria a los distintos nobles ciudadanos y otros de la misma, y alguna otra persona secular, por el excesivo precio al que los forrajes han llegado de algunos años acá», se concedió la posibilidad de pagar los cánones de aparcería (salvo los enfitéuticos) tanto en dinero como en especies, basándose en los precios unitarios establecidos de una vez por todas, lo que, en una situación de aumento rápido de precios, favorecía claramente a los campesinos. En 1551, «a súplica a la *Contadinanza* de la Patria» todos los cánones fijados a partir de 1520 fueron reducidos en un 7 por 100, mediante un decreto reafirmado y ampliado ocho años más tarde. Aún en 1574 las autoridades venecianas trataron de poner límite a la usura en el medio rural estipulando que «a los campesinos de esa Patria no se les pueda tomar como prenda ningún tipo de animales grandes o menudos aptos para labrar la tierra, ni suerte alguna de instrumentos rurales a instancia de algún acreedor, salvo que sean sus propios patronos». Además, «para aliviar a los pobres campesinos, los cuales por la avidez de los acreedores les dan diversas cosas en crédito, y después les quitan los forrajes casi antes de que estén trillados, mientras que el precio de la misma es inferior al que ha sido todo el año», se decretaba que los acreedores podrían exigir lo que esperaban sólo después del 15 de agosto.

Estas concesiones, que antes que nada apuntaban a mantener bajo control las tensiones latentes en la campiña friulana, creaban al mismo tiempo un vínculo de solidaridad objetiva entre los campesinos y el poder veneciano, como contrapartida a la nobleza local. Ésta, frente al progresivo alivio de los cánones de aparcería, intentó transformar los cánones en alquileres simples,[92] es decir, un tipo de contrato que empeoraba claramente la condición de los campesinos. Esta tendencia, general durante este período, tropezaría en el Friuli con grandes obstáculos, especialmente demográficos. Cuando faltan brazos es difícil que se establezcan pactos agrarios favorables a los propietarios. Y en el plazo de un siglo, entre mediados del XVI y del XVII, sea por efecto de las sucesivas epidemias, sea por la intensificación migratoria, sobre todo hacia Venecia, disminuyó la población absoluta del Friuli.[93] Los informes de los gobernadores venecianos durante este período insisten en la miseria de los campesinos.[94] «He suspendido la ejecución de las deudas privadas hasta la cosecha», escribía Daniele Priuli en 1573, y afirmaba que habían «arrebatado los vestidos de las mujeres con niños de pecho, y hasta las cerraduras de las puertas, cosa impía e inhumana». Carlo Corner, en 1587, señalaba la pobreza natural de la Patria, «muy estéril por ser terreno montañoso, y guijarrosa en la llanura, y expuesta a inundaciones de numerosos torrentes, y a los daños de las tormentas que corrientemente se producen en el país», y concluía: «Por esto, como los nobles no tienen grandes riquezas, así el pueblo, y por ende los campesinos, son pobrísimos». A finales de siglo (1599) Stefano Viaro nos traza un cuadro de decadencia y desolación: «Hace algunos años que la Patria está tan destruida, que no hay villa en que dos tercios de sus casas, y hasta los tres cuartos, no estén en ruinas y deshabitadas, y poco menos de la mitad de los terrenos están baldíos, algo verdaderamente de mucho lamentar, ya que si sigue declinando de este modo, como por necesidad sucederá si todos los días parte de sus habitantes la abandonan (como hacen), sólo quedarán todos aquellos pobres súbditos miserables». En el momento en que se perfilaba la decadencia de Venecia,[95] la economía friulana aparece ya en un estado avanzado de disgregación.

8
[«APLASTAN A LOS POBRES»]

Pero un molinero como Menocchio, ¿qué podía saber de este intríngulis de contradicciones políticas, sociales y económicas? ¿Qué idea se hacía del gran juego de fuerzas que silenciosamente condicionaban su existencia?

Una imagen rudimentaria y simplificada, pero muy clara. En el mundo existen muchos grados de «dignidad»: está el Papa, están los cardenales, están los obispos, está el párroco de Montereale; está el emperador, están los reyes y los príncipes. Pero por encima de las gradaciones jerárquicas hay una contraposición fundamental entre «superiores» y «hombres pobres», y Menocchio sabe que forma parte de los pobres. Una imagen claramente dicotómica de la estructura de clase, típica de las sociedades rurales.[96] Sin embargo, parece entreverse en los razonamientos de Menocchio un mínimo indicio de actitud más diferenciada frente a los «superiores». La violencia del ataque contra la máxima autoridad religiosa —«Y me parece que en nuestra ley, el Papa, los cardenales, los obispos son tan grandes y ricos que todo es de la Iglesia y de los curas, y oprimen a los pobres [...]»— contrasta con la crítica mucho más suave que viene inmediatamente después, frente a la autoridad política: «Me parece también que estos señores venecianos tienen ladrones en su ciudad, pues si uno va a comprar cualquier cosa y pregunta "¿Cuánto quieres por esto?", dicen un ducado, cuando no vale más de tres *marcelli;* y quieren que estemos de su parte [...]».[97] Desde luego estas palabras encierran más que nada la reacción del campesino que brutalmente toma contacto con la hostil realidad ciudadana; de Montereale o Aviano a una gran ciudad como Venecia, el salto era grande. Pero subsiste el hecho de que mientras se acusa directamente al Papa, los cardenales y obispos de «aplastar» a los pobres, de los «señores venecianos» sólo se dice que «tienen ladrones en esa ciudad». Esta diferencia de tono no se debía en absoluto a la prudencia: mientras pronunciaba aquellas palabras, Menocchio tenía ante sí al alcalde de Portogruaro, al inquisidor de Aquileia y a su párroco. Para él la jerarquía eclesiástica era la principal encarnación de la opresión. ¿Por qué?

El propio Menocchio parece darnos una orientación de partida: «Todo es de la Iglesia y los curas, que oprimen a los pobres, los cuales si tienen dos campos alquilados son de la Iglesia, de tal obispo, de tal cardenal».[98] Como hemos señalado, no sabemos si esto era también aplicable a su caso. Según una estimación de 1596 —posterior en doce años a estas afirmaciones— uno de los campos presumiblemente alquilados a Menocchio confinaba con un terreno que un miembro de la familia del señor del lugar, Orazio di Montereale, había alquilado a un tal Giacomo Margnano.[99] Pero en este mismo catastro se mencionan varias parcelas de terreno, propiedad de las iglesias locales o de los contornos, y concedidas en alquiler: ocho eran de Santa María, una de San Rocco (ambas en Montereale), una de Santa María de

Pordenone. Desde luego, Montereale no era un caso aislado: a finales del siglo XVI la solidez de la propiedad eclesiástica en el Friuli y en todo el territorio veneciano seguía siendo masiva.[100] Donde había disminuido en cantidad, se había consolidado y reforzado cualitativamente. Esta situación explica bastante bien las palabras de Menocchio, aun en el caso de que él no hubiera tropezado con la renovada dureza de la propiedad eclesiástica (que entre tanto siempre había quedado excluida explícitamente de la desgravación obligatoria de cánones de aparcería decretada por las autoridades venecianas). Bastaba con que mirase a su alrededor.

Sin embargo, la presencia difusa de propiedades eclesiásticas en Montereale y en sus entornos explica la dureza de las acusaciones de Menocchio, no sus implicaciones, ni su magnitud en un plano más general. Papa, cardenales y obispos «aplastan» a los pobres: pero, ¿en nombre de qué?, ¿con qué derecho? El Papa «es hombre como nosotros», salvo por el hecho de que «tiene el poder» y, en consecuencia, más «dignidad». No existe diferencia alguna entre clérigos y laicos: el sacramento de la ordenación es una «mercancía». Como todos los sacramentos y leyes de la Iglesia: «mercancías», «invenciones» con las que los curas medran. A este aparato colosal, basado en la explotación de los pobres, Menocchio contrapone una religión muy distinta, en la que todos son iguales, ya que el espíritu de Dios está en todos los individuos.

De este modo, para Menocchio la concienciación de los derechos individuales se articulaba en un plano específicamente religioso. Un molinero puede aspirar a exponer las verdades de la fe al Papa, a un rey, a un príncipe, porque tiene en su interior el espíritu que Dios ha dado a todos. Por el mismo motivo puede atreverse a «decir mucho contra los superiores y sus malas obras». Lo que impulsaba a Menocchio a negar con vehemencia en sus propios discursos las jerarquías existentes no era sólo la constatación de la opresión, sino también una ideología religiosa que afirmaba la presencia en todos los hombres de un «espíritu», ora llamado «Espíritu Santo» ora «espíritu de Dios».

9
[«LUTERANOS» Y ANABAPTISTAS]

A primera vista parece evidente que tras todo esto trascendía el gran golpe asestado al principio de autoridad por la Reforma protestante, no sólo en lo religioso, sino en lo político y social. Pero ¿qué relaciones sostenía Menocchio con los grupos que simpatizaban con la Reforma y sus ideas?

En un determinado momento del interrogatorio, Menocchio manifestó a los jueces: «Creo que luterano es el que va enseñando el mal y come carne en viernes y sábado».[101] Pero indudablemente era una definición voluntariamente simplificada y deformada. Muchos años más tarde, durante el segundo proceso (1599), se supo que Menocchio había dicho a un judío converso, llamado Simón, que a su propia muerte «si los luteranos se enteran, vendrán a robarle las cenizas».[102] A primera vista, parece un testimonio resolutivo. En realidad, es lo contrario. Aparte de la dificultad, sobre la que volveremos, para valorar el fundamento de las expectativas de Menocchio, el término «luterano» aparece en un contexto que muestra lo extremadamente genérico que era en aquella época. Efectivamente, según Simón, Menocchio rechazaba todo valor al Evangelio, negaba la divinidad de Cristo, había hecho alabanzas de un libro que tal vez fuera el *Corán*. Evidentemente, estamos muy lejos de Lutero y sus doctrinas. Todo ello nos obliga a partir de cero, procediendo cautamente por aproximaciones sucesivas.

Lo que podríamos denominar la eclesiología de Menocchio, reconstruible tomando como base las afirmaciones que hizo en los interrogatorios de Portogruaro, presenta una fisonomía bastante precisa. En el complejo cuadro religioso de la Europa del xvi, se aproximaría en muchos puntos, fundamentalmente, a la posición de los anabaptistas.[103] La insistencia sobre la sencillez de la palabra de Dios, el rechazo de las imágenes sagradas, de las ceremonias y de los sacramentos, la negación de la divinidad de Cristo, su adhesión a una religiosidad práctica basada en las obras, la polémica de tintes pauperistas contra las «pompas» eclesiásticas, la exaltación de la tolerancia son elementos que nos conducen al radicalismo religioso de los anabaptistas. Es cierto que Menocchio no es precisamente un defensor del bautismo de adultos, pero sabemos que los grupos anabaptistas italianos enseguida llegaron a rehusar también el bautismo, al igual que los otros sacramentos, admitiendo a lo sumo un bautismo espiritual, basado en la regeneración interior del individuo. Menocchio, por su parte, consideraba totalmente inútil el bautismo: «Creo que en cuanto nacemos estamos bautizados, porque Dios, que ha bendecido todas las cosas, nos bautiza [...]».[104]

El movimiento anabaptista, tras difundirse ampliamente por el norte y el centro de Italia, pero sobre todo en el Véneto, a mediados del siglo xvi quedó desarticulado por la persecución religiosa y política que siguió a la delación de uno de sus dirigentes.[105] Pero también en Friuli sobrevivieron clandestinamente durante algún tiempo conventículos dispersos.[106] Eran anabaptistas, por ejemplo, el grupo de artesanos de Porcia encarcelados por el Santo Oficio en 1557, y que solían reunirse en casa de un curtidor y de un tejedor de lana a leer las Escrituras y hablar «de la renovación de la vida [...], de la pureza del Evangelio y de la absolución de los pecados». Como veremos, es posible que Menocchio, cuyas afirmaciones heterodoxas se remontaban, según un testigo, a treinta años atrás, hubiese entrado en contacto con este mismo grupo.

Sin embargo, a pesar de las analogías señaladas, no parece justo definir a Menocchio como anabaptista. El concepto positivo que él formula sobre la misa, la eucaristía y, dentro de ciertos límites, sobre la confesión, es inconcebible para un anabaptista. Sobre todo, un anabaptista, que veía en el Papa la encarnación del Anticristo, nunca habría pronunciado una frase como la que adujo Menocchio hablando de las indulgencias:[107] «Creo que son buenas, porque si Dios ha puesto un hombre en su lugar, que es el Papa, concede un perdón, es bueno, porque pareciera que las diera Dios pues las da un factor suyo».[108] Todo esto salió a relucir en el primer interrogatorio efectuado en Portogruaro (28 de abril): las declaraciones altivas —y a veces presuntuosas— de Menocchio en tales circunstancias, nos inducen una vez más a descartar totalmente la hipótesis de que éstas fueran dictadas por la prudencia o el cálculo. Hay que tener en cuenta, además, la heterogeneidad de los testigos que, como veremos, citó Menocchio como «fuente» de sus propias ideas religiosas, que son lo más alejado que pueda imaginarse de las rígidas prohibiciones sectarias de los anabaptistas. Para éstos, la única fuente de la verdad son las Escrituras, o el Evangelio, como afirmó, por ejemplo, el tejedor de lana que dirigía el grupo de Porcia que hemos citado: «De modo que fuera de ésta no se ha de creer a ninguna otra escritura, y que en ninguna otra escritura que el Evangelio hay cosa buena».[109] Para Menocchio, por el contrario, la inspiración podía proceder de libros más amenos: tanto del *Florilegio de la Biblia* como del *Decamerón*. Hay que concluir que entre la posición de Menocchio y las de los anabaptistas existían indudables analogías, pero insertas en contextos claramente distintos.

Sin embargo, si una caracterización específica en sentido anabaptista es insuficiente para explicar el caso de Menocchio, ¿no sería mejor replegarnos hacia una definición más genérica? Según parece Menocchio afirmaba estar en contacto con grupos «luteranos» (término que entonces designaba un campo heterodoxo enormemente amplio). ¿Por qué no contentarnos con la vaga afinidad que se trasluce al principio entre las declaraciones de Menocchio y las tesis de la Reforma?

En realidad, tampoco esto parece viable. Entre el inquisidor y Menocchio se desarrolla en un momento dado un diálogo peculiar.[110] Aquél pregunta: «¿Qué entendéis por justificación?». Pero Menocchio, siempre tan dispuesto a exponer profusamente sus «opiniones», esta vez no entendió. El fraile tuvo que explicarle «quid sit iustificatio», y Menocchio respondió negando, como hemos visto, que Cristo hubiera muerto para salvar a los hombres, ya que «si uno ha pecado, tiene que hacer penitencia». En cuanto a la predestinación, el mismo razonamiento: Menocchio ignoraba el significado de esta palabra, y sólo cuando el inquisidor se la explicó, respondió: «Yo no creo que nadie haya sido predestinado por Dios a la vida eterna». «Justificación» y «predestinación», los dos conceptos sobre los que se planteaba la polémica religiosa en Italia en tiempos de la Reforma, no significaban literalmente nada para aquel molinero friulano, a pesar de que, como veremos, había tropezado con ellos, al menos una vez, en sus lecturas.

Esto es aún más significativo ya que también en Italia el interés por estos temas no había quedado circunscrito a las clases sociales más elevadas.

> El costalero, la criada y el siervo
> hacen del libre albedrío anatomía
> y tortas de la predestinación,[111]

escribía a mediados del siglo XVI el poeta satírico Pietro Nelli, *alias* maese Andrea da Bergamo. Pocos años antes, los curtidores napolitanos, después de oír los sermones de Bernardino Ochino, discutían apasionadamente sobre las epístolas de san Pablo y sobre la doctrina de la justificación.[112] El eco de los debates sobre la importancia de la fe y de las obras para alcanzar la salvación surgen en contextos inesperados, como es el pliego de descargos presentado por una prostituta a las autoridades de Milán.[113] Se trata de ejemplos elegidos al azar, pero que podrían multiplicarse fácilmente. Sin embargo, todos ellos tienen un factor común: todos, o casi todos, se dan en la ciudad.[114] Un indicio, entre tantos, de la profunda separación que se había producido en el tiempo entre ciudad y campo en Italia. La conquista religiosa del campo italiano, que quizá los anabaptistas habrían intentado de no ser desarticulados casi inmediatamente por la represión religiosa y política, la efectuarían unos decenios más tarde bajo un signo bien distinto las órdenes religiosas de la Contrarreforma, los jesuitas en primer término.[115]

Esto no significa que durante el siglo XVI en el campo italiano no existiera ningún tipo de inquietud religiosa.[116] Pero tras el fino velo que aparentemente cubría temas y términos de las discusiones de la época, se entrevé la presencia masiva de tradiciones diversas, mucho más antiguas. ¿Qué tiene que ver con la Reforma una cosmogonía como la que describe Menocchio: el queso primordial del que nacen los gusanos, que son los ángeles? ¿Cómo vincular con la Reforma afirmaciones como las que atribuyen a Menocchio sus paisanos —«todo lo que se ve es Dios, y nosotros somos dioses», «cielo, tierra, mar, aire, abismo e infierno, todo es Dios»—? Mejor atribuirlas, provisoriamente, a un sustrato de creencias campesinas, de muchos siglos de antigüedad, pero no del todo perdidas. La Reforma, al romper la costra de la unidad religiosa, las hizo aflorar indirectamente. La Contrarreforma, en su intento de recomponer la unidad, las había sacado a la luz para, evidentemente, erradicarlo.

A la luz de estas hipótesis, las afirmaciones del tono radical pronunciadas por Menocchio no se explican vinculándolas al anabaptismo, y menos a un «luteranismo» genérico. Más bien cabe preguntarse si no se insertan en una corriente autónoma de radicalismo campesino[117] que la agitación de la Reforma contribuyó a revelar, pero que era más antigua que la Reforma.[118]

10
[MOLINERO, PINTOR, BUFÓN]

Que un molinero como Menocchio hubiese llegado a formular ideas independientes tan distintas a las corrientes, pareció inverosímil a los inquisidores. Se preguntó a los testigos si Menocchio había «hablado en serio o bien en son de burla, o repitiendo lo dicho por otros»;[119] a Menocchio se le instó a que revelara el nombre de sus «compañeros». Pero en ambos casos la respuesta fue negativa. Menocchio declaró secamente: «Señor, nunca he conocido a nadie que tuviera estas opiniones; estas opiniones que yo tengo las he sacado de mi cerebro».[120] Pero mentía en algo. El padre Ottavio Montereale (que como se recordará fue indirectamente el responsable de la intervención del Santo Oficio) dijo haberse enterado en 1598 de que «este Menocchio había aprendido sus herejías de un maese Nicola pintor de Porcia»[121] cuando éste fue a Montereale para pintar en casa de un señor de Lazzari, cuñado del propio padre Ottavio. Y el nombre de Nicola ya había sido mencionado durante el primer proceso,[122] provocando una reacción claramente embarazosa en Menocchio.

Primero dijo que lo había conocido durante la cuaresma y que le había oído decir en aquellas fechas que ayunaba, sí, pero «por miedo» (Menocchio, por el contrario, comía «algo de leche, queso y algunos huevos», lo que justificaba por la debilidad de su propia constitución física). Pero poco después empezó a hablar, de un modo al parecer un tanto vago, sobre un libro que tenía Nicola, apartándose del tema. También Nicola fue a su vez llamado a declarar ante el Santo Oficio, pero enseguida fue puesto en libertad vistos los testimonios de buena reputación redactados en favor suyo por dos eclesiásticos de Porcia.

Sin embargo, en el segundo proceso apareció un indicio de la influencia ejercida por un personaje anónimo sobre las opiniones heterodoxas de Menocchio. Durante el interrogatorio del 19 de julio de 1599, Menocchio respondió al inquisidor, que le preguntó cuánto tiempo hacía que creía —basándose en una novela del *Decamerón*, como veremos— que cualquier hombre podía salvarse independientemente de su religión, y que por esto un turco hacía bien en seguir siendo turco y no convertirse al cristianismo: «Puede hacer quince o dieciséis años que tengo esta opinión, porque empezamos a conversar y el diablo me la metió en la cabeza».[123] «¿Con quién empezaste a conversar?», preguntó de repente el inquisidor. Sólo tras una larga pausa (*post longam moram*) respondió Menocchio: «No sé».

Por lo tanto, con alguien debía haber hablado Menocchio de cuestiones religiosas quince o dieciséis años antes —en 1583, probablemente, ya que a principios del año siguiente había sido encarcelado y procesado—. Se trataba con toda probabilidad de quien le había prestado el libro prohibido: el *Decamerón*. Menocchio confesaría el nombre dos semanas más tarde: Nicola de Melchiori.[124] Además del nombre, las fechas (coincidencia en la que no repararon los inquisidores) inducen a identificar a este personaje con Nicola de Porcia, a quien en 1584 Menocchio no veía justamente desde hacía un año.

El padre Ottavio Montereale estaba bien informado: Menocchio debía de haber hablado efectivamente de temas religiosos con Nicola de Porcia. No sabemos si éste había sido miembro del grupo de artesanos de aquel lugar que, como hemos visto, más de veinticinco años atrás se reunía a leer el Evangelio.[125] En cualquier caso, pese a las declaraciones en su favor conseguidas en 1584, se le conocía desde hacía tiempo como «hombre herejísimo».[126] Así, al menos, lo había definido el noble de Pordenone Fulvio Rorario en 1571, al referirse a un hecho de hacía ocho o diez años: Nicola «dijo que él mismo había roto unos retablos que adornaban una capilla cercana a Porcia, diciendo que estaban mal hechos y que no eran apropiados, que eran [...] mercancías [...] y que no hay necesidad de poner figuras en la iglesia». No podemos por menos de pensar en la dura requisitoria contra las imágenes sagradas pronunciada por Menocchio. Pero no había aprendido sólo esto de Nicola de Porcia.

«Sé —dijo Menocchio al vicario general— que (Nicola) tenía un libro que se llamaba *Zampollo*, que decía que era un bufón, y que murió y fue al infierno, y con los demonios hacía bufonadas; y me recuerdo que dijo que estaba con su compadre, y que un demonio le había dicho que le gustaba aquel bufón, y al saber su compadre que aquel demonio gustaba de aquel bufón le dijo que tenía que estar de mala gana y fingir; y haciéndolo así, aquel demonio le dijo: "¿Por qué estás de mala gana?, di la verdad, dila sin reparos, porque también en el infierno hay que ser hombre de bien"».[127] Al vicario general debió de sonarle este discurso como un montón de tonterías: rápidamente reorientó el interrogatorio hacia cuestiones más serias —por ejemplo, ¿había sostenido alguna vez que todos los hombres van al infierno?— dejando de este modo escapar una pista importante. Con el libro que le había prestado Nicola de Porcia, Menocchio se había nutrido hasta tal punto que asimiló para siempre temas y expresiones, a pesar de que por un fallo confundiera el nombre del protagonista, Zanpolo, con el título: *Il sogno dil Caravia*.[128]

En el *Sogno* el joyero veneciano Alessandro Caravia se introduce en el argumento a sí mismo y al famoso bufón Zanpolo Liompardi, su compadre, muerto hacía poco a muy avanzada edad.

> Os asemejáis a la Melancolía
> pintada por un gran maestro,[129]

dice al principio Zanpolo al Caravia (que en el grabado que adorna la primera página figura además como el famoso dibujo de la *Melancolía* de Durero). El Caravia está triste: ve en torno a él un mundo lleno de injusticias, y se aflige. Zanpolo le conforta, recordándole que la verdadera vida no está en la tierra.

> Oh, cuánto me gustaría tener noticias
> de alguien que esté en el otro mundo,[130]

exclama el Caravia, Zanpolo le promete que intentará aparecérsele desde el otro mundo. Algo que tiene lugar poco después: la mayor parte de las octavas del poemita describen el sueño del joyero, a quien su amigo el bufón relata el viaje al paraíso, en donde habla de san Pedro, y al infierno, en donde gracias a sus constantes bufonadas entabla amistad con el diablo Farfarello y luego encuentra a otro bufón famoso: Domenego Taiacalze. Éste aconseja a Zanpolo una estratagema para que pueda cumplir su promesa y aparecerse al Caravia:

> Sé que Farfarello te quiere mucho
> y que pronto vendrá a visitarte;
> te preguntará si sientes mucha pena:
> cuando tú le veas, finge estar
> más desconsolado de lo que estás,
> se ofrecerá él a complacerte.
> Entonces tú dile lo que piensas:
> quizá te complazca totalmente.[131]

Entonces yo fingí —cuenta Zanpolo—,

> sentir gran tormento
> y me puse sentado en un rincón
> antes que Farfarello se acercara.

Pero el truco no funciona, y Farfarello se lo reprocha:

> He descubierto tu engaño:
> y contra ti mi mente se desata
> por usar contra mí tus invenciones.
> Prometí tenerte a buen recaudo
> y hay que cumplir hasta en el infierno.

Sin embargo, le perdona, y Zanpolo se aparece al Caravia que al despertarse pronuncia una plegaria arrodillado ante el crucifijo.

Indudablemente la exhortación de Farfarello a decir la verdad también en el infierno, individualizada por Menocchio, recoge uno de los temas fundamentales del *Sogno:* la polémica contra la hipocresía, sobre todo la frailuna. El *Sogno* es un libro cuya impresión acabó en mayo de 1541, mientras en Ratisbona tenían lugar los coloquios que parecían destinados a traer la paz religiosa entre católicos y protestantes. El texto es, en efecto, un discurso típico del evangelismo italiano. Los «aspavientos, saltos, morros y caras torcidas» [132] de los dos bufones, Zanpolo y Taiacalze, que incluso ante el tribunal de Belzebuth se ponen a bailar «enseñándole las nalgas desnudas», [133] sirven de fondo —en una mezcla bien carnavalesca— a un amplio y repetitivo discurso religioso. Taiacalze alaba abiertamente a Lutero:

> Un cierto Martín Lutero apareció
> que poco aprecia a curas, y nada a frailes
> y es por los alemanes muy querido;
> no se cansa nunca de exigir concilios [...]
> Este Martín, según se dice,
> en cosas de doctrinas es excelente:
> el puro Evangelio no abandona,
> a muchos Lutero ha confundido.
> Uno dice que sólo Cristo nos perdona
> Otro que Pablo tercero, o Clemente:
> y así uno tira y otro afloja,
> uno dice la verdad, otro mentira.
> Todos desean que haya concilio
> sólo para aclarar las herejías:
> pero el sol caliente funde la nieve
> como Dios las tristes fantasías [...] [134]

Se juzga positivamente la postura de Lutero, ya que preconizaba un concilio para llegar a la claridad doctrinal volviendo a proponer «el puro Evangelio»:

> Vi de mala gana llegar la muerte
> para mí, compadre por no tener claro
> las más diversas opiniones encontradas
> y los males que reinan en el mundo.
> Quisiera el hombre en su fe ser fuerte
> y no quedarse enredado en sutilezas
> *sino ver bien del Evangelio el texto*
> *y no pensar en Martín por todo el resto.*

Lo que es el «puro Evangelio» nos lo explican sucesivamente Zanpolo, san Pedro y Taiacalze. Ante todo, la justificación mediante la fe en el sacrificio de Cristo:

> La primera causa, salvación del cristiano,
> es amar a Dios, y tener fe sólo en Él.
> La segunda, esperar que Cristo hombre
> con su sangre salve a quien en Él cree.
> Tercera, con corazón sano por caridad,
> obre en el Espíritu Santo quien quiera merced
> de sólo Dios, en su trinidad.
> Se salva del infierno, reunidas estas tres.[135]

Por lo tanto, ninguna sutileza teológica como las que estaban de moda incluso entre los incultos y que predicaban los frailes:

> Muchos ignorantes hacen de doctores,
> hablan siempre de sagradas Escrituras
> por barberías, herrerías, sastrerías,
> teologizan sin mesura,

en errores a la gente hacen caer,
y luego espantan con la predestinación,
y el juicio, y el libre arbitrio,
que los queme el polvo del salitre.
A estos artesanuchos bastaría
creer el Credo, y decir el Padrenuestro
y no hacer mil argucias de la fe
buscando cosas, que con tinta
jamás fueron escritas, ni con cálamo.
Los Evangelistas mostraron el camino
simple y llano que directo lleva al cielo [...]
No hace falta, Zanpol, por sutileza
ver el pelo del huevo de gallina [...]
Oh, cuántos frailes que no saben nada
el intelecto emplean para confundir
a este infeliz y a aquél,
pues harían mejor en predicar
el Evangelio puro, y dejar de lado lo demás.[136]

El evidente contraste entre una religión reducida a un núcleo básico, por un lado, y las sutilezas teológicas, por el otro, recuerda las afirmaciones de Menocchio, quien, por otra parte, aun habiendo leído en este pasaje una palabra como «predestinación», confesó ignorar el significado. Con mayor claridad se manifiesta la relación entre la condena de las «leyes y mandamientos de la Iglesia» en tanto que «mercancías» (término empleado, como hemos visto, también por Nicola de Porcia) y la invectiva contra curas y frailes que el *Sogno* atribuye a san Pedro:

Mercado hacen de sepultar muertos
como un saco de lana o de pimientos:
en estas cosas son muy prestos
rehúsan el entierro a los difuntos

si primero no les dan dinero en mano;
después se van a beber y manducar
riéndose de quien hace tal dispendio
y gozando buena cama y rica mesa.
Mercados de mayor importancia
hacen de la Iglesia que fue mía,
dándose entre sí gran abundancia
sin pensar en quien sufre carestía.
Para mí esto es muy mala solía,
que hagan de mi Iglesia mercancía
y beato quien aumente el beneficio
diciendo pocas misas y ningún oficio.[137]

La implícita negación del purgatorio[138] y, en consecuencia, de la utilidad de las misas por los difuntos; la condena del empleo del latín por parte de curas y frailes («Con artes hacen todas sus ceremonias / hablando vulgar y no latín»);[139] el rechazo de las «iglesias suntuosas»;[140] las precisiones sobre el culto de los santos:

Hay que honrar a los santos, hijo mío,
los preceptos de Cristo han seguido [...]
Quienes hagan como ellos, querrá Dios
que al cielo suban, elegidos:
pero aquí gracias no les dispensará;
el que eso crea, equivocado está.[141]

y sobre la confesión:

Confesarse deben los cristianos fieles,
cada hora a Dios de mente y corazón,
y no una sola vez al fin del año
para demostrar que Judíos no son.[142]

son todos ellos motivos recurrentes, como hemos visto, en las declaraciones de Menocchio. Y, sin embargo, había leído el *Sogno* cuarenta años después de su publicación, en unas circunstancias totalmente distintas. El concilio que debía haber servido para resolver el enfrentamiento entre «papistas»[143] y luteranos —enfrentamiento que el Caravia comparaba al que existía entre las dos facciones friulianas de los *strumieri* y los *zamberlani*— se celebró, sí, pero fue un concilio de condena y no de concordia. Para los hombres como el Caravia,[144] la Iglesia esbozada por los decretos trentinos distaba mucho de ser la Iglesia «enderezada» e inspirada en el «puro Evangelio» que habían soñado. Además, Menocchio debió de leer el *Sogno* como un libro vinculado en muchos aspectos a una época ya pasada. Cierto que las polémicas anticlericales o antiteológicas seguían siendo actuales, por los motivos que hemos expuesto, pero los elementos más radicales de la religión de Menocchio superaban con mucho al *Sogno*. En éste no había indicios ni de negación de la divinidad de Cristo, ni de rechazo de la integridad de la Escritura, ni de condena del bautismo, definido también como «mercancía», ni de exaltación indiscriminada de la tolerancia. Así pues, ¿había sido Nicola de Porcia quien habló con Menocchio de todo esto? En lo que respecta a la tolerancia, parece que sí, siempre que la identificación entre Nicola de Melchiori y Nicola de Porcia sea exacta. Pero todos los testimonios de los habitantes de Montereale indican que el conjunto de las ideas de Menocchio se había formado en una época muy anterior a la fecha del primer proceso.[145] Es verdad que ignoramos cuándo tuvieron lugar los contactos con Nicola, pero la obstinación de Menocchio indica que no se trata de un reflejo pasivo de ideas ajenas.

11
[«OPINIONES [...] SACADAS DE MI CEREBRO»]

«¿Queréis que os enseñe el camino verdadero? Tratad de hacer el bien y seguir el camino de mis antecesores, y lo que manda la Santa Madre Iglesia»;[146] éstas fueron las palabras que, como se recordará, Menocchio sostuvo (por supuesto casi mintiendo) haber dicho a sus paisanos. En realidad había enseñado lo contrario, a apartarse de la fe de los mayores, a rechazar las doctrinas que el párroco predicaba desde el púlpito. Mantener esta elección desviadora y durante un período tan largo (quizá ya por entonces unos treinta años) ante una pequeña comunidad como la de Montereale y posteriormente ante el tribunal del Santo Oficio, requería una energía moral e intelectual que no es exagerado calificar de extraordinaria. Ni las deserciones de parientes y amigos, ni las reprensiones del párroco, ni las amenazas de los inquisidores lograron hacer mella en la seguridad de Menocchio. Pero ¿qué es lo que le confería esta seguridad? ¿En nombre de qué hablaba?

En las sesiones iniciales del proceso él atribuyó sus propias opiniones a una inspiración diabólica: «Estas palabras dichas por mí las decía por tentación [...] ha sido el espíritu maligno el que me ha hecho creer esas cosas». Pero ya al final del primer interrogatorio sus declaraciones se habían vuelto menos remisas: «Esto que he dicho, es por inspiración de Dios o del demonio [...]».[147] Quince días más tarde plantearía otra alternativa: «El diablo o algo me tentaba».[148] Poco después precisó qué era aquel «algo» que le atormentaba: «Estas opiniones que he sostenido las he sacado de mi cerebro». Y durante todo el primer proceso no modificaría esta actitud. Incluso cuando se decidió a pedir perdón a los jueces, atribuiría los errores cometidos a su propio «sutil cerebro».

Por lo tanto, Menocchio no pretendía revelaciones o iluminaciones especiales. En sus discursos situaba siempre en primer plano el propio raciocinio. Esto bastaría ya para diferenciarlo de los profetas,[149] visionarios y predicadores itinerantes que entre finales del siglo XV y principios del XVI se dedicaban a lanzar lúgubres vaticinios en las plazas de las ciudades italianas. Todavía en 1550, Giorgio Siculo, ex benedictino, había intentado referir a los padres de la Iglesia reunidos en el Concilio de Trento, las verdades que el propio Cristo, que se le había aparecido «en propia persona», le había revelado. Pero ya hacía veinte años que se había celebrado el Concilio de Trento; la jerarquía se había definido, ya había acabado la prolongada época de incertidumbre sobre lo que los fieles podían y debían creer. Y, a pesar de todo, este molinero perdido en las colinas del Friuli, seguía lucubrando en su caletre «cosas altas», oponiendo sus propias ideas en materia de fe a los decretos de la Iglesia: «Yo creo [...] en cuanto a mi idea y creencia [...]».

Junto al raciocinio, los libros. *Il sogno dil Caravia* no es un caso aislado. «Habiéndome confesado muchas veces con un cura de Barcis —declaró durante el primer interrogatorio—, yo le dije: "¿Puede ser que Jesucristo fuera concebido por el Espíritu Santo y naciera de María virgen?", pero le dije que yo lo creía aunque a veces el demonio me tentaba en ello».[150] La atribución a una tentación diabólica de las propias dudas reflejaba el testimonio relativamente cauto de Menocchio al principio del proceso; en realidad, expuso enseguida el doble fundamento de su propia actitud: «Esta idea mía la fundaba en que han nacido tantos hombres en el mundo, y ninguno ha nacido de mujer virgen; y habiendo leído yo que la gloriosa Virgen estaba esposada con san José, creía que Nuestro Señor Jesucristo fuese hijo de san José, porque he leído historias en las que san José llamaba hijo a

Nuestro Señor Jesucristo, y esto lo he leído en un libro que se llama *Florilegios de la Biblia*». Es un ejemplo elegido al azar, pero muchas más veces Menocchio mencionaría tal o cual libro como fuente (no exclusiva en este caso) de sus «opiniones». Pero ¿qué libros había leído Menocchio?

12
[LOS LIBROS]

No disponemos ni mucho menos de una lista completa de sus libros. Cuando lo detuvieron, el vicario general mandó requisar su vivienda;[151] en ella se encontraron, cierto, algunos volúmenes, pero ni sospechosos ni prohibidos, por lo que no se efectuó inventario. Podemos reconstruir con cierta aproximación un cuadro parcial de las lecturas de Menocchio únicamente basados en las breves referencias que él hizo durante los interrogatorios. Los libros mencionados durante el primer proceso son los siguientes:

1. La *Biblia* en lengua vulgar, «la mayor parte en letras rojas» (se trata de una edición no identificada).[152]

2. *El Florilegio de la Biblia* (es la traducción italiana de una crónica medieval catalana en la que se mezclaban diversas fuentes, entre ellas, además, naturalmente, de la Vulgata, el *Chronicon* de Isidoro, el *Elucidarium* de Onorio di Autun y un notable número de evangelios apócrifos; de esta obra, que tuvo una amplia circulación manuscrita entre los siglos XIV y XV, se conocen unas veinte ediciones, tituladas indistintamente *Florecillas de la Biblia*, *Flores de toda la Biblia*, *Flores nuevas*, que se editaron hasta la mitad del siglo XVI).[153]

3. *Il Lucidario (¿Rosario?) della Madonna* (probablemente identificado con el *Rosario della gloriosa Vergine Maria* del

dominico Alberto da Castello, también reeditado varias veces durante el siglo xvi).[154]

4. *Il Lucendario* (*sic*, por *Legendario*) *de santi* (es la traducción de la difundidísima *Leyenda áurea* de Jacopo da Varagine, a cargo de Niccolò Malermi, aparecida con el título de *Legendario delle vite de tutti li santi*).[155]

5. *Historia del Giudicio* (se trata de un poemita anónimo del siglo xv en octavas, que circulaba en numerosas versiones, de distinta extensión).[156]

6. *Il cavalier Zuanne de Mandavilla* (es la traducción italiana, reeditada muchas veces durante el siglo xvi, del famoso libro de viajes redactado a mediados del siglo xiv y atribuido a un fantasmagórico sir John Mandeville).[157]

7. «Un libro que se llamaba *Zampollo*» (se trata en realidad de *Il Sogno dil Caravia*, editado en Venecia en 1541).[158]

A estos títulos hay que añadir los mencionados durante el segundo proceso:

8. *Il Supplimento delle cronache* (traducción en lengua vulgar de la crónica redactada a finales del siglo xv por el eremita de Bérgamo Jacopo Filippo Foresti, reeditada varias veces con puestas al día, hasta finales del siglo xvi, con el título *Supplementum supplementi delle croniche...*).[159]

9. *Lunario al modo di Italia calculato composto nella città di Pesaro dal eccmo. dottore Marino Camilo de Leonardis* (también de este *Lunario* existen varias ediciones).[160]

10. El *Decamerón* de Boccaccio, en edición no expurgada.[161]

11. Un libro que, a falta de otra identificación, como hemos visto, un testigo supone que es el *Corán* (del cual se publicó en 1547 una traducción italiana en Venecia).[162]

13
[LECTORES RURALES]

Veamos antes que nada cómo consiguió Menocchio hacerse con estos libros.

El único que sabemos con certeza que compró es el *Florilegio de la Biblia*, «el cual —dice Menocchio— compré en Venecia por dos sueldos».[163] De los otros tres —la *Historia del Giudicio*, el *Lunario* y el supuesto *Corán*— no tenemos ningún dato. El *Supplementum* de Foresti se lo regaló Tomaso Mero da Malmins.[164] Todos los demás —seis sobre once, más de la mitad— se los prestaron. Son datos significativos, que nos permiten entrever, en una minúscula comunidad, una red de lectores que superan el obstáculo de sus exiguos recursos financieros pasándose los libros unos a otros. Por ejemplo, el *Lucidario (o Rosario) della Madonna* se lo prestó a Menocchio durante su destierro en Arba, en 1564, una mujer: Anna de Cecho.[165] Su hijo, Giorgio Capel,[166] llamado a declarar (la madre ya había muerto) dijo que tenía un libro titulado *La vita de santi;* otros se los había confiscado el párroco de Arba, quien sólo le había restituido dos o tres, diciéndole que el resto «los quieren quemar» (los inquisidores, evidentemente). La *Biblia* se la había prestado a Menocchio su tío Domenico Gerbas,[167] junto con el *Legendario de santi.* Este libro «al mojarse, se deshizo». Por el contrario, la *Biblia* acabó en manos de su primo Bastian Scandella, quien se la había prestado a Menocchio varias veces. Pero seis o siete meses antes del proceso, la mujer de Bastian, Fior, había cogido la *Biblia* para quemarla en el horno: «Pero ha sido un pecado haber quemado ese libro» exclamó Menocchio. El *Mandavilla* se lo había prestado cinco o seis años antes Andrea Bionima, capellán de Montereale, quien lo había encontrado por casualidad en Maniago, revolviendo «ciertos escritos de notaría».[168] (Pero Bionima declaró prudentemente que no le había dado él el libro a Menocchio, sino Vincenzo Lombardo, quien por saber «leer un poco» debía haberlo cogido de su casa.) *Il Sogno dil Caravia*[169] se lo había prestado Nicola de Porcia, que, como hemos dicho, podríamos identificar con aquel Nicola de Melchiori[170] que le había pasado, mediante Lunardo della Minussa de Montereale, el *Decamerón*. En cuanto al *Florilegio*, Menocchio a su vez lo había prestado[171] a un joven de Barcis, Tita Coradina, del que había leído (dijo) sólo una cara; luego el párroco le había dicho que era un libro prohibido y lo había quemado.

Una intensa circulación que incluye a los curas (como era de prever) y hasta a las mujeres. Sabemos que en Udine, ya a principios del siglo XVI, se había abierto una escuela, dirigida por Gerolamo Amaseo, para «leer y enseñar indiferentemente *nulla habita exceptione personarum*, tanto a los hijos de los ciudadanos como a los de los artesanos y gente del pueblo, tanto a mayores como a pequeños, sin ningún pago especial».[172] Existían escuelas de nivel elemental,[173] en donde se enseñaba también un poco de latín, en centros no muy alejados de Montereale, como Aviano y Pordenone. Sin embargo, es sorprendente que en una pequeña aldea perdida en las colinas se leyese tanto.[174] Desgraciadamente sólo en ocasiones disponemos de indicaciones que nos permiten precisar la posición social de los lectores. Ya hemos hablado del pintor Nicola da Porcia. Bastian Scandella, primo de Menocchio, figura en la ya señalada estimación de 1596 como detentor (no sabemos a título de qué) de numerosas parcelas de tierra; aquel mismo año era alcalde de Montereale. Pero en el caso de los demás se trata de simples nombres. Por lo tanto, está claro que para aquella gente el libro formaba parte de la experiencia común, era un objeto de uso tratado sin gran cuidado, expuesto al riesgo de mojarse o estropearse. Sin embargo es significativa la reacción escandalizada de Menocchio a propósito de la *Biblia* que fue a parar al horno, a pesar de que fuera en previsión de un registro del Santo Oficio. A pesar de la irónica comparación con «los libros de caballería que han crecido», las Escrituras eran para él un libro distinto a los demás ya que contenía un núcleo dado por Dios.

14
[PÁGINAS IMPRESAS Y «OPINIONES FANTÁSTICAS»]

El hecho de que más de la mitad de los libros citados por Menocchio procedieran de préstamos lo tendremos presente también para analizar el carácter de su catálogo. En realidad, sólo en el caso de *Florilegio de la Biblia*, podemos con todo derecho postular con certeza, más allá de la lectura de Menocchio, una verdadera elección que le impulsase a comprar exactamente *aquel* libro entre tantos otros amontonados en la tienda, o el carrito del desconocido librero veneciano. Es significativo que el *Florilegio* hubiera sido para él, como veremos, una especie de libro de cabecera. En cambio, fue por pura casualidad que el padre Andrea Bionima tropezase con el volumen del *Mandavilla* que había ido a parar en medio de unos «escritos de notaría» en Maniago; una fiebre indiscriminada de lecturas, más que una curiosidad específica, lo había hecho llegar a manos de Menocchio. Probablemente puede aplicarse la misma tesis a todos los libros prestados por sus paisanos. La lista que hemos reconstruido refleja más que nada los libros que Menocchio podía tener a mano; no eran desde luego una muestra de predilección ni de elección consciente.

Además, es una lista parcial. Esto explica, entre otras cosas, el predominio de textos religiosos: seis sobre once, más de la mitad. Era obvio que en el transcurso de los dos procesos a los que se le sometió, Menocchio se refiriera sobre todo a este tipo de lecturas para justificar sus ideas. Es muy probable que una lista completa de los libros que poseyó o leyó nos habría facilitado un panorama más variado que incluyera, por ejemplo, alguno de aquellos «libros de caballerías» comparados provocadoramente con las *Escrituras* —el *Libro che tratta di bataglia, chiamato Fioravante* (M. Sessa, Venecia, 1506)— u otro similar. No obstante, este manojo de títulos, fragmentario y unilateral, nos permite algunas consideraciones. Junto a la Biblia encontramos libros piadosos, reelaboraciones escritas en verso y en prosa, vidas de santos, un almanaque, un poemita semiburlesco, un libro de viajes, una crónica, una colección de relatos (el *Decamerón*): todos textos en lengua vernácula (como ya hemos indicado, Menocchio sabía de latín poco más de lo que había aprendido ayudando a misa)[175] publicados algunos dos o tres siglos atrás, muy difundidos, y consumidos en diversos niveles sociales.[176] El libro de Foresti y el Mandeville,[177] por ejemplo, formaban parte de la biblioteca de otra persona, muy distinta, «hombre sin letras», es decir casi ignorante en latín: Leonardo. Y la *Historia del Giudicio*[178] figura entre los libros propiedad del famoso naturalista Ulisse Aldrovandi (que entre otras cosas había tenido problemas con la Inquisición por sus relaciones con grupos heréticos durante su juventud). Cierto que en esta lista choca (suponiendo que Menocchio lo hubiera realmente leído) el *Corán*, pero es una excepción que trataremos aparte. El resto está formado por títulos bastante corrientes, que no nos sirven para esclarecer de qué manera Menocchio había llegado a formular lo que uno de sus paisanos definía como «opiniones fantásticas».[179]

15
[Callejón sin salida]

De nuevo tenemos la impresión de hallarnos ante un callejón sin salida. Primero, dada la extravagante cosmogonía de Menocchio, nos habíamos planteado por un momento, igual que el vicario general, si no se trataba de discursos de un loco. Descartada la hipótesis, el examen de su eclesiología sugiere otra: que fuera anabaptista. Rechazada ésta igualmente, nos planteábamos —ante el dato de que Menocchio se consideraba un mártir «luterano»— el problema de sus vínculos con la Reforma. Sin embargo, la tesis de situar las ideas y creencias de Menocchio en una profunda veta de radicalismo rural, sacado a la luz por la Reforma, pero independiente de ella, nos parece en eminente contradicción con la lista de lecturas que hemos rehecho basándonos en las actas del proceso. ¿Hasta qué punto podemos considerar representativo un personaje tan poco común como el de un molinero del siglo xvi que sabía leer y escribir? Y, además, ¿representativo de qué? Desde luego no de un acervo de cultura campesina, ya que el propio Menocchio señalaba como fuente de sus propias ideas una serie de libros impresos. A fuerza de chocar con los muros de este laberinto, volvemos al punto de partida.

Casi volvemos. Hemos visto los libros que leía Menocchio. Pero ¿cómo los leía? [180]

Si cotejamos uno por uno los pasajes de los libros citados por Menocchio, con las conclusiones que él extrae de ellos (para no hablar de la forma en que se lo refirió a sus jueces) tropezamos siempre con un hiato, una desviación a veces profunda. Cualquier intento de considerar estos libros como «fuentes», en el sentido mecánico del término, se derrumba ante la agresiva originalidad de la lectura que de ellos hace Menocchio. Por lo tanto, más importante que el texto es la clave de lectura; el tamiz que Menocchio interponía inconscientemente entre él y la página impresa: un tamiz que pone de relieve ciertos pasajes y oculta otros, que exasperaba el significado de una palabra aislándola del contexto, que actuaba sobre la memoria de Menocchio deformando la propia lectura del texto. Y ese tamiz, esa clave de lectura, nos remite continuamente a una cultura distinta de la expresada por la página impresa: una cultura oral.

Esto no significa que el libro constituyera para Menocchio una mera ocasión, un pretexto. Él mismo declararía, como veremos, que había al menos un libro que le había inquietado profundamente, incitándolo, con sus afirmaciones inesperadas, a incubar pensamientos nuevos. Fue el encuentro de la página impresa con la cultura oral, de la que era depositario, lo que indujo a Menocchio a formular —primero a sí mismo, luego a sus paisanos, y hasta a los jueces— «las opiniones [...] sacadas de *su* cerebro».[181]

16
[EL TIEMPO DE LAS VÍRGENES]

Daremos una serie de ejemplos sobre el modo de leer de Menocchio, crecientes en complejidad. En el primer interrogatorio reafirmó que Cristo había sido un hombre como los demás, hijo de san José y de la Virgen María, y explicó que María «se llamaba virgen por haber estado en el templo de las vírgenes, que era un templo en donde albergaban a doce vírgenes, y conforme se educaban se casaban, y esto yo lo he leído en un libro llamado *Lucidario della Madonna*».[182] Este libro, que otras veces llamó *Rosario*, era con toda probabilidad el *Rosario della gloriosa Vergine Maria* del dominico

Alberto da Castello. En él Menocchio pudo leer: «Contempla aquí ferviente alma, como hecha oblación a Dios y al sacerdote, san Joaquín y santa Ana dejaron a su dulcísima hija en el templo de Dios, donde debería ser nutrida con las otras vírgenes que estaban dedicadas a Dios. En que lugar vivía con suma devoción contemplando las cosas divinas, y allí la visitaron los Santos Ángeles, como a su reina y emperatriz, y siempre estaba orando».[183]

Puede que también el hecho de haber visto tantas veces, en los muros de la iglesia de San Rocco de Montereale, los frescos realizados en 1566 por un alumno del Pordenone, el Calderari,[184] las escenas de María en el templo y de José con los pretendientes, hubiera inducido a Menocchio a detenerse sobre esta página del *Rosario*. En cualquier caso, sin deformar la letra, resaltó el significado. En el texto, la aparición de los ángeles aislaba a María de sus compañeras, confiriéndole un halo sobrenatural. En la mente de Menocchio el elemento decisivo era, por el contrario, la presencia de «otras virgencillas», lo que servía para explicar del modo más simple el epíteto aplicado a María, comparándola con las compañeras. De este modo, un detalle pasaba a ser el control del razonamiento, modificando su sentido global.

17
[EL FUNERAL DE LA VIRGEN]

Al final del interrogatorio del 28 de abril, después de haber expresado sin ambages sus propias acusaciones contra la Iglesia, los curas, los sacramentos y las ceremonias eclesiásticas, Menocchio, contestando a una pregunta del inquisidor, declaró: «Yo creo que la emperatriz en este mundo ha sido mayor que la Virgen, pero allí es mayor la Virgen, porque allá somos invisibles».[185] La pregunta del inquisidor tenía su origen en un episodio referido por un testigo, y confirmado sin vacilación por Menocchio: «Señor, sí que es cierto que he dicho cuando pasó la emperatriz que ella era más que la Virgen, pero lo entendía de esta manera; y en aquel libro de la Virgen nunca le fueron presentados ni hechos tantos honores, sino que cuando la llevaron a sepultar le hicieron deshonor, ya que uno quiso quitarla de los hombros de los apóstoles y se le quedaron las manos pegadas, y eso era en la vida de la Virgen».[186]

¿A qué texto aludía Menocchio? La expresión «libro de la Virgen» puede hacernos pensar una vez más en el *Rosario della gloriosa Vergine Maria*, pero la cita no coincide. El pasaje se encuentra en otro libro que leyó Menocchio: el *Legendario de le vite de tutti li santi* de Jacopo da Varagine, en el capítulo titulado *De l'assumptione de la beata Vergine Maria*, que es una reelaboración de «un cierto librito [...] apócrifo, atribuido al beato Juan evangelista». He aquí la descripción de las exequias de María redactada por Varagine: «Fueron juntos los ángeles y los apóstoles cantando y llenando toda la tierra con el son admirable de su vida (de María). Despertados todos por tan dulce melodía, salieron de la ciudad y demandaron con diligencia qué era aquello, entonces uno dijo: "Los discípulos llevan a María que ha muerto, y cantan en torno a ella esa melodía que oís". Entonces todos corrieron a coger sus armas, y se animaban entre sí diciendo: "Venid, matemos a todos los discípulos y quememos este cadáver que ha traído aquel embaucador". Y viendo esto, el príncipe de los sacerdotes, estupefacto y lleno de ira, dijo con desprecio: "He aquí el tabernáculo de lo que nos conturbaba a nosotros y a nuestra generación, ¡qué gloria ha merecido!". Y diciendo esto puso la mano sobre el lecho con intención de tirarlo al suelo con el cuerpo, y al poner sus manos en el lecho se le secaron y le quedaron pegadas al lecho, y aquejado por el sufrimiento, gritaba con grandes lamentos, y el resto del pueblo fue condenado a la ceguera por los ángeles que estaban en las nubes. Y allí gritaba el príncipe de los sacerdotes diciendo: "Te ruego, oh, san Pedro, que no me abandones en esta tribulación, te ruego que lleves mis preces al Señor, acuérdate de la vez que la criada de la entrada te acusó y yo te defendí". A lo que Pedro contestó: "Nosotros estamos ocupados con las exequias de la Virgen y no podemos ahora atender a tu curación. Pero si crees en el Señor Jesús y en ésta que le trajo al mundo, creo que sin duda lograrás el beneficio de la salud". A lo cual éste respondió: "Yo creo que el Señor Jesús es el verdadero hijo de Dios, y ésta su santa madre". De inmediato se le despegaron las manos de la camilla pero sin embargo los brazos seguían secos y no se disipó en ellos el gran dolor. Entonces dijo Pedro: "Besa el lecho y di, yo creo en Dios Jesucristo, el cual ésta llevó en su vientre, permaneciendo virgen después del parto". Y habiéndolo hecho, le fue restituida la salud [...]».[187]

La afrenta que hace al cadáver de María el jefe de los sacerdotes se resuelve, para el autor del *Legendario*, con la descripción de una curación milagrosa y con la exaltación de María virgen madre de Cristo. Pero es evidente que para Menocchio no cuenta el relato del milagro, y menos aún la afirmación de la virginidad de María, que él tantas veces negara. Lo que él extrae de forma aislada es tan sólo el gesto del sumo sacerdote, la «deshonra» hecha a María durante su enterramiento, prueba de su miserable condición. El filtro de la memoria de Menocchio transforma la narración de Varagine en lo contrario.

18
[EL PADRE DE CRISTO]

La referencia al pasaje del *Legendario* era casi fortuita. Es mucho más importante, por el contrario, la referencia al *Florilegio de la Biblia.* Como se recordará, durante el primer interrogatorio Menocchio había sostenido que no creía en la concepción virginal de María por obra del Espíritu Santo «porque tantos hombres han nacido en el mundo, y ninguno ha nacido de mujer virgen»,[188] o por haber leído en un libro titulado *Florilegio de la Biblia* que san José llamaba hijo a Nuestro Señor Jesucristo», con lo que argüía que Cristo era hijo de san José. Ahora bien, en el capítulo CLXVI del *Florilegio,* «Cómo fue enviado Jesús a la escuela», puede leerse cómo Jesús maldijo al maestro que le había dado una «bofetada» y al momento le hizo caer fulminado. Y ante la ira de los vecinos que acudieron, «José dijo: "¿Ya has castigado, hijo mío? ¿No ves cuánta gente nos odia?"».

«Hijo mío»; pero en la misma página, en el capítulo inmediatamente anterior, «Cómo Jesús solazándose con los otros niños resucitó a uno que había muerto», Menocchio había podido leer esta respuesta que dio María a una mujer que le preguntó si Jesús era hijo suyo: «Sí que es hijo mío, mas su padre es sólo Dios».

La lectura de Menocchio era evidentemente unilateral y arbitraria, casi ansiando la confirmación de ideas y convicciones sólidamente establecidas. En este caso, la certidumbre de que «Cristo era hombre nacido como nosotros».[189] Es irracional creer que Cristo haya nacido de una virgen, o que muriera en la cruz: «Si era Dios eterno, no debía haberse dejado coger y crucificar».[190]

19
[EL DÍA DEL JUICIO]

No debe causar sorpresa el recurso a fragmentos como los del *Legendario* y el *Florilegio*, inspirados en los evangelios apócrifos. De la confrontación entre la concisa simplicidad de la palabra de Dios —«cuatro palabras»— y la desmesurada proliferación de las Escrituras, el concepto mismo de apócrifo cae por su propio peso. Los evangelios apócrifos y los evangelios canónicos se situaban en un mismo plano y se consideraban textos simplemente humanos. Por otro lado, contrariamente a lo que habría cabido esperar de los testimonios de los habitantes de Montereale («siempre está discutiendo con éste y aquél, y tiene la *Biblia* vulgar y en ella se fundamenta»),[191] Menocchio durante los interrogatorios hizo poquísimas referencias concretas a las Escrituras. Incluso se diría que los refritos paraescriturales del tipo del *Florilegio de la Biblia* fueran para él más conocidos que la *Biblia* en lengua vernácula. Un ejemplo: el 8 de marzo, contestando a una pregunta no muy bien precisada del vicario general, Menocchio exclamó: «Me digo que es precepto más importante amar al prójimo que amar a Dios».[192] También esta afirmación se apoyaba en una referencia a un texto, ya que inmediatamente Menocchio añadió «porque he leído en una *Historia del Giudicio* que cuando llegue el día del juicio (Dios) dirá a aquel ángel: "Tú eres malo, tú nunca me has hecho un bien"; y aquel ángel responde: "Señor, nunca he mirado más que hacer el bien". "Yo tenía hambre y no me has dado de comer, tenía sed y no me has dado de beber, estaba desnudo y no me vestiste, estaba preso y no viniste a visitarme". Y por esto yo creía que Dios era el prójimo, porque dice "yo era aquel pobre"».

Veamos el correspondiente pasaje en la *Historia del Giudicio*:

Oh, benditos ya por mi padre,
venid mi gloria a poseer;
hambriento y sediento estaba,
y de comer y beber me disteis;
cuando estaba sufriente en la prisión,
siempre a verme vinisteis;
estuve enfermo y me visitasteis,
muerto fui y sepultura me disteis.

Y ya todos contentos
irán a Jesucristo a preguntarle:
«¿Cuándo, señor, hambre tuviste
y nosotros de beber y comer te dimos
y cuándo, enfermo, te visitamos
y, muerto, acudimos a enterrarte?
¿Cuándo estando en prisión te visitamos,
y cuándo vestiduras te ofrecimos?».

Cristo responderá con rostro feliz:
«Aquel pobrecito que acudía
muerto de hambre, afligido y vencido,
que por mi amor limosna os pedía,
no lo expulsasteis ni lo alejasteis,
sino que de lo vuestro comió y bebió,
y a él le dabais, por amor de Dios:
sabed que aquel pobre era yo».

De la izquierda entonces hablar querrán,
pero con gran ira Dios los echará
diciendo: «Pecadores de obras malas
al infierno, al sempiterno arder.
De vosotros no obtuve de beber ni de comer
no hicisteis bien alguno por mi amor.
Malaventurados, al fuego eterno,
donde estaréis en duelo sempiterno».

Y responderá ese pueblo dolorido:
«¿Cuándo, Señor, nosotros te hemos visto
de hambre muerto, penando y afligido?
¿Cuándo en prisión desgracias padeciste?».
Les dirá entonces Cristo glorioso:
«Cuando al pobre expulsabais con insultos,
y con la miseria no mostrasteis piedad
ni jamás les hicisteis caridad».[193]

Como vemos, estos torpes versos copian pedestremente un pasaje del Evangelio de Mateo (25,41-46). Pero es a éste y no al texto evangélico al que Menocchio se refiere. También aquí, la referencia a la página impresa —básicamente exacta, si exceptuamos el curioso despiste que atribuye al «ángel» la protesta de los condenados— se convierte en realidad en una reelaboración. Pero si en los casos anteriores, la adulteración se producía fundamentalmente por omisión, en éste el procedimiento es más complejo. Menocchio da un paso adelante —en apariencia mínimo, pero en realidad enorme— respecto al texto: si Dios es el prójimo, «porque dijo "yo era aquel pobre"», es más importante amar al prójimo que amar a Dios. Era una deducción que exasperaba radicalmente la insistencia respecto a una religiosidad práctica, factual, común a todos estos grupos de herejes italianos de la época. También el obispo anabaptista Benedetto d'Asolo enseñaba la doctrina de «un solo Dios, un solo Jesucristo Nuestro Señor mediador» y la caridad hacia el prójimo, porque «el día del juicio [...] no nos preguntarán otra cosa que si hemos dado de comer a los hambrientos, dado de beber a los sedientos, vestido a los desnudos, visitado a los enfermos, albergado a los forasteros [...], por ser los fundamentos de la caridad».[194] Pero las declaraciones de Menocchio sobre este tipo de predicación —si, como es probable, llegó a sus oídos— no eran meramente receptivas. En sus discursos aflora muchas veces una reducción tendencial, aunque clarísima, de la religión a la moralidad. Con una magnífica argumentación, habitualmente llena de imágenes concretas, Menocchio explicó al inquisidor que blasfemar no era pecado «porque hace mal solamente a uno mismo y no al prójimo, como sucede, si yo tengo un tabardo y lo quiero romper, hago mal solamente a mí mismo y no a los otros, y creo que el que no hace mal al prójimo no hace pecado; y como somos todos hijos de Dios, si no nos hacemos mal unos a otros, como por ejemplo un padre que tiene varios hijos, y uno dijera "maldito sea mi padre", el padre le perdona, pero si le rompe la cabeza a un hijo de otro no se le puede perdonar si no paga; por eso he dicho que blasfemar no es pecado, porque no hace mal a nadie».[195] Por consiguiente, quien no hace mal al prójimo no comete pecado: la relación con Dios se hace irrelevante frente a la relación con el prójimo. Y, si Dios es el prójimo, ¿por qué Dios?

Naturalmente Menocchio no dio este último paso, que le habría llevado a la afirmación de un ideal de justa convivencia humana totalmente expurgada de connotaciones religiosas. Para él, el amor hacia el prójimo seguía siendo un precepto religioso, o mejor dicho, la propia esencia de la religión. En general, sus testimonios no carecen de fluctuaciones (también por esto se puede hablar, en su caso, sólo de una reducción *tendencial* de la religión a moral). A sus paisanos solía decirles (según lo que refirió el testigo Bartolomeo d'Andrea): «Yo os enseño a no hacer mal, no coger las cosas de los otros, éste es el bien que se puede hacer».[196] Pero en el interrogatorio que tuvo lugar el 1 de mayo por la tarde,[197] al inquisidor que le pidió precisase cuáles eran las «obras de Dios» gracias a las cuales se va al cielo, Menocchio —que a decir verdad había hablado sencillamente de «buenas obras»— respondió: «Amarlo (a Dios), adorarlo, santificarlo, reverenciarlo y darle gracias; y además hay que ser caritativo, misericordioso, pacífico, bondadoso, honorable, obedientísimo a sus mayores, perdonar las injurias y mantener las promesas; haciendo esto se va al cielo, esto basta para ir allí». En este caso, a los deberes con el prójimo se unían los deberes con Dios, sin que se resaltara la superioridad de los primeros sobre los segundos. Pero la lista, que sigue a continuación, de «obras malas» —«robar, asesinar, hacer usura, hacer crueldad, hacer vergüenza, hacer vituperio y homicidio: éstas son siete obras que desagradan a Dios y dañan al mundo y placen al demonio»— versaba únicamente sobre las relaciones entre los hombres, sobre la capacidad humana para prevaricar al prójimo. Y la religión simplificada de Menocchio («y haciendo esto se va al cielo, y esto basta para ir allá») no podía aceptarla el inquisidor: «¿Cuáles son los mandamientos de Dios?». «Creo —respondió Menocchio— que son los que he dicho antes». «Nombrar el nombre de Dios, santificar las fiestas, ¿no son preceptos de Dios?». «Esto no lo sé».

En realidad, era precisamente la insistencia exclusiva en el mensaje evangélico en su forma más sencilla y descarnada lo que consentía deducciones extremas como la formulada por Menocchio. Este riesgo había sido presentido con claridad excepcional casi cincuenta años antes en uno de los textos más significativos del evangelismo italiano: un opúsculo anónimo publicado en Venecia, con el título de *Alcune ragioni del perdonare.*[198] El autor, Tullio Crispoldi, elaborando una serie de sermones del famoso obispo de Verona, Gian Matteo Giberti, de quien era fiel colaborador, se esforzaba por demostrar con argumentaciones de todo tipo que la esencia de la religión cristiana estaba en la «ley del perdonar», en perdonar al prójimo para que nos perdone Dios. Sin embargo, hasta cierto punto no pasaba desapercibido que esta «ley del perdonar» podía ser interpretada en clave exclusivamente humana, poniendo con ello «en peligro» el culto debido a Dios: «Este remedio del perdonar es tan grande y tan presente que Dios haciendo esta ley ha puesto en peligro toda la religión por él dada: pero que parece una ley hecha sólo por hombres para el bien de todos los hombres, por la cual abiertamente dice Dios no querer considerar las injurias que le hacemos, por innumerables que fuesen, con tal de que entre nosotros nos perdonemos y nos amemos. Y es cierto, si a los que perdonan el perdonar no les diese la gracia para salir del pecado y ser hombres de bien, cada uno haría causa en juzgar que esta ley no es ley de Dios que quiera regir a los hombres, sino ser sólo ley de hombres que para estar y vivir en paz no se preocupan de delitos o pecados que se hacen en secreto o de acuerdo, o de modo que no se disturbe la paz y el vivir en el mundo. Pero viendo que quien en honor de Dios perdona, obtiene lo que quiere de Dios, y es favorito de Dios, y se muestra presto a las obras buenas y a huir de las malas, las personas se confirman en reconocer la bondad de Dios hacia nosotros».[199]

Por lo tanto, sólo la intervención sobrenatural de la gracia divina impide asumir el núcleo del mensaje de Cristo (la «ley de perdonar») como un vínculo puramente humano, político. La eventualidad de esta interpretación mundana de la religión está bien presente en el autor del opúsculo. Éste conoce (y en parte está influenciado por) la versión más coherente:[200] la de Maquiavelo, y no la del Maquiavelo menoscabado[201] por una tradición simplificadora como teorizador de la *religio instrumentum regni*, sino la del Maquiavelo de los *Discursos*, que en la religión identifica sobre todo un poderoso elemento de cohesión política. Pero el objetivo polémico del pasaje que hemos citado parece ser otro: no tanto la tendencia a considerar sin prejuicios la religión *desde fuera*, sino la de demoler sus propios fundamentos *desde dentro*. El temor, formulado por Crispoldi, de que la «ley del perdonar» pueda entenderse como «una ley hecha sólo por hombres para el bien de todos los hombres, por la cual abiertamente dice Dios no querer considerar las injurias que le hacemos, por innumerables que fuesen, con tal que entre nosotros nos perdonemos y nos amemos» nos remite casi al pie de la letra a las palabras de Menocchio a su inquisidor: «Creo que quien no hace mal al prójimo no hace pecado; y como somos todos hijos de Dios, si no nos hacemos mal unos a otros, como por ejemplo un padre que tiene varios hijos, y uno dijera "maldito sea mi padre", el padre le perdona, pero si le rompe la cabeza a un hijo de otro no se le puede perdonar si no paga».

Naturalmente no hay motivo alguno para suponer que Menocchio conociera las *Ragioni del perdonare*. Simplemente existía en la Italia del siglo XVI, en los más heterogéneos ambientes, una tendencia (entrevista agudamente por Crispoldi) a reducir la religión a una realidad puramente mundana, a un vínculo moral y político. Esta tendencia está expresada en lenguajes muy diversos, que parten de presupuestos muy diversos. Y, sin embargo, aun en este caso tal vez podamos entrever una convergencia parcial entre los ambientes más avanzados de la alta cultura y los grupos populares de tendencia radical.

Si ahora volvemos a los toscos versos de la *Historia del Giudicio* mencionada por Menocchio para justificar su propia afirmación («me digo que es más precepto amar al prójimo que amar a Dios»), vemos claramente que una vez más el tamiz interpretativo era, con mucho, bastante más importante que la «fuente». Aun si la interpretación de Menocchio había sido desencadenada por su contacto con el texto, sus raíces se hundían profundamente.

20

[MANDEVILLE]

Y sin embargo, había textos que habían significado mucho para Menocchio; y entre ellos el primero, según su propio testimonio, «el caballero Zuanne de Mandavilla», es decir, los *Viajes de sir John Mandeville.* Cuando se reanudó el proceso en Portogruaro, los inquisidores repetirían, esta vez en tono amenazador, la habitual exhortación a que nombrara a «todos sus compañeros, y en caso contrario se aplicarían contra él remedios más rigurosos; porque le parece imposible a este Santo Oficio que por vos mismo hayáis aprendido tantas cosas y no tengáis compañeros».[202] «Señor, yo no sé que nunca haya enseñado a nadie —fue la respuesta de Menocchio— ni nunca he tenido compañeros en estas opiniones mías; y lo que he dicho lo he dicho por aquel libro de Mandavilla que he leído». Mas precisamente en una carta que envió a los jueces desde la cárcel,[203] Menocchio, como veremos, hace figurar en segundo lugar, como causa de sus propios errores, el «haber leído aquel libro de Mandavilla, de tanta suerte de generaciones y leyes diversas, que me ha trastornado todo». ¿Por qué este «trastorno», esta inquietud? Para tener una respuesta, antes que nada es necesario examinar el contenido del libro.

El texto original está en francés, escrito probablemente en Lieja, a mediados del siglo XIV, y se atribuye a un ficticio sir John Mandeville. Los *Viajes* son en sustancia una recopilación basada en textos geográficos o en enciclopedias medievales como la de Vincente de Beauvais.[204] Tras una vasta circulación manuscrita, la obra pasó por diversas ediciones impresas, en latín y en las principales lenguas europeas.

Los *Viajes* constan de dos partes, de muy distinto contenido. La primera es un itinerario a Tierra Santa, una especie de guía turística para peregrinos. La segunda es la descripción de un viaje a Oriente, que va alcanzando islas cada vez más lejanas, hasta la India, el Catay, es decir, China. El libro termina con la descripción del paraíso terrestre y de las islas que costean el reino del mítico sacerdote Gianni. Ambas partes están presentadas como testimonios directos; pero mientras la primera es rica en observaciones precisas y documentales, la segunda es notablemente fantástica.

Sin duda, el contenido de la primera parte influyó enormemente en la suerte excepcional que conoció la obra. Se sabe que hasta finales del siglo XVI la descripción de Tierra Santa siguió predominando frente a los relatos del Nuevo Mundo.[205] El lector de Mandeville podía adquirir una serie de conocimientos detallados, tanto de los santos lugares y la ubicación de las principales reliquias que en ellos se conservaban, como de los usos y costumbres de sus habitantes. Recordemos que la indiferencia de Menocchio por las reliquias era total; pero la minuciosa exposición de las particularidades teológicas o rituales de la Iglesia griega y de las «distintas maneras de cristianos»[206] (samaritanos, jacobitas y demás monofisitas) que habitaban Tierra Santa, y de las divergencias con la Iglesia de Roma, pudieron suscitar su interés. Su rechazo del valor sacramental de la confesión hallaría confirmación, o puede que estímulo, en la descripción de Mandeville de la doctrina de los «jacobinos», llamados así por haber sido convertidos por san Jacobo, que «dicen que sólo a Dios debemos confesar nuestros pecados y prometerle enmendarnos; pero cuando quieren confesarse encienden fuego a su lado y le arrojan incienso y otras especias olorosas y en el humo se confiesan a Dios y piden misericordia».[207] Este modo de confesión recibía de Mandeville la definición de «natural» y «primitivo» (dos adjetivos de profundo significado para un lector del siglo XVI) aunque aprestándose a reconocer a continuación que «los santos padres y papas que han venido luego han ordenado hacer la confesión al hombre por buenas razones, porque ellos han visto que ninguna enfermedad puede curarse ni puede darse buena medicina si primero no se conoce la naturaleza del mal: por lo mismo no puede darse buena penitencia si primero no se conoce la calidad del pecado, pero como los pecados no son iguales, ni en lugar, ni en tiempo, por ello conviene saber la naturaleza del pecado y los sitios y las veces, y luego dar la penitencia debida». Pero, como hemos visto, Menocchio —que tal vez situaba en un mismo plano confesarse a un cura y confesarse a un árbol— admitió que el sacerdote podía dar a quien no lo tenía «el conocimiento de la penitencia»: «Si ese árbol supiese hacer saber la penitencia, ya bastaría; y algunos hombres van a los sacerdotes por ignorar la penitencia que hay que hacer por los pecados, hasta que se la enseñan, que si la supieran no necesitarían ir, y aquellos que la conocen no necesitan ir».[208] ¿Un recuerdo de Mandeville?

Mayor fascinación habría ejercido sobre Menocchio la larga exposición de Mandeville sobre la religión de Mahoma. Del segundo proceso se deduce que intentó (aunque, como hemos dicho, el testimonio no es seguro) satisfacer su curiosidad sobre el tema leyendo directamente el *Corán*, que a mediados del siglo XVI había sido traducido al italiano. Pero ya en los viajes de Mandeville, Menocchio había podido aprender algunas de las tesis sostenidas por los mahometanos, concordantes en parte con ciertas afirmaciones suyas.

Según el *Corán*, decía Mandeville, «entre todos los profetas Jesús fue el mejor y más propenso a Dios».[209] Y Menocchio, casi haciéndose eco: «Yo dudaba [...] que fuese Dios, sino un profeta, un gran hombre enviado por Dios a predicar en este mundo».[210] También en el Mandeville, Menocchio había podido leer un rechazo muy claro de la crucifixión de Cristo, considerada imposible por ser contradictoria con la justicia divina: «Pero que nunca fue crucificado como dicen, sino que Dios le elevó hasta Él sin muerte ni mácula, pero transformó su forma en uno llamado Judas Iscariote y a éste crucificaron los judíos creyendo que era Jesús, que había subido vivo al cielo para juzgar al mundo: pero dicen [...] en este artículo que nosotros tenemos fallos, pero la gran justicia de Dios no permitiría ese sufrimiento...».[211] Por lo que se deduce del testimonio de uno de sus paisanos, parece que Menocchio sostenía algo parecido: «No es cierto que Cristo haya sido crucificado, ha sido Simón Cireneo».[212] Efectivamente a Menocchio la crucifixión, la paradoja de la cruz, le parecía inaceptable: «Me parecía una barbaridad que un señor se dejase prender de ese modo, y así yo dudaba que habiendo sido crucificado fuese Dios, sino un profeta [...]».[213]

Son consonancias indudables, aunque parciales. Pero parece imposible que la lectura de estas páginas pudiera inquietar a Menocchio. Y menos aún el crudo juicio sobre el mundo cristiano que Mandeville atribuía al sultán: «Ellos (los cristianos) deberían dar ejemplo de bien obrar a la gente común, deberían ir a los templos a servir a Dios, y ellos van todo el día a las tabernas, jugando, bebiendo y comiendo como animales [...] Y deberían ser sencillos y humildes y mansos y meritorios y caritativos como lo fue Jesucristo en el que creen, pero ellos hacen lo contrario y al revés, y todos están inclinados a mal obrar, y son tan codiciosos, avaros, que por un poco de dinero venden los hijos, las hermanas y sus propias mujeres para hacer meretrices, y se quitan entre sí las mujeres, y no se guardan fidelidad, y no cumplen su ley que Jesucristo les ha dado para que se salven [...]».[214]

Esta panorámica de la corrupción de la cristiandad, escrita doscientos años antes, fue sin duda leída por Menocchio como si fuese un texto contemporáneo y muy actual. La avidez de curas y frailes, los privilegios y prevaricaciones de cuantos se decían seguidores de Cristo los tenía a la vista a diario. En las palabras del sultán, Menocchio pudo hallar a lo sumo una confirmación y una legitimación de su despiadada crítica de la Iglesia; de ningún modo un motivo de turbación. Éste lo identificaremos en otro texto.

21
[PIGMEOS Y ANTROPÓFAGOS]

«La gente de estas tierras tiene diversas leyes, algunos adoran el sol, algunos el fuego, otros los árboles, otros las serpientes, y otros lo primero que ven por la mañana, algunos simulacros y algunos ídolos [...]», afirma Mandeville, casi al principio de la segunda parte de sus viajes, hablando de Channe, una pequeña isla no lejos de la India.[215] Vemos en ello la referencia, después bastante repetida a las «diversas leyes», a la variedad de creencias y de costumbres religiosas que tanto había «trastornado» a Menocchio. A través de los relatos de Mandeville, de sus descripciones, fabulosas en su mayoría, de tierras muy remotas, el universo mental de Menocchio se expandía portentosamente. Ya no eran Montereale, o Podernone, o Venecia como máximo, los lugares de la existencia del molinero, sino la India, Catay, las islas pobladas por antropófagos, pigmeos, hombres con cabeza de perro. Precisamente a propósito de los pigmeos, escribía

Mandeville una página designada a una extraordinaria divulgación: «[...] son gente de pequeña estatura, de una longitud de casi tres palmos: y son bellos y graciosos hombres y mujeres proporcionados a su pequeñez. Se casan a la edad de seis meses y cuando tienen tres años hacen hijos y comúnmente no viven más de seis o siete años: y al que vive ocho años se le considera viejísimo. Estos pigmeos son los más sutiles y excelentes maestros en trabajos de seda y de algodón y de cualquier cosa. Ellos hacen la guerra con los pájaros del país y muchas veces éstos los apresan y se los comen. Estas pequeñas gentes no trabajan tierras ni viñas, pero entre ellos hay gente grande como nosotros que trabajan las tierras. Ellos [los pigmeos] [...] se burlan de éstos como nosotros haríamos con ellos si estuvieran entre nosotros [...]».[216]

En la burla de los pigmeos por la «gente grande como nosotros» se encierra el sentido de la turbación que experimentó Menocchio al leer este libro. La diversidad de creencias y de usos relacionados por Mandeville le indujeron a reflexionar sobre el fundamento de sus propias creencias, de sus comportamientos. Aquellas islas, en gran parte imaginarias, le sirvieron como punto de apoyo para mirar el mundo en que había nacido y crecido. «Tantas clases de generaciones y [...] distintas leyes», «muchas islas en las que unos vivían de una manera y otros de otra», «de tantas y distintas clases de naciones, unos que creen de un modo y otros de otro»:[217] en muchas ocasiones, durante el proceso, Menocchio insistió sobre el mismo punto. Por aquellos mismos años, un noble del Périgord, Michel de Montaigne, experimentaba igual conmoción relativista leyendo los relatos sobre los pobladores indígenas del Nuevo Mundo.[218]

Pero Menocchio no era Montaigne; sólo era un molinero autodidacta. Su vida se había desarrollado casi exclusivamente entre los muros de la aldea de Montereale. No sabía griego, ni latín (a lo sumo algunos fragmentos de plegarias); había leído pocos libros, ocasionalmente. De estos libros había masticado y exprimido cada palabra. Durante años, los había rumiado; durante años palabras y frases habían ido fermentando en su memoria. Un ejemplo servirá para aclarar los mecanismos de esta larga y fatigosa reelaboración. En el capítulo CXLVIII de los *Viajes* de Mandeville, titulado «De la isla de Dondina donde se comen entre sí cuando no pueden salvarse, y de la potencia de su rey, el cual es señor de otras LIII islas, y de las muchas clases de hombres que habitan estas islas», Menocchio había leído esta página:

[...] En esta isla hay gentes de distinta naturaleza, porque el padre se come al hijo y el hijo al padre, y el marido a la mujer y la mujer al marido. Cuando el padre o la madre o alguno de sus amigos están enfermos, enseguida el hijo o los otros van al sacerdote de su ley y le ruegan que se digne rogar a su ídolo, el cual por virtud del diablo les responde y les dice que esta vez no morirá y les enseña de qué manera puede curarse: entonces el hijo regresa y sirve al padre y le hace lo que el ídolo indica hasta que se cura. Lo mismo hacen los maridos con sus mujeres y los amigos entre sí: y si el ídolo dice que va a morir, entonces el sacerdote va con el hijo y la mujer, o con el amigo enfermo y le pone un paño en la boca para quitarle el hálito, y sofocándole de este modo le matan y luego trocean su cuerpo y piden a todos los amigos que vengan a comer de este cuerpo muerto, y mandan venir a cuantos pífanos haya y así comen con gran fiesta y gran solemnidad. Y una vez que han comido, cogen los huesos y los sepultan cantando y haciendo gran fiesta y melodía: y todos los parientes y amigos que no han estado en la fiesta son objeto de reprobación y tienen gran vergüenza y dolor, porque ya no se les considera amigos. Dicen los amigos que ellos comen la carne para librarlo de las penas: así dicen ellos, si la carne es demasiado magra, los amigos dicen que ha sido una lástima el haberlo dejado languidecer y sufrir tanto sin motivo; y si la carne es suculenta, dicen que han hecho bien y que lo han enviado enseguida al paraíso, y casi no ha sufrido penas [...].[219]

Esta descripción de antropofagia ritual conmocionó profundamente a Menocchio (del mismo modo que a Leonardo,[220] que citó el título a modo de invectiva contra la maldad de los hombres). Ello se desprende claramente del interrogatorio del 22 de febrero. El vicario general preguntó por enésima vez: «Decidme quiénes han sido vuestros compañeros que tenían estas opiniones vuestras».[221] Respuesta de Menocchio: «Señor, yo nunca he encontrado ninguno que tuviera estas opiniones, estas opiniones que yo tengo las he sacado de mi cerebro. Aunque es verdad que una vez leí un libro que me prestó nuestro capellán, maese fray Andrea da Maren que ahora vive en Monte Real, el cual libro se titulaba *Il cavallier Zuanne de Mandavilla*, creo que era francés, impreso en lengua italiana vulgar, y puede que haga cinco o seis años que me lo prestó, pero yo se lo restituí hace ya dos años. Y este libro trataba del viaje a Jerusalén, y de algunos errores que tenían los griegos con el Papa; trataba también del gran Khan, de la ciudad de Babilonia, del sacerdote Juan de Jerusalén, y de muchas islas en las que unos vivían de una manera y otros de otra. Y este caballero visitó al Sultán, y éste le preguntó sobre los curas, los cardenales, el Papa y la clerecía, y decía que Jerusalén era de los cristianos, y por mal gobierno de los cristianos y del Papa, Dios se lo ha quitado. También trataba de un lugar en donde cuando uno moría [...]». En este punto el inquisidor interrumpió impaciente a Menocchio preguntándole «si este libro hablaba algo del caos», a lo que Menocchio respondió: «No señor, pero esto lo he visto en el *Florilegio de la Biblia*, pero otras cosas que he dicho sobre este caos las he sacado de mi cerebro». Inmediatamente después, reanudando el hilo del discurso interrumpido: «Este mismo libro del caballero Mandavilla trataba también de que cuando los hombres estaban enfermos y próximos a la muerte iban a su sacerdote, y este sacerdote conjuraba a un ídolo, y este ídolo le decía si tenía que morir o no, y si tenía que morir el sacerdote le ahogaba, y lo comían entre todos: y si estaba bueno es que no tenía pecados, y si estaba malo tenía bastantes pecados y habían hecho mal en dejarlo tanto. Y de esto saqué mi opinión de que muerto el cuerpo muere también el alma, ya que hay tantas y distintas suertes de naciones que creen de una manera y de otra».

Una vez más la febril memoria de Menocchio efectuaba una fusión, una trasposición, volviendo a plasmar palabras y frases. Al muerto de carne demasiado magra lo convierte sin más en malo (para comer) y al de carne suculenta, en bueno (para comer). La ambigüedad gastronómico-moral de estos términos (bueno, malo) había absorbido la referencia a los pecados, desplazándola de los homicidas al muerto. Por lo tanto, el que era bueno (para comer) estaba sin pecados, el malo (para comer), lleno de pecados. En este punto, se disparaba la deducción de Menocchio: no existe el más allá, no existen penas ni recompensas futuras, el paraíso y el infierno están en este mundo, el alma es mortal. Como de costumbre, Menocchio deformaba agresivamente el texto (de forma totalmente involuntaria, por supuesto). El borbotón de preguntas que él hacía a los libros iba mucho más allá de la página impresa. Pero en este caso, la función del texto distaba mucho de ser, como podemos ver, secundaria: «Y de allí saqué esta opinión mía de que muerto el cuerpo muere también el alma, ya que hay tantas y distintas suertes de naciones que creen de una manera y de otra».

22
[«DIOS DE NATURA»]

Sin embargo, la insistencia sobre la variedad de las leyes y de las costumbres no era más que uno de los polos de la narración de Mandeville. En el polo opuesto se situaba el reconocimiento entre tanta diversidad, de un elemento casi constante: la racionalidad, siempre unida a la fe en un Dios autor del mundo, un «Dios de natura». De este modo, después de referirse a los adoradores de ídolos y simulacros de la isla de Channe, Madeville precisaba: «Y sabed que los que adoran simulacros lo hacen por reverencia a algún hombre valiente del pasado, como fue Hércules, y otros muchos, que en su tiempo hicieron muchas maravillas: pero estas gentes dicen que ellos saben muy bien que estos valientes del pasado no son dioses, sino que hay un Dios de natura que hizo todas las cosas y está en el cielo, y que ellos saben muy bien que aquéllos no podrían hacer las maravillas que hacen, si no por especial gracia de Dios, y porque aquéllos fueron amados por Dios ellos los adoran. Lo mismo dicen del sol, pues que muda el tiempo y da calor y nutrición a todas las cosas de la tierra, y aunque el sol tiene tanta virtud, ellos saben muy bien que esto sucede porque Dios lo ama más que a otras cosas, por lo que le ha dado mayor virtud que cualquier otra cosa en el mundo: por lo que es razonable como dicen que se le honre y haga reverencia [...]».[222]

«Razonable». En un tono sobriamente distanciado, casi etnográfico, Mandeville anotaba realidades o creencias exóticas, mostrando cómo su monstruosidad o absurdo ocultaba un núcleo racional. Cierto que los habitantes de la isla de Channe adoraban a una divinidad que era mitad buey mitad hombre, pero entendían que el buey era «la bestia más santa que hay en el mundo, y además la más útil»,[223] mientras que el hombre «es la criatura más noble y tiene dominio sobre todas las bestias»; y además, ¿no había algunos cristianos que atribuían supersticiosamente virtudes benéficas o maléficas a determinados animales? «Luego, no hay que maravillarse si los paganos, los cuales no tienen más doctrina que la natural, creen en ellos, principalmente por su simplicidad». Los habitantes de la isla de Hongamara (informaba Mandeville) tenían todos, hombres y mujeres, «cabezas de perro, y se les llama cinocéfalos»,[224] y añade a continuación: «Y son gente razonable y de buen intelecto». Por ello, en el último capítulo del libro, llegado al relato final de sus viajes extraordinarios, Mandeville podía declarar solemnemente a sus lectores: «[...] y sabed que en todo aquel país Catay y en todas aquellas islas de distintas gentes y distintas leyes y creencias, las cuales he descrito, no hay ninguna persona de razón e intelecto que no tenga algún artículo de nuestra fe, y alguna buena cosa de las que nosotros creemos, ni que ellos no crean en Dios que hizo el mundo, a quien ellos llaman *Iretarge*, es decir, Dios de natura, según dice el profeta: *et metuent eum omnes fines terrae*, y otros: *omnes gentes servient ei etc.*; pero ellos no saben hablar perfectamente de Dios padre, ni hijo, ni Espíritu Santo, ni saben hablar de la *Biblia*, y menos del Génesis y los otros libros de Moisés, del Éxodo, de los profetas, pues no tienen quién se lo enseñe, ya que no saben más que por su intelecto natural [...]».[225] Frente a estos pueblos, Mandeville exhortaba a una tolerancia ilimitada: «[...] y si bien estas gentes[226] [los habitantes de las islas de Mesidarata y Genosaffa][227] no tenían los artículos de la fe tal como nosotros los tenemos, y no obstante por su buena fe natural y por su buena intención yo pienso y estoy seguro de que Dios los ama y acepta con agrado sus servicios, como hizo con Job. Y por esto decía nuestro Señor por boca de su profeta Osías: *Ponam eis multiplices leges meas*; y se dice en otro pasaje de las Escrituras: *Qui totum subdit orbem legibus*. Del mismo modo dice nuestro Señor en el Evangelio: *Alias oves habeo quae non sunt ex hoc ovili*, es decir, que tenía otros siervos además de los que por la ley son de naturaleza cristiana [...] no tener odio ni desprecio a ninguna gente cristiana, por la diferencia de su ley, ni juzgar a algunos de ellos, sino rogar a Dios por ellos porque nosotros ni sabemos los que Dios ama ni los que odia, empero Dios no odia a las criaturas que ha hecho [...]».

Por lo tanto, a través de los *Viajes* de Mandeville, aquella narración inocente tejida con elementos fabulosos, traducida y reimpresa innumerables veces, llevaba un eco de la tolerancia religiosa medieval hasta la época de las guerras de religión, de las excomuniones, de las hogueras de herejes. Probablemente no era más que uno de los múltiples canales que alimentaban una corriente popular —aunque muy poco conocida— favorable a la tolerancia, de la que se entrevén algunos signos a lo largo del siglo XVI.[228] Otra la constituía la afortunada supervivencia de la leyenda medieval de los tres anillos[229] un poco más conocida.

23
[LOS TRES ANILLOS]

Menocchio, habiéndola conocido, quedaría tan profundamente impresionado por ella que llegaría a exponerla sin reparos durante el segundo proceso (12 de julio de 1599) al inquisidor que le juzgaba, que esta vez era el franciscano

Gerolamo Asteo.[230] Tras admitir que en el pasado había dicho («pero no sé a quién») que había «nacido cristiano y quería vivir como cristiano, pero que si hubiese nacido turco habría querido seguir siendo turco», Menocchio añadió: «Escuchadme por gracia, señor. Había un gran señor el cual declaró heredero suyo al que tuviese un cierto anillo suyo precioso; y llegando su muerte mandó hacer otros dos anillos iguales al primero, y como tenía tres hijos, y a cada hijo dio un anillo, cada uno de ellos estimaba ser heredero y tener el verdadero anillo, pero por su similitud no se podía saber con certeza. Del mismo modo Dios padre tiene varios hijos que ama, los cristianos, los turcos y los hebreos, y a todos ha dado la voluntad de vivir en su ley, y no se sabe cuál es la buena: por eso dije que habiendo nacido cristiano quiero seguir siendo cristiano, y si hubiese nacido turco querría vivir como turco».[231] «Entonces ¿creéis —replicó el inquisidor— que no se sabe cuál es la buena ley?», a lo que Menocchio respondió: «Señor, sí que creo que cada uno cree que su fe es la buena, pero no se sabe cuál es la buena: como mi abuelo, mi padre y los míos han sido cristianos, yo quiero seguir siendo cristiano y creer que ésta es la buena».

Es un momento extraordinario, incluso en un proceso como éste que es extraordinario del principio al fin. Por un instante se han invertido los papeles, y Menocchio ha tomado la iniciativa tratando de convencer al juez: «Escuchadme por gracia, señor». ¿Quién representaba aquí la parte de la alta cultura y quién la parte de la cultura popular? Es difícil contestar. El pasaje del que Menocchio había tomado el símil de los tres anillos hacía aún más paradójica la situación. Él declaró haberlo leído «en no sé qué libro». Sólo en el interrogatorio siguiente se daría cuenta el inquisidor de qué libro se trataba: «Está en libro prohibido».

Casi un mes más tarde Menocchio confesaría el título: «Lo he leído en el libro de las *Cien novelas* del Boccaccio», prestado por el «finado Nicolò de Melchiori». Probablemente aquel pintor, Nicola da Porcia, de quien, como hemos visto, Menocchio había «aprendido sus herejías», según un testigo.

Pero todo lo que hasta ahora hemos visto demuestra sobradamente que Menocchio no repetía como un loro opiniones ni tesis ajenas. Su método de aproximación a la lectura, sus afirmaciones retorcidas y laboriosas son signo inequívoco de una reelaboración original. Cierto que ésta no procedía del vacío. Cada vez vemos más claramente que en ella confluyen, en modos y formas todavía por precisar, corrientes doctas y corrientes populares. Tal vez fue Nicola de Porcia quien puso en manos de Menocchio, además del *Sogno dil Caravia*, un ejemplar del *Decamerón*. Pero este libro, o al menos parte de él —el tercer relato de la primera jornada, en el que se expone la leyenda de los tres anillos—, levantó un profundo eco en el ánimo de Menocchio. Desgraciadamente no sabemos cómo reaccionó ante otros relatos de Boccaccio. Está claro que en la historia del judío Melquisedec, su actitud religiosa, tan inmune a limitaciones confesionales, debió de hallar una confirmación. Pero precisamente la página de Boccaccio sobre la leyenda de los tres anillos había sucumbido a las tijeras de la censura de la Contrarreforma,[232] notoriamente mucho más atenta a los pasajes religiosamente escabrosos que a las presuntas obscenidades. En realidad, Menocchio debió de leer un ejemplar de una edición más antigua, o inmune a la intervención de la censura. En este momento la confrontación entre Gerolamo Asteo, inquisidor y experto en derecho canónico, y el molinero Domenico Scandella, llamado Menocchio, a propósito del relato de los tres anillos y la exaltación de la tolerancia que contiene, se nos antoja en cierto modo simbólico. La Iglesia católica sostenía en aquel período una guerra en dos frentes: contra la alta cultura, vieja y nueva, irreductible a los esquemas de la Contrarreforma, y contra la cultura popular. Entre estos dos enemigos tan distintos pueden darse, como hemos visto, subterráneas convergencias.

La respuesta de Menocchio a la pregunta del inquisidor —«¿Creéis, entonces, que no se sabe cuál es la buena ley?»— era sutil: «Señor sí que creo que cada uno cree que su fe es la buena, pero no se sabe cuál es la buena [...]». Era la tesis de los defensores de la tolerancia: una tolerancia que Menocchio extendía —como Castellione—[233] no sólo a las tres grandes religiones históricas, sino también a los herejes. Y al igual que en los teóricos de la época, la exaltación de la tolerancia por parte de Menocchio tenía un contenido positivo: «La majestad de Dios ha dado el Espíritu Santo a todos: a cristianos, a herejes, a turcos, a judíos, y a todos ama, y todos se salvan de un mismo modo». Más que de tolerancia en sentido estricto, era el reconocimiento explícito de la equivalencia entre todas las fes, en nombre de una religión simplificada, sin características dogmáticas o confesionales. Algo similar a la fe en el «Dios de natura» que Mandeville había encontrado en todas las poblaciones, hasta las más remotas, las más deformes y monstruosas, a pesar de que Menocchio, como veremos, rechazaba en realidad la idea de un Dios creador del mundo.

Pero en Mandeville ese reconocimiento iba acompañado de una reafirmación de la superioridad de la religión cristiana respecto a la verdad parcial de las otras religiones. De este modo, por enésima vez Menocchio desbordaba el propio texto. Su radicalismo religioso, aunque ocasionalmente se hubiera nutrido con los temas de la tolerancia medieval, convergía más bien con las refinadas teorizaciones religiosas de los herejes de formación humanística: sus coetáneos.

24
[CULTURA ESCRITA Y CULTURA ORAL]

Ya hemos visto cómo leía Menocchio sus libros: cómo aislaba, a veces deformándolas, palabras, frases, comparando pasajes distintos, haciendo brotar fulminantes analogías. La contrastación entre los textos y las reacciones de Menocchio nos ha inducido en cada caso a postular una clave de lectura que él poseía soterrada, y que su relación con uno u otro grupo de herejes[234] no basta para explicar. Menocchio trituraba y reelaboraba sus lecturas al margen de cualquier modelo preestablecido. Sus afirmaciones más desenfadadas tienen origen en textos inocuos como los *Viajes* de Mandeville o la *Historia del Giudicio*. No es el libro como tal, sino el enfrentamiento entre página impresa y cultura oral lo que formaba en la cabeza de Menocchio una mezcla explosiva.

25
[EL CAOS]

Volvamos a la cosmogonía de Menocchio, que al principio parecía indescifrable. Ahora podemos reconstruir su compleja estratificación. Comienza ésta apartándose enseguida del relato del *Génesis* y de su interpretación ortodoxa, para afirmar la existencia de un caso primordial: «Yo he dicho que, por lo que yo pienso y creo, todo era un caos, es decir, tierra, aire, agua y fuego juntos [...]»[235] (7 de febrero). En un interrogatorio sucesivo, como hemos visto, el vicario general interrumpió las reflexiones que Menocchio hacía sobre los *Viajes* de Mandeville para preguntarle «si este libro hablaba algo del caos».[236] Menocchio respondió negativamente, sacando a colación de nuevo (esta vez a sabiendas) la trama ya señalada entre cultura escrita y cultura oral: «Señor, no, pero esto lo he leído en el *Florilegio de la Biblia*, pero otras cosas que he dicho sobre este caos las he sacado de mi cerebro».

En realidad Menocchio no recordaba bien. El *Florilegio de la Biblia* no habla exactamente del caos. Sin embargo, el relato bíblico de la creación va precedido, sin preocupación alguna de coherencia, por una serie de capítulos inspirados en su mayor parte en el *Elucidarium* de Onorio di Autun, en el que la metafísica se mezcla con la astrología y la teología con la doctrina de los cuatro elementos. El capítulo IV del *Florilegio*, *Cómo Dios creó al hombre de los cuatro elementos*, comienza con estas palabras: «Como hemos dicho Dios casi al principio hizo una gran materia, la cuál no tenía forma ni contorno: e hizo tanta que podía coger y hacer de ella cuánto quisiera, y dividiola y partiola hasta extraer al hombre formado por cuatro elementos [...]».[237] Como vemos, aquí lo que se postula es una indiferenciación primordial de los elementos, que excluye de hecho la creación *ex nihilo;* pero no se menciona el caos. Es probable que Menocchio extrajera este término docto de un libro al que se referiría casualmente durante el segundo proceso (pero que ya conocía en 1584, como veremos): el *Supplementum supplementi delle croniche* del eremita Jacopo Filippo Foresti. Esta crónica, escrita a finales del siglo xv, pero en conjunto aún totalmente medieval, comienza con la creación del mundo. Tras citar a san Agustín, patrón de su orden, Foresti escribe: «[...] y está dicho, en el principio hizo Dios el cielo y la tierra: no que esto ya existiera, sino para que pudiera ser, porque después está escrito que hizo el cielo; como las semillas de un árbol considerando decimos allí las raíces, el tronco, las ramas, los frutos y las hojas: no que ya estuvieran, sino porque de allí tuvieron que ser. Así está dicho, en el principio hizo Dios el cielo y la tierra, casi simientes del cielo y de la tierra, estando aún en confusión la materia del cielo y de la tierra; sino porque él estaba seguro de lo que debía ser el cielo y la tierra, y así aquella materia fue llamada cielo y tierra. Por tanto, esta espaciosa forma, que carecía de figura cierta, nuestro Ovidio al principio de su mayor volumen, y también algunos filósofos, lo llamaron Caos, de la cual cosa este Ovidio en el mismo libro hace mención diciendo: "La natura antes de ser tierra y el mar y el cielo que cubre todo tenía una envoltura que la circundaba, la cual los filósofos llamaron Caos, materia espesa e indigesta: y no era más que un peso informe e inerte, y reunida en aquel mismo círculo, y las semillas discordantes de las cosas no bien conjuntadas"».[238]

Partiendo de la idea de aunar la *Biblia* con Ovidio, Foresti acababa exponiendo una cosmogonía más ovidiana que bíblica. La idea de un caos primigenio, de una «materia espesa e indigesta» conmocionó profundamente a Menocchio. De este concepto deduciría, a fuerza de darle vueltas en su cabeza, «las otras cosas [...] sobre este caos [...] formadas en su cerebro».

Menocchio intentó comunicar estas «cosas» a sus paisanos. «Yo le he oído decir —declaró Giovanni Povoledo—, que al principio este mundo no era nada, y que fue batido como una espuma del agua del mar, y se coaguló como un queso, del cual luego nació gran cantidad de gusanos y estos gusanos se convirtieron en hombres, de los cuales el más poderoso y sabio fue Dios, y al cual los otros rindieron obediencia [...]».[239]

Era un testimonio muy indirecto, en realidad de tercera mano: Povoledo contaba lo que le había contado un amigo ocho días antes, «caminando por la carretera camino del mercado de Pordenon»; y el amigo había explicado a su vez que lo sabía por otro amigo que había hablado con Menocchio. En realidad, éste dio, en el primer interrogatorio, una versión algo distinta: «Yo he dicho que, por lo que yo pienso y creo, todo era un caos [...] y que aquel volumen poco a poco formó una masa, como se hace el queso con la leche, y en él se formaron gusanos, y éstos fueron los ángeles; y la santísima majestad quiso que aquello fuese Dios y los ángeles; y entre aquel número de ángeles también estaba Dios *creado también él de aquella masa y al mismo tiempo* [...]».[240] Por lo que se ve, a fuerza de circular de boca en boca el razonamiento de Menocchio se había simplificado y deformado. Una palabra difícil como «caos» había desaparecido siendo sustituida por una variante más ortodoxa («al principio este mundo no era nada»). La secuencia queso-gusanos-ángeles-santísima majestad-Dios, el más poderoso de los ángeles-hombres, se había abreviado en la transmisión, y había quedado reducida a la de queso-gusanos-hombres-Dios, el más poderoso de los hombres.

Por otro lado, en la versión de Menocchio faltaba la referencia a la espuma batida del agua del mar. Es imposible que Povoledo la hubiera inventado. El desarrollo del proceso demostraría claramente que Menocchio estaba dispuesto a cambiar este o aquel elemento de su cosmogonía, dejando intacta la característica esencial. Por ejemplo, a la objeción del vicario general «¿Qué era esta santísima majestad?»,[241] respondió: «Yo entiendo que aquella santísima majestad[242] era el espíritu de Dios, que siempre hubo». En un interrogatorio ulterior llegó a precisar: el día del juicio los hombres serán juzgados por «aquella santísima majestad que antes he dicho, que había aun antes que el caos». Y en una versión ulterior sustituiría la «santísima majestad» por Dios, y Dios por el Espíritu Santo: «Yo creo que Dios eterno, de aquel caos que he dicho antes, había escogido la luz más perfecta como se hace con el queso, que se coge el más perfecto, y de aquella luz había hecho aquellos espíritus a los cuales nosotros decimos ángeles, de los que eligió al más noble, y a aquél le dio todo su saber, toda su voluntad y todo su poder, y éste es el que nosotros decimos Espíritu Santo, al cual puso Dios sobre la fábrica de todo el mundo [...]».[243] En cuanto a la anterioridad de Dios respecto al caos, también cambió de parecer: «Este Dios estaba en el caos como quien está en el agua y quiere expandirse, y como uno que está en un bosque y quiere expandirse: así este intelecto por el conocimiento quiere expandirse para hacer este mundo».[244] Pero entonces pregunta el inquisidor: «¿Dios ha sido eterno y siempre ha estado con el caos?». «Yo creo —respondió Menocchio— que siempre han estado juntos, nunca han estado separados, es decir ni el caos sin Dios, ni Dios sin el caos». Ante este galimatías, el inquisidor trató de sacar algo en claro (era el 12 de mayo), antes de dar por concluido el proceso.

26
[DIÁLOGO]

INQUISIDOR: Vos en las deposiciones anteriores[245] hablando de Dios parecéis contradeciros porque en una decís que Dios es eterno con el caos, y en otra decís que fue hecho del caos: aclarad este extremo y vuestro sentimiento.

MENOCCHIO: Mi opinión es que Dios era eterno con el caos, pero no se conocía ni estaba vivo, mas después se conocía, y esto es lo que entiendo por estar hecho del caos.

INQUISIDOR: Anteriormente habéis dicho que Dios tenía intelecto; ¿cómo, entonces, al principio no se conocía a sí mismo, y cuál fue la causa de que después se conociese? Declarad también qué proceso se produjo en Dios por el cual Dios, no estando vivo, estuviera después vivo.

MENOCCHIO: Creo que Dios se produjo como las cosas de este mundo, las cuales proceden de imperfecto a perfecto, como por ejemplo el niño mientras está en el vientre de la madre no conoce ni vive, pero al salir del vientre comienza a vivir, y sin embargo al crecer comienza a conocer: así Dios mientras estaba en el caos era imperfecto, no conocía ni vivía, pero luego expandiéndose en este caos comenzó a vivir y conocer.

INQUISIDOR: Este intelecto divino, ¿en aquel principio conocía todo distintamente y en particular?

MENOCCHIO: Conocía todas las cosas que debían hacerse, conocía los hombres, y también que de ellos debían nacer los demás; pero no conocía a todos los que tenían que nacer, por ejemplo como los que cuidan los rebaños, los cuales saben que de ellos han de nacer los demás, pero no saben determinadamente los que han de nacer. Así Dios veía el todo, pero no veía todos aquellos detalles que debían acaecer.

INQUISIDOR: Este intelecto divino, en aquel principio tenía conocimiento de todas las cosas: ¿dónde obtuvo tal noticia?, ¿en su propia esencia o por otra vía?

MENOCCHIO: El intelecto recibía el conocimiento del caos, en el que estaban todas las cosas confusas: y luego a ese intelecto le dio orden y conocimiento, al igual que nosotros conocemos la tierra, el agua, el aire y el fuego, y luego los distinguimos.

INQUISIDOR: Este Dios, ¿no tenía la voluntad y el poder antes de que se hiciesen todas las cosas?

MENOCCHIO: Sí, conforme creció en él el conocimiento, así creció en él la voluntad y el poder.

INQUISIDOR: ¿La voluntad y el poder, son una misma cosa en Dios?

MENOCCHIO: Son distintas igual que en nosotros: con la voluntad es necesario que haya el poder de hacer una cosa, por ejemplo si el carpintero quiere hacer una tarima, necesita herramientas para poderla hacer, y si no tiene madera es vana su voluntad. Así decimos de Dios, además de la voluntad necesita el poder.

INQUISIDOR: ¿Cuál es este poder de Dios?

MENOCCHIO: Obrar por medio de la maestranza.

INQUISIDOR: Aquellos ángeles que para ti son ministros de Dios en la fábrica del mundo, ¿fueron hechos inmediatamente por Dios, o por quién?

MENOCCHIO: De la más perfecta sustancia del mundo fueron producidos por la natura, a semejanza de un queso en el que se producen gusanos, pero al crearse reciben de Dios que los bendice la voluntad, el intelecto y la memoria.

INQUISIDOR: ¿Podía Dios hacer por sí mismo todas las cosas sin ayuda de ángeles?

MENOCCHIO: Sí, igual que uno al hacer una casa utiliza la maestranza y operarios, y se dice que la ha hecho aquél: así en la fábrica del mundo, Dios ha utilizado a los ángeles, y se dice que eso lo ha hecho Dios. Y así como aquel maestro al fabricar la casa puede también hacerla por sí mismo, puede hacerla con más tiempo, así Dios al fabricar el mundo lo habría fabricado por sí mismo, pero tardando más tiempo.

INQUISIDOR: Si no hubiera habido aquella sustancia de la cual fueron producidos todos aquellos ángeles, si no hubiese habido el caos, ¿habría podido Dios hacer toda la máquina del mundo por sí solo?

MENOCCHIO: Yo creo que no se puede hacer ninguna cosa sin materia, y tampoco Dios habría podido hacer cosa alguna sin materia.

INQUISIDOR: Aquel espíritu o ángel supremo llamado por vos Espíritu Santo, ¿es de la misma naturaleza y esencia que Dios?

MENOCCHIO: Dios y los ángeles son de la esencia del caos, pero hay diferencia de perfección, porque es más perfecta la sustancia de Dios que no es la misma que la del Espíritu Santo, siendo Dios luz más perfecta: y lo mismo digo de Cristo, que es de menor sustancia que la de Dios y que la del Espíritu Santo.

INQUISIDOR: Este Espíritu Santo ¿es del mismo poder que Dios? Y Cristo, ¿es de tanto poder como Dios y como el Espíritu Santo?

MENOCCHIO: El Espíritu Santo no tiene tanto poder como Dios, y Cristo no tiene tanto poder como Dios y el Espíritu Santo.

INQUISIDOR: Aquel que vos llamáis Dios ¿está hecho o producido por otro?

MENOCCHIO: No está producido por otros, pero recibe el movimiento del moverse del caos, y va de imperfecto a perfecto.

INQUISIDOR: El caos, ¿quién lo mueve?

MENOCCHIO: Él mismo.

27
[QUESOS MÍTICOS Y QUESOS REALES]

Con su lenguaje denso, lleno de metáforas cotidianas, Menocchio explicaba con tranquila seguridad su cosmogonía a los inquisidores estupefactos y pasmados de curiosidad (¿habrían, si no, llevado el interrogatorio con tanta minuciosidad?). En esta danza de términos teológicos, una cosa permanecía constante: el rechazo a atribuir la creación del mundo a la divinidad, junto a la obstinada y reiterada proposición del elemento en apariencia más extraño: el queso, los gusanos-ángeles nacidos del queso.

Quizá pueda rastrearse en ello una resonancia de la *Divina Comedia* (*Purgatorio*, X, 124-125):

> [...] gusanos
> nacidos para formar la mariposa angelical.

Es literalmente el eco de otro pasaje de la cosmogonía de Menocchio. «Angelical, es decir, divina, habiendo sido creada por Dios para llenar los sitios, que perdieron los ángeles negros que fueron expulsados del cielo [...]», apostilla Vellutello.[246] En cuanto a Menocchio: «Y este Dios hizo después a Adán y Eva y al pueblo en gran multitud para llenar los sitios de los ángeles echados».[247] Sería muy extraño que la convergencia de dos coincidencias en una misma página fuera debida al azar. Pero si Menocchio había leído a Dante[248] —quizá en clave culta, como maestro de la verdad religiosa y moral—, ¿por qué precisamente aquellos versos («[...] gusanos / nacidos para formar la mariposa angelical») se grabaron en su mente?

En realidad no era de los libros de donde Menocchio había extraído su propia cosmogonía.[249] «De la más perfecta sustancia del mundo, los ángeles fueron producidos por la naturaleza, a semejanza de un queso en el que se producen gusanos, pero al crearse reciben de Dios que los bendice la voluntad, el intelecto y la memoria».[250] Por esta respuesta de Menocchio, vemos claramente que la insistente alusión al queso y los gusanos desempeñaba una función puramente analógico-explicativa. La experiencia cotidiana del nacimiento de gusanos en el queso putrefacto servía a Menocchio para explicar el nacimiento de seres vivos —siendo los primeros, los más perfectos, los ángeles— a partir del caos, de la materia «espesa e indigesta», sin recurrir a la intervención divina. El caos precedía a la «santísima majestad», tampoco muy bien definida; del caos nacieron los primeros seres vivos —los ángeles, y el propio Dios que era el mayor de ellos— por generación espontánea, «producidos por la natura». La cosmogonía de Menocchio era sustancialmente materialista y tendencialmente científica. La doctrina de la generación espontánea de la vida a partir de lo inanimado compartida por todos los doctos de la época (lo sería hasta los experimentos realizados por Redi más de cien años después)[251] era indudablemente más científica que la doctrina creacionista de la Iglesia, copiada del relato del *Génesis*. Un personaje como Walter Raleigh[252] podía parangonar, so pretexto de «experiencia sin arte», la campesina que hace el queso (¡el queso!) con el filósofo natural: los dos saben que el cuajo hace coagular la leche de la quesera, aunque no sepan explicar por qué.

Pero no basta con remitirnos a la experiencia cotidiana de Menocchio para explicar todo; puede que ni siquiera explique nada. Resaltar una analogía entre la coagulación del queso y el aumento de densidad de la nebulosa destinada a formar el globo terráqueo a nosotros puede parecernos obvio. Pero no lo era para Menocchio. Y eso no es todo. Proponiendo esta analogía, nuestro molinero se hacía eco inconscientemente de mitos antiquísimos y remotos.[253] En un mito indio que ya figura en los *Vedas*, el origen del cosmos se explica con la coagulación —similar a la de la leche— de las aguas del mar primordial, batidas por los creadores. Según los Calmuchis, en el principio de los tiempos, las aguas del mar se cubrieron con un estrato espeso, como el que se forma sobre la leche, del que surgieron plantas, animales, hombres y dioses. «Al principio este mundo no era nada, y [...] del agua del mar fue batida como una espuma, y se coaguló como un queso, del cual luego nacerían gran cantidad de gusanos, y estos gusanos se convirtieron en hombres, de los cuales el más poderoso y sabio fue Dios»:[254] éstas eran, más o menos (exceptuando las simplificaciones ya indicadas), las palabras pronunciadas por Menocchio.

Es una coincidencia asombrosa, digamos inquietante, para quien no disponga de explicaciones inaceptables, como el inconsciente colectivo o, demasiado fáciles, como el azar, pues ciertamente Menocchio hablaba de un queso bien real, nada mítico; el queso que había visto hacer (o que quizá él mismo había hecho) en innumerables ocasiones. Por el contrario, los pastores de Altai habían traducido la misma experiencia en mito cosmogónico. Pero, a pesar de esta diferencia, que no subestimamos, la coincidencia persiste. No podemos excluir que ésta constituya una de las pruebas, fragmentaria y casi extinta, de la existencia de una tradición cosmológica milenaria que, por encima de diferencias de lenguaje, conjuga el mito con la ciencia.[255] Es curioso que la metáfora del queso que gira reaparezca, un siglo después del proceso de Menocchio, en un libro (que suscitaría grandes polémicas) en el que el teólogo inglés Thomas Burnet[256] intentaba acordar las Escrituras con la ciencia de la época. Puede que se tratara de un eco, aunque inconsciente, de aquella antigua cosmología india a la que Burnet no dejaba de dedicar algunas páginas en su libro, pero en el caso de Menocchio no podemos por menos de pensar en una transmisión directa, una transmisión oral de generación en generación. Esta hipótesis resulta menos inverosímil si consideramos la difusión, en aquellos mismos años y precisamente en el Friuli, de un culto de trasfondo chamánico[257] como el de los *benandanti*. Es en este terreno, aún casi inexplorado, de relaciones y migraciones culturales, que se inserta la cosmogonía de Menocchio.

28
[EL MONOPOLIO DEL SABER]

Así pues, vemos aflorar en los discursos de Menocchio, como de una grieta en el terreno, un estrato cultural profundo tan insólito que resulta casi incomprensible. A diferencia de los casos examinados hasta ahora, aquí no se trata únicamente de una reacción filtrada a través de la página escrita, sino de un remanente irreductible de cultura oral. Para que esta cultura *distinta* pudiese salir a la luz, tuvieron que producirse la Reforma y la difusión de la imprenta.[258] Gracias a la primera, un sencillo molinero había podido pensar en *tomar la palabra* y decir sus propias opiniones sobre la Iglesia y sobre el mundo. Gracias a la segunda, dispuso de *palabras* para expresar la oscura e inarticulada visión del mundo que bullía en su fuero interno. En las frases o retazos de frases arrancadas a los libros encontró los instrumentos para formular y defender durante años sus propias ideas, primero ante sus paisanos, luego ante los jueces armados de doctrina y de poder.

De este modo había vivido en primera persona el salto histórico,[259] de alcance incalculable, que separa el lenguaje gesticulado, murmurado, chillado, propio de la cultura oral, de aquel otro, carente de entonación y cristalizado sobre el papel, propio de la cultura escrita. El primero es casi una prolongación del cuerpo, el otro es «una cosa mental». La hegemonía de cultura escrita sobre cultura oral fue fundamentalmente una victoria de la abstracción sobre el empirismo. En la posibilidad de emanciparse de las situaciones particulares radica el vínculo que ha ligado siempre inextricablemente la escritura al poder. Casos como el de Egipto y China, en donde castas sacerdotales y burocráticas respectivamente monopolizaron durante siglos la escritura jeroglífica e ideográfica, hablan por sí mismos. La invención del alfabeto, que quince siglos antes de Cristo rompió por vez primera este monopolio, no bastó aún para poner la palabra escrita al alcance de todos. Sólo la imprenta hizo más concreta esta posibilidad.

Menocchio era orgullosamente consciente de la originalidad de sus ideas: por ello deseaba exponerlas a las más altas autoridades religiosas y seculares. Pero, al mismo tiempo, sentía la necesidad de apoderarse de la cultura de sus adversarios. Comprendía que la escritura y la capacidad de apoderarse de la cultura escrita y transmitirla son fuentes de poder. No se limitó, por ello, a denunciar una «traición a los pobres»[260] por el ejemplo de una lengua burocrática (y sacerdotal) como era el latín. El horizonte de su polémica era más amplio. «¿Qué te crees?, los inquisidores no quieren que sepamos lo que ellos saben»,[261] exclamó muchos años después de los hechos que relatamos, dirigiéndose a Daniel Iacomel, paisano suyo. Está clara la contraposición «nosotros» y «ellos». «Ellos» eran los «superiores», los poderosos, no sólo los situados en la cúspide de la jerarquía eclesiástica. «Nosotros»: los campesinos. Es casi seguro que Daniel era analfabeto (pues al referir, durante el segundo proceso, las palabras de Menocchio, no firmó la declaración). Menocchio, por el contrario, sabía leer y escribir; pero no por ello pensaba que la larga lucha que había emprendido contra la autoridad le atañía a él solo. El deseo de «buscar las cosas altas»,[262] del que ambiguamente había renegado doce años atrás ante el inquisidor de Portogruaro, seguía pareciéndole no ya legítimo, sino potencialmente al alcance de todos. Por el contrario, ilegítima, incluso absurda, debía parecerle la pretensión de los clérigos de mantener el monopolio de un conocimiento que podía comprarse por dos centavos en los puestos de los libreros de Venecia. El concepto de cultura como privilegio había sufrido un grave embate (aunque no mortal) con la invención de la imprenta.

29
[LAS PALABRAS DEL «FLORILEGIO»]

Precisamente en las páginas del *Florilegio de la Biblia*, que compró en Venecia por dos centavos, Menocchio había encontrado los términos cultos que en sus declaraciones se unen a las palabras de la vida cotidiana. Por ejemplo, en el interrogatorio del 12 de mayo, encontramos «niño en el vientre de la madre», «rebaños», «carpintero», «tarima», «maestranza», «queso», «gusanos», pero también «imperfecto», «perfecto», «sustancia», «materia», «voluntad, intelecto y memoria». Un empaste análogo, a primera vista, de léxico humilde y sublime caracteriza al *Florilegio*, sobre todo en su primera parte. Veamos el capítulo III, «Cómo Dios no puede querer el mal ni menos recibirlo»: «Dios no puede querer el mal ni recibirlo, porque él ha ordenado estos elementos de forma que uno no impida al otro, y así estarán hasta que el mundo dure. Pese a que algunos dicen que el mundo durará eternamente, señalando esta razón, que cuando un cuerpo muere, la carne y los huesos vuelven a la materia de que fueron creados [...] Nosotros podemos ver abiertamente el oficio de la naturaleza, cómo ella acuerda las cosas discordantes de modo tal que todas las diferencias reduce a unidad, y las conjunta todas en un cuerpo y en una sustancia; y además las conjuga en plantas y en semillas, y por conjuntamiento de macho y hembra engendra las criaturas según el curso de la natura. Otras criaturas engendra Júpiter, y mediante Júpiter genera según su orden. Y sin embargo, ved que la natura está sometida a Dios [...]».[263]

«Materia», «natura», «unidad», «elementos», «sustancia»; el origen del mal, el influjo de los astros, la relación entre creador y criaturas. Podríamos multiplicar los ejemplos como éste. Algunos de los conceptos cruciales, algunos de los temas más debatidos de la tradición cultural de la Antigüedad y de la Edad Media llegaron a Menocchio a través de un compendio pobre y desordenado como el *Florilegio de la Biblia*. Es difícil sobrestimar su importancia. Para empezar, el texto proveyó a Menocchio de los instrumentos lingüísticos y conceptuales con que elaborar y expresar su visión del mundo. Además, con su método expositivo basado, al modo escolástico, en el enunciado y la inmediata refutación de las opiniones erróneas, contribuyó evidentemente a desencadenar la hambrienta curiosidad intelectual del molinero. El patrimonio doctrinal que el párroco de Montereale presentaba como un edificio sólido e imbatible, quedaba sujeto a las más diversas interpretaciones. Por ejemplo, en el capítulo XXVI, «Cómo Dios inspira el alma en los cuerpos», Menocchio pudo leer: «Pues muchos filósofos han sido engañados y caído en graves errores sobre la creación de las almas. Algunos han dicho que las almas están hechas todas desde la eternidad. Otros dicen que todas las almas son una y que los elementos son cinco, los cuatro que hemos dicho antes, y además otro que llaman *orbis:* y dicen que de este *orbis* Dios hizo el alma de Adán y todas las demás. Y por eso dicen que el mundo nunca se acabará, porque muriendo el hombre vuelve a sus elementos. Otros dicen que las almas son los espíritus malignos que caen, y dicen que entran en los cuerpos humanos, y cuando muere uno entra en otro cuerpo y si así lo hace, éste se salva: y dicen que al fin del mundo éstos se salvarán. Otros dicen que el mundo no se deshará nunca hasta que pasen treinta y cuatro millares de años en que se comenzará una nueva vida, y cada alma volverá a su cuerpo. Todo esto son errores, y los que los han dicho han sido paganos, heréticos, cismáticos y enemigos de la verdad y de la fe, que no conocen las cosas divinas. Respondiendo a los primeros, que dicen [...]».[264]

Pero Menocchio no era hombre que se dejara intimidar por las invectivas del *Florilegio*, y tampoco renunció a decir su opinión sobre este tema. El ejemplo de «muchos filósofos» en lugar de inducirle a someterse a la interpretación de la autoridad, le inducía a buscar «las cosas altas», a seguir el hilo de su propio pensamiento.

De este modo un cúmulo de elementos compuestos, antiguos y menos antiguos, se introdujo en una construcción nueva. En un muro destacaba el fragmento casi irreconocible de un capitel, o el perfil casi destruido de un arco gótico, pero el diseño del edificio era suyo, de Menocchio. Con una actitud inconscientemente desprejuiciada se sirvió de los restos del pensamiento de otros como si fueran piedras y ladrillos. Pero los instrumentos lingüísticos y conceptuales[265] que pudo procurarse no eran neutros ni inocentes. Aquí está el origen de la mayor parte de las contradicciones, de las inseguridades, de las incongruencias de sus discursos. Con una terminología embebida de cristianismo, de neoplatonismo, de filosofía escolástica, Menocchio intentaba expresar el materialismo elemental, instintivo, de generaciones y generaciones de campesinos.

30
[FUNCIÓN DE LAS METÁFORAS]

Para hacer brotar la sangre viva de las ideas profundas de Menocchio hay que romper la costra de esta terminología. ¿Qué quería decir exactamente Menocchio cuando hablaba de Dios, de la santísima majestad de Dios, del espíritu de Dios, del Espíritu Santo, del alma?

Es preciso comenzar a partir del elemento más vistoso del lenguaje de Menocchio: su densidad metafórica. Son metáforas que incorporan palabras de la experiencia cotidiana a las que ya hemos hecho referencia: «niño en el vientre de la madre», «rebaños», «carpintero», «queso», y así sucesivamente. Ahora bien, las imágenes que constelan el *Florilegio de la Biblia*[266] tienen un evidente y exclusivo propósito didáctico: ilustran con ejemplos fácilmente comprensibles la argumentación que se desea transmitir al lector. La fundación de la metáfora en los discursos de Menocchio, es distinta, en cierto modo opuesta. En un universo lingüístico y mental como el suyo, marcado por el literalismo más absoluto, también las metáforas se toman rigurosamente al pie de la letra. Su contenido, nunca casual, transparenta la trama del verdadero e inexpresado discurso de Menocchio.

31
[«PATRÓN», «FACTOR» Y «MAESTRANZAS»]

Empecemos por Dios. Para Menocchio, es antes que nada un padre. El juego de las metáforas restituye a un epíteto tan manido y tradicional un contenido nuevo. Dios es un padre para los hombres: «Todos somos hijos de Dios, y de la misma naturaleza que aquel que fue crucificado».[267] Todos:

cristianos, herejes, turcos, judíos: «Él a todos ama, y todos se salvan de un mismo modo».[268] Querámoslo o no, siempre son hijos del padre: «Llama a todos, turcos, judíos, cristianos, herejes, y todos igualmente a semejanza del padre, el cual tiene más hijos y llama a todos igualmente, aunque haya algunos que no obedezcan, son del padre».[269] En su amor, el padre ni siquiera se preocupa si los hijos le maldicen: blasfemar «hace mal solamente a uno mismo y no al prójimo, como sucede si yo tengo un tabardo y lo quiero romper, hago mal solamente a mí mismo y no a los otros, y creo que el que no hace mal al prójimo no hace pecado; y como somos todos hijos de Dios, si no nos hacemos mal unos a otros, como por ejemplo un padre que tiene varios hijos, y uno dijera "maldito sea mi padre", el padre le perdona, pero si le rompe la cabeza a un hijo de otro no se le puede perdonar si no paga: por eso he dicho que blasfemar no es pecado porque no hace mal a nadie».[270]

Todo esto está relacionado, como hemos visto, con la afirmación de que es menos importante amar a Dios que amar al prójimo, un prójimo que hay que entender también del modo más concreto y literal posible. Dios es un padre amante pero al margen de la vida de sus hijos.

Pero más que un padre, Dios parece ser para Menocchio la propia imagen de la autoridad.[271] En numerosas ocasiones habla de una «santísima majestad»,[272] a veces distinta de Dios, otras identificada con el «espíritu de Dios» o con el propio Dios. Además, compara a Dios con un «gran capitán»[273] que «envió como embajador a su hijo a los hombres de este mundo»; o con un gentilhombre: en el paraíso «el que se siente en aquellas sillas verá que puede ver todas las cosas, y es semejante a aquel gentilhombre que muestra todas sus cosas para que se vean».[274] El «Dios-Señor» es ante todo, y literalmente, un señor: «He dicho que Jesucristo si era Dios no debería haberse dejado prender y crucificar, y de este artículo no estaba seguro y dudaba, como he dicho, porque me parecía una barbaridad que un señor se dejase prender de ese modo, y así yo dudaba que habiendo sido crucificado fuese Dios [...]».[275]

Un señor. La principal característica de los señores es que no trabajan, porque hay quien trabaja para ellos. Es el caso de Dios: «En cuanto a las indulgencias, creo que son buenas porque si Dios ha puesto a un hombre en su lugar, que es el Papa, concede un perdón, es bueno, porque se reciben de Dios dadas por un factor suyo».[276] Pero el Papa no es el único factor de Dios, también el Espíritu Santo «es como un factor de Dios; este Espíritu Santo eligió luego cuatro capitanes, o si queremos factores, entre aquellos ángeles que fueron creados [...]».[277] Los hombres fueron hechos «por el Espíritu Santo por voluntad de Dios y de sus ministros; así como un artífice hace una obra mediante los ministros, así el Espíritu Santo dio manos a la obra».[278]

Por lo tanto, Dios no sólo es un padre, sino un patrón, un terrateniente que no se ensucia las manos trabajando, sino que encomienda las faenas fatigosas a sus hacedores. Por otra parte, éstos también, sólo excepcionalmente, «echan una mano»: el Espíritu Santo, por ejemplo, hizo la tierra, los árboles, los animales, el hombre, los peces y las demás criaturas «mediante los ángeles sus obreros».[279] Cierto que Menocchio no excluye (en su respuesta a una pregunta de los inquisidores al respecto) que Dios habría podido también hacer el mundo sin ayuda de los ángeles: «Igual que uno al hacer una casa utiliza la maestranza y operarios, y se dice que la ha hecho aquél: así en la fábrica del mundo Dios ha utilizado a los ángeles, y se dice que lo ha hecho Dios. Y así como aquel maestro al fabricar la casa puede también hacerla por sí mismo, puede hacerla con más tiempo, así Dios al fabricar el mundo lo habría fabricado por sí mismo, pero tardando más tiempo».[280] Dios tiene «poder»: «Con la voluntad es necesario que haya el poder de hacer una cosa, por ejemplo si el carpintero quiere hacer una tarima, necesita herramientas para poderla hacer, y si no tiene madera es vana su voluntad. Así decimos de Dios, además de la voluntad necesita el poder».[281] Pero este «poder» se basa en «obrar mediante la maestranza».

Estas metáforas recurrentes responden, claro está, a la necesidad de hacer más asequibles y comprensibles las figuras centrales de la religión, traduciéndolas a términos de la experiencia cotidiana. Para Menocchio, que había declarado a los inquisidores que su profesión era, aparte de molinero, de «carpintero, serrar, hacer muros»,[282] Dios es semejante a un ebanista, a un albañil. Pero de la profusión de metáforas emerge un contenido más profundo. La «fábrica del mundo» es, literalmente una vez más, una acción material —«yo creo que no se puede hacer ninguna cosa sin materia, y tampoco Dios habría podido hacer cosa alguna sin materia»—,[283] un trabajo manual. Pero Dios es un señor, y los señores no utilizan las manos para trabajar. «¿Este Dios ha hecho, creado, producido, alguna criatura?»,[284] le preguntaron los inquisidores. «Él ha dispuesto dar la voluntad con la cual se han hecho todas las cosas», respondió Menocchio. Aunque se le compare con un ebanista, un albañil, Dios siempre tiene «maestranzas» u «operarios» a su servicio. Tan sólo una vez, embalado por el ímpetu de su discurso contra la adoración de las imágenes, habló Menocchio del «único Dios que ha hecho el cielo y la tierra».[285] En realidad, para él, Dios no había *hecho* nada, tal como no había hecho nada su «hacedor», el Espíritu Santo. Quienes habían puesto manos a la obra en la «fábrica del mundo» eran las «maestranzas», los «operarios», los ángeles.[286] Y a los ángeles, ¿quién los había hecho? La natura: «De la más perfecta sustancia del mundo fueron producidos por la natura, a semejanza de un queso en el que se producen gusanos [...]».[287]

«La primera criatura que fue creada en el mundo[288] —había podido leer Menocchio en el *Florilegio de la Biblia*— fueron los ángeles: y como los ángeles fueron creados de la más noble materia que había, pecaron por soberbia y fueron privados de su puesto». Pero también pudo leer: «Y, sin embargo, ved que la natural está sometida a Dios como el martillo y el yunque al herrero que fabrica algo nuevo que quiere, sea una espada, sea un cuchillo, u otra cosa; y aunque trabaje con el martillo y el yunque, no por ello los ha hecho el martillo, sino que los ha hecho el herrero».[289] Esto, sin embargo, ya no podía aceptarlo. Su obstinada visión materialista no admitía la presencia de un Dios creador. De un Dios sí, pero era un Dios lejano, como un patrón que ha dejado sus tierras en manos de factores y de «operarios».

Lejano, o un Dios muy próximo (en suma era lo mismo), disuelto en los elementos, idéntico al mundo. «Yo creo que todo el mundo, es decir, aire, tierra y todas las bellezas de este mundo son Dios [...]: porque se dice que el hombre está formado a imagen y semejanza de Dios, y en el hombre hay aire, fuego, tierra y agua, y de esto resulta que el aire, la tierra, el fuego, el agua es Dios».[290]

Y de esto resulta: de nuevo el imperturbable raciocinio de Menocchio se movía entre sus textos (las Escrituras, el *Florilegio*) con extraordinaria libertad.

Ahora bien, en las discusiones con sus paisanos Menocchio hacía afirmaciones mucho más desenvueltas: «¿Quién es este Dios-Señor? Es una traición que han hecho las Escrituras para engañar, y si fuese Dios-Señor se dejaría ver»; [291] «¿qué os imagináis que es Dios? Dios no es más que un poco de hálito, y aquello que el hombre pueda imaginarse»; [292] «¿qué es este Espíritu santo? [293] [...] No se encuentra este Espíritu Santo».[294] Cuando, durante el proceso, le reprocharon estas palabras, Menocchio prorrumpió indignado en una exclamación: «Nunca en mi vida he dicho que no haya Espíritu Santo: al contrario, la gran fe que tengo en el mundo creo que es el Espíritu Santo, y que es la palabra de Dios altísimo que ilumina todo el mundo».

El contraste entre los testimonios de los habitantes de Montereale y las actas del proceso es flagrante. Es tentador tratar de resolverlo atribuyendo las declaraciones de Menocchio al miedo, al deseo de sustraerse a la condena del Santo Oficio. El «auténtico» Menocchio sería así el que andaba por las calles de Montereale negando la existencia de Dios, y el otro, el Menocchio del proceso, un simple farsante. Pero esta suposición choca con una dificultad importante. Si Menocchio quería verdaderamente ocultar a los jueces los aspectos más radicales de sus ideas, ¿por qué insistía tanto en afirmar la mortalidad del alma? ¿Por qué seguía, impertérrito, negando la divinidad de Cristo? En realidad, a excepción de alguna vacilación durante el primer interrogatorio, el comportamiento del molinero durante el proceso parece dictado por todo menos por la prudencia o la simulación.

Probemos, entonces, una hipótesis distinta, siguiendo la pista que ofrecen las propias declaraciones de Menocchio. Él presentaba a sus ignorantes paisanos una versión simplificada y esotérica de sus ideas: «Si pudiese hablar hablaría, pero no quiero hablar».[295] Por el contrario, la versión más compleja, esotérica, la reservaba para las autoridades religiosas y seglares a las que deseaba ardientemente dirigirse: «He dicho —manifestó a los jueces de Portogruaro— que si tuviera la gracia de poder presentarme ante el Papa, un rey o un príncipe que me escuchase, diría muchas cosas; y si me hubiese hecho morir no me hubiera importado».[296] Por tanto, la explicación más completa sobre las ideas de Menocchio hay que buscarla en sus propias declaraciones en el proceso. Pero al mismo tiempo hay que lograr explicar de qué manera Menocchio llegó a hacer sus discursos, aparentemente contradictorios, a los habitantes de Montereale.

Esta vez, lo más que podemos proponer es una solución puramente conjetural: que Menocchio hubiese llegado a conocer indirectamente *De Trinitatis erroribus* de Sereveto (universalmente conocido como Miguel Servet), o que hubiera leído la desaparecida traducción italiana[297] de Giorgio Filaletto, llamado Turca o Turchetto, que éste introdujo en Italia hacia el 1550. Es sin duda una conjetura audaz, por tratarse de un texto muy complejo, erizado de términos filosóficos y teológicos, infinitamente más difícil que los libros que leía Menocchio. Pero quizá no sea ilusorio reconocer en los discursos del molinero un eco, casi inaudible, por débil y deformado que sea, del citado texto.

El argumento central de la obra de Serveto[298] es la reivindicación de la plena humanidad de Cristo; una humanidad deificada a través del Espíritu Santo. Pues bien, en el primer interrogatorio Menocchio afirmó: «Yo dudaba que Cristo [...] fuese Dios, sino un profeta, un gran hombre enviado por Dios a predicar en este mundo [...]».[299] A continuación especificó: «Yo creo que es hombre como nosotros, nacido de hombre y mujer como nosotros, y no tenía nada que no tenga cualquiera nacido de hombre y mujer; pero es muy cierto que Dios envió al Espíritu Santo para elegirlo como hijo suyo».[300]

Ahora bien, ¿qué era el Espíritu Santo para Serveto? En su razonamiento comienza por recopilar todos los significados atribuidos a esta expresión de la Escritura: «Nam per spiritum sanctum nunc ipsum Deum, nunc angelum, nunc spiritum hominis, instinctum quendam, seu divinum mentis statum, mentis impetum, sive halitum intelligit, licet aliquando differentia notetur inter flatum et spiritum. Et aliqui per Spiritum sanctum nihil aliud intelligi volunt, quam rectum hominis intellectum et rationem».[301] [«Pues por Espíritu Santo unas veces entiende el propio Dios, otras un ángel, otras el alma humana, un sentimiento cualquiera, bien sea un estado de inspiración divina, una resolución de la mente, o incluso el aliento, aun cuando en ocasiones se observe diferencia entre soplo y espíritu. Algunos por otra parte, no aceptan entender por Espíritu Santo nada más que la razón y el recto entendimiento humanos».] Esta pluralidad de significados se vuelve a encontrar casi con exactitud en las declaraciones de Menocchio: «Creo [...] es Dios [...] Y aquel ángel al que Dios ha dado su voluntad [...] Yo entiendo que Dios Señor dio el libre arbitrio y el Espíritu Santo al cuerpo [...] [Creo que] el espíritu viene de Dios, y es aquello que cuando tenemos que hacer algo nos inspira a hacer esta cosa o a no hacerla».[302]

En el caso de Serveto esta discusión terminológica tenía por objeto demostrar la inexistencia del Espíritu Santo en cuanto *persona* distinta a la del Padre: «Quasi Spiritus[303] sanctus non rem aliquam separatam, sed Dei agitationem, energiam quandam seu inspirationem virtutis Dei designet».

[«Como si *Espíritu Santo* no designara ninguna cosa distinta, sino una actividad de Dios, una especie de fuerza o inspiración de la virtud divina».] La premisa de su panteísmo era la tesis de la presencia operante del Espíritu en el hombre y en toda la realidad. «Dum de spiritu Dei erat sermo»,[304] escribía, recordando la época en la que suscribía los errores de los filósofos, «sufficiebat mihi si tertiam illam rem in quodam angulo esse intelligerem. Sed nunc scio quod ipse dixit: "Deus de propinquo ego sum, et non Deus de longinquo". Nunc scio quod amplissimus Dei spiritus replet orbem terrarum, continet omnia, et in singulis operatur virtutes; cum propheta exclamare libet "Quo ibo Domine a spiritu tuo?" quia nec sursum nec deorsum est locus spiritu Dei vacuus». [«Siempre que salía el tema del Espíritu de Dios, me bastaba con entender que aquel tercer objeto se hallaba en cualquier rincón. Ahora, en cambio, comprendo lo que Él mismo dijo: "Yo soy el Dios cercano, no un Dios lejano". Ahora sé que el vastísimo Espíritu de Dios llena el mundo entero, contiene todas las cosas y se manifiesta en cada una de sus perfecciones; así, el profeta llega a exclamar: "¿Adónde iré, Señor, lejos de tu Espíritu?", puesto que ni arriba ni abajo existe lugar vacío del Espíritu de Dios».] «¿Qué creéis que es Dios? Todo lo que se ve es Dios [...]»,[305] iba repitiendo Menocchio a sus paisanos. «El cielo, la tierra, el mar, aire, abismo e infierno, todo es Dios».

Para desmantelar una construcción filosófica que duraba más de un siglo, Serveto había utilizado todos los instrumentos disponibles: el griego, el hebreo, la filología de Valla y la cábala, el materialismo de Tertuliano y el nominalismo de Occam, la teología y la medicina. A fuerza de descostrar las superposiciones que se habían acumulado sobre la palabra «espíritu», acabó por sacar a la luz la etimología original. Después de ello la diferencia entre *spiritus*, *flatus*, *ventus* se le evidenciaba meramente convencional, vinculada al uso lingüístico. Entre el «espíritu» y el flato había una profunda analogía: «Omne quod in virtute a Deo fit, dicitur eius (et inspiratione fieri, non enim potest esse prolatio verbi sine flatu spiritus. Sicut nos non possumus proferre sermonen sine respiratione, et propterea dicitur spiritus oris et spiritus labiorum [...] Dico igitur quod ipsemet Deus est espiritus noster inhabitans in nobis, et hoc esse Spiritim sanctum in nobis.. Extra hominem nihil est Spiritum sanctus [...]».[306] [«Todo lo que en punto a virtud es hecho por Dios se dice que es hecho por su aliento e inspiración, ya que no es posible articular palabra sin exhalación de aliento. Del mismo modo que nosotros no podemos hacer uso del habla sin respiración, y por ello se dice exhalación de la boca y exhalación de los labios [...] Digo, por tanto, que el propio Dios es nuestro espíritu, que habita dentro de nosotros, esto es, que el Espíritu Santo está en nosotros [...] Fuera del hombre, nada es el Espíritu Santo».] Por su parte, Menocchio: «¿Qué os imagináis que es Dios? Dios no es más que un poco de hálito [...] El aire es Dios [...] Nosotros somos dioses [...] Creo que (el Espíritu Santo) está en todos los hombres del mundo [...] ¿Qué es este Espíritu Santo? [...] No se encuentra este Espíritu Santo».[307]

Evidentemente es enorme el salto de las palabras del médico español a las del molinero friuliano. Por otra parte, sabemos que en la Italia del siglo XVI los escritos de Serveto[308] circulaban profusamente, y no sólo entre los cultos: quizá las confesiones de Menocchio abren una espiral en cuanto al *modo* en que esos escritos pudieron ser leídos, entendidos, malentendidos. Esta hipótesis permitiría resolver la discrepancia entre las declaraciones de los habitantes de Montereale y las actas del proceso. Entre ambas existiría, más que una contradicción, una deliberada diferencia de nivel. En las bruscas definiciones que Menocchio espetaba a sus paisanos habría que ver un intento consciente de traducir las abstrusas concepciones servetianas, tal como él las había entendido, de una manera accesible a interlocutores ignorantes. La exposición de la doctrina con toda su complejidad estaba reservada a otros: el Papa, un rey, un príncipe o, a falta de otra cosa, al inquisidor de Aquileia y al alcalde de Portogruaro.

33
[RELIGIÓN CAMPESINA]

Como trasfondo de los libros de estudio de Menocchio hemos dilucidado un código de lectura y, tras ese código, un sólido estrato de cultura oral que, al menos en el caso de la cosmogonía, constatamos que se evidencia sin trabas. Pero el plantear la suposición de que una parte del discurso de Menocchio fuera en último término la resonancia de un texto de nivel tan elevado como el *De Trinitatis erroribus*, no significa rehacer en sentido inverso el camino recorrido. De todos modos, esa eventual resonancia cabría atribuirla a la traducción en términos de materialismo popular (ulteriormente simplificada para sus compatriotas) de una concepción docta que integra un fortísimo componente materialista. Dios, el Espíritu Santo y el alma no existen en tanto que sustancias separadas: sólo existe la materia impregnada de divinidad, la mezcolanza de los cuatro elementos. Tocamos el fondo de la cultura oral de Menocchio.

Era el suyo un materialismo religioso. Una salida como la que tuvo sobre Dios —«es una traición que ha hecho la Escritura para engañar, y si fuera Dios-Señor se dejaría ver»—[309] era sencillamente negar el Dios de que hablaban los sacerdotes y sus libros. Su Dios, Menocchio lo veía en todas partes: «¿Qué es este Dios-Señor?, algo más que tierra, agua y aire», añadía sin vacilación (según el mismo testigo, el padre Andrea Bionima). Se representaba a Dios y al hombre, al hombre y al mundo, ligados por una trama de correspondencias reveladoras: «Creo que (los hombres) están hechos de tierra, pero no obstante del metal más precioso existente, y de ahí que vemos cómo el hombre desea esos metales y sobre todo el oro. Estamos compuestos de los cuatro elementos, participan de los siete planetas: por ello uno participa más de un planeta que otro, y uno es más mercurial y más jovial, según nazca bajo un planeta».[310] Esta imagen de una realidad impregnada por la divinidad justificaba hasta las bendiciones de los sacerdotes, porque «el demonio suele entrar en las cosas e inyectar su veneno», y «el agua bendita del sacerdote ahuyenta al diablo»,[311] a pesar de que —añadía— «creo que toda agua está bendecida por Dios», y «si los laicos supieran las palabras serían tan buenas como aquellas del sacerdote, porque Dios ha concedido por igual su virtud a todos y no a uno más que a otro». Era, en suma, una religión campesina[312] que poco tenía en común con la que el cura predicaba desde el púlpito. Cierto que Menocchio se confesaba (fuera de su pueblo, no obstante), comulgaba y no había dudado en bautizar a sus hijos, y, sin embargo, rechazaba la creación divina, la encarnación, la redención; negaba la eficacia de los sacramentos para obtener la salvación, afirmaba que amar al prójimo era más importante que amar a Dios, creía que el orbe entero era Dios.

Pero este *corpus* ideológico tan profundamente coherente, presentaba una fisura: el alma.

34
[EL ALMA]

Volvamos a la identificación de Dios con el mundo. «Se dice —había manifestado Menocchio— que el hombre está hecho a imagen y semejanza de Dios, y en el hombre hay aire, tierra, fuego y agua, y de esto se concluye que aire, tierra, fuego y agua son Dios».[313] La fuente de semejante afirmación era el *Florilegio de la Biblia*, de donde había extraído —aunque con una variante fundamental— el antiquísimo concepto de la correspondencia entre hombre y mundo, microcosmos y macrocosmos: «[...] Y aunque el hombre y la mujer fueron los últimos en ser creados, fueron hechos de tierra y vil materia, a fin de que no por soberbia, sino por humildad, fueran al cielo; empero que la tierra es vil elemento que todo en ella está hollado y está en medio de los demás elementos, los cuales están muy juntos y unidos y circundados como un huevo en medio del cual uno ve la yema y en derredor la clara y por fuera la cáscara; así se hallan juntos los elementos en el mundo. La yema es la tierra, la clara el aire, y la fina piel que hay entre la clara y la cáscara es el agua, y la cáscara, el fuego: así se hallan juntos y unidos para que el frío con el calor y lo seco con lo húmedo se moderen. Y de estos elementos están hechos y compuestos nuestros cuerpos: así la carne y los huesos que tenemos serían la tierra; la sangre, el agua; la respiración, el aire, y el calor, el fuego. Y de estos cuatro elementos están compuestos nuestros cuerpos. Nuestro cuerpo está sometido a las cosas del mundo, pero el alma no está sujeta más que a Dios, *porque está hecha a su imagen* y compuesta de materia más noble que el cuerpo [...]».[314] Por tanto, y era negarse a admitir en el hombre un principio inmaterial —el alma— distinto del cuerpo y de sus funciones, lo que había impulsado a

Menocchio a identificar no sólo al hombre con el mundo, sino también al mundo con Dios. «Cuando el hombre muere es como un bicho, como una mosca»,[315] repetía a los campesinos, tal vez haciéndose eco más o menos conscientemente de los versículos del *Eclesiastés*[316] «y [...] muerto el hombre, muere el alma y toda cosa».

A pesar de ello, al principio del proceso, Menocchio negó haber dicho jamás nada semejante. Intentaba, sin gran éxito, seguir los bienintencionados consejos de prudencia recibidos de su viejo amigo el vicario de Polcenigo. A la pregunta: «¿Qué creéis sobre las almas de los fieles cristianos?», respondió: «Yo he dicho que nuestras almas regresan a la majestad de Dios, de las que hace su voluntad conforme hayan obrado: a las buenas las destina el paraíso, a las malas al infierno, y a algunas al purgatorio».[317] Pensaba hallarse atrincherado tras la doctrina ortodoxa de la Iglesia (doctrina que de hecho no compartía), y en realidad se había metido nuevamente en un avispero.

35
[«NO LO SÉ»]

Al siguiente interrogatorio (16 de febrero), el vicario general empezó por pedirle precisiones sobre la «majestad de Dios», para desencadenar a renglón seguido un ataque frontal: «Vos decís que las almas regresan a la majestad de Dios, y ya afirmasteis que Dios no es más que aire, tierra, fuego y agua; luego, ¿cómo vuelven esas almas a la majestad divina?».[318] La contradicción era muy evidente y Menocchio no supo qué responder: «Es verdad que yo he dicho que el aire, al tierra, el fuego y el agua es Dios, y no puedo negar lo que he dicho; en cuanto a las almas, éstas proceden del espíritu de Dios, y por eso tienen que regresar al espíritu de Dios». El vicario, apremiante: «¿El espíritu de Dios y Dios son una sola cosa? Y este espíritu de Dios, ¿está incorporado en estos cuatro elementos?».

«No lo sé», responde Menocchio y guarda silencio un instante. Tal vez por cansancio. O quizá no supiera lo que significaba «incorporado». Finalmente respondería: «Yo creo que todos los hombres tenemos un espíritu de Dios, el cual si hacemos el bien está alegre y si hacemos el mal, dicho espíritu está a disgusto».

«¿Entendéis que aquel espíritu de Dios es el nacido de aquel caos?».

«No lo sé».

«Confesad la verdad —volvió implacable a la carga el vicario— y resolved este interrogante, si creéis en la afirmación de que las almas regresan a la majestad de Dios, y que Dios es aire, agua, tierra y fuego, ¿cómo entonces regresan a la majestad de Dios?».

«Yo creo que nuestro espíritu, cual es el alma, vuelve a Dios que es quien nos la ha dado».

Qué tozudo aquel campesino. Armado de toda su paciencia, de toda su dialéctica, el vicario general Gianbattista Maro, doctor *in utroque iure*, volvió a exhortarle a que reflexionara y dijera la verdad.

«Yo he dicho —responde entonces Menocchio— que todas las cosas del mundo son Dios, y creo, en lo que a mí atañe, que nuestras almas vuelven a todas las cosas del mundo para gozar como le parezca a Dios». Vuelve a callar un instante. «Son, estas almas, como esos angelitos que pintan junto a Dios-Señor, que las tiene más cerca de sí según sus méritos, y a algunas que han hecho mal las envía dispersas por el mundo».

De este modo, el interrogatorio se cerraba con una enésima contradicción de Menocchio. Después de repetir una afirmación que, a falta de un término más apropiado, podemos calificar de panteísta[319] («todas las cosas del mundo son Dios»), aserto con el que negaba sin rebozo la posibilidad de supervivencia individual («creo [...] que nuestras almas vuelven a todas las cosas del mundo [...]»), Menocchio se sintió probablemente asaltado por una duda. El miedo o la incertidumbre le hicieron callar por un instante. Luego, en el fondo de su memoria brilló una representación observada en alguna iglesia, quizá en una capilla rural: Dios rodeado de coros de ángeles. ¿Era aquello lo que quería el vicario general?

Pero el vicario general pedía algo muy distinto de la descripción esquemática tradicional del paraíso acompañada, por otra parte, de un eco de creencia popular[320] de origen precristiano por aquello de las almas de los muertos que van «dispersas por el mundo». Al siguiente interrogatorio puso enseguida a Menocchio en aprietos enumerándole sus precedentes negaciones de la inmortalidad del alma: «Pero, decid la verdad, y hablad más claramente de lo que habéis hecho en la vista anterior».[321] De repente Menocchio salió con una afirmación inesperada, que contradecía las de los primeros interrogatorios. Admitió que, efectivamente, había hablado de la inmortalidad del alma con algunos amigos (Giuliano Stefanut, Melchiorre Gerbas, Francesco Fasseta), pero precisó: «He dicho estas palabras exactas, que muerto el cuerpo el alma muere, pero queda el espíritu».

Hasta entonces Menocchio había ignorado tal distinción; por el contrario, se había referido explícitamente a «nuestro espíritu cual es el alma».[322] Ahora, frente a la estúpida pregunta del vicario, «si creéis que en el hombre hay cuerpo, alma y espíritu y que éstos son distintos unos de otros, y que una cosa sea el alma y otra el espíritu»,[323] reafirma: «Señor, sí que creo que una cosa sea el alma y otra el espíritu». El espíritu nos viene de Dios y es aquello que cuando tenemos que hacer algo nos inspira a hacer esa cosa o a no hacerla». El alma, o mejor, las almas (como explicó durante el proceso) no son más que las diversas operaciones de la mente, y perecen con el cuerpo: «Yo os diré que en el hombre hay intelecto, memoria, voluntad, pensamiento, creencia, fe y esperanza: y estas siete cosas las ha dado Dios al hombre, y son como almas mediante las cuales hay que hacer los actos, y esto es lo que yo decía: muerto el cuerpo muerta el alma».[324] El espíritu, por el contrario, «está separado del hombre, posee el propio querer del hombre, y sostiene y gobierna al hombre»:[325] después de la muerte regresa a Dios. Éste es el espíritu bueno: «Creo —explicó Menocchio— que todos los hombres del mundo están tentados, porque nuestro corazón tiene dos partes, una lúcida y otra oscura; en la oscura está el espíritu malo, y en la lúcida el espíritu bueno».

Dos espíritus,[326] siete almas, más un cuerpo compuesto de cuatro elementos: ¿cómo había nacido en la cabeza de Menocchio una antropología tan abstrusa y complicada?

37
[TRAYECTORIA DE UNA IDEA]

Al igual que la relación entre los cuatro elementos y el cuerpo, también la enumeración de las diversas «almas» figuraba en las páginas del *Florilegio de la Biblia:* «Es cierto que el alma tiene tantos nombres en el cuerpo como virtudes distintas mueve en el cuerpo: por lo que como el alma da vida al cuerpo, se la llama sustancia; según la volición se le llama corazón; en cuanto que el cuerpo espira se la llama espíritu; en tanto que entiende y siente se la puede llamar sentido; en tanto que imagina y piensa, se la puede denominar imaginación o sea, memoria; pero la inteligencia se sitúa en la parte más alta del alma, en donde nos rigen la razón y el conocimiento, empero que seamos asemejados a la imagen de Dios [...]».[327] Es una lista que corresponde a la de Menocchio sólo en parte, pero las analogías son inequívocas. La divergencia más profunda es la presencia, entre los nombres del alma, del espíritu, relacionado además, etimológicamente, a la función corporal de la respiración. ¿De dónde procedía entonces la distinción que efectuaba Menocchio entre alma mortal y espíritu inmortal?

Esta distinción le había llegado tras un viaje largo y complicado.[328] Tenemos que remontarnos a las discusiones nacidas durante las primeras décadas del siglo XVI en los ambientes averroístas, sobre todo entre los profesores de la Universidad de Padua influenciados por las ideas de Pomponazzi, a propósito del problema de la inmortalidad del alma.[329] Filósofos y médicos afirmaban abiertamente que con la muerte del cuerpo, el alma individual —distinta del intelecto activo postulado por Averroes— perece. Reelaborando estos temas en clave religiosa, el franciscano Girolamo Galateo (que cursó estudios en Padua, y que más tarde sería condenado a prisión de por vida, por hereje) sostenía que las almas de los bienaventurados después de la muerte duermen hasta el día del Juicio. Probablemente, siguiendo sus pasos, el ex franciscano Paolo Ricci, mucho más conocido más tarde por Camillo Renato, reformuló la doctrina del sueño de las almas, distinguiendo entre el *anima* abocada a perecer, y el *animus*, destinado a resurgir al fin del mundo. Por influencia directa de Renato,[330] desterrado en Valtellina, esta doctrina fue asimilada, no sin resistencia, por los anabaptistas del Véneto, quienes «sostenían que el *anima* era la vida y, mientras el hombre moría, este *spirito* que mantiene vivo al hombre iba a Dios y que la vida iba a la tierra y no conocía ya ni bien ni mal, sino que dormía hasta el día del Juicio en el cual nuestro Señor resucitará a todos» [331] —salvo los malvados, para quienes no existe vida futura de ningún género—, y para ellos no hay «más infierno que el sepulcro».[332]

De los catedráticos de la Universidad de Padua a un molinero friulano: la cadena de influencias y de contactos es bastante singular, pero históricamente plausible, sobre todo porque conocemos verosímilmente el último eslabón: el párroco de Polcenigo, Giovan Daniele Melchiori, amigo de infancia de Menocchio.[333] El clérigo, en 1579-1780, es decir, pocos años antes del proceso de Menocchio, había estado a su vez sometido a juicio por el tribunal de la Inquisición de Concordia que le reconoció como ligeramente sospechoso de herejía. Las acusaciones presentadas contra él por sus feligreses eran muchas y variadas: desde ser «putanero y rufián» hasta tratar sin respeto las cosas sagradas (por ejemplo, las hostias consagradas). Pero lo que nos interesa es otra cosa: la afirmación que hizo Melchiori un día que hablaba en la plaza del pueblo, de que «se va al paraíso sólo el día del Juicio».[334] Durante su proceso, Melchiori negó haber dicho tales palabras, aunque admitió haber hablado sobre la diferencia entre muerte corporal y muerte espiritual basándose en lo que había leído en un libro de un «cura de Fano» cuyo nombre no recordaba, titulado *Discursos predicables*. Y asestó a los inquisidores, con gran aplomo, un verdadero sermón: «Yo recuerdo haber dicho, hablando de la muerte corporal y espiritual, que existen dos clases de muerte, una muy distinta de la otra. Porque la muerte corporal es común a todos, la muerte espiritual solamente es de los malvados; la muerte corporal nos priva de la vida, la muerte espiritual nos priva de la vida y de la gracia; la muerte corporal nos priva de los amigos, la muerte espiritual de los santos y de los ángeles; la muerte corporal nos priva de los bienes terrenos, la muerte espiritual de los bienes celestes; la muerte corporal nos priva de los gozos del mundo, la muerte espiritual de todos los méritos de Jesucristo Nuestro Salvador; la muerte corporal nos priva del reino de este mundo, la muerte espiritual del reino celeste; la muerte corporal nos priva del sentido, la muerte espiritual nos priva del sentido y del intelecto; la muerte corporal nos priva de este movimiento corpóreo, y la muerte espiritual nos vuelve inmóviles como piedra; la muerte corporal hace que el cuerpo hieda, la muerte espiritual causa hedor al alma; la muerte corporal entrega el cuerpo a la tierra, la muerte espiritual el alma al infierno; la muerte de los malos es pésima, como se lee en el salmo de David *mors pecatorum pessima* ["la muerte de los pecadores es horrible"], la muerte de los buenos es preciosa como se lee en el mismo, *pretiosa in conspettu Domini mors sanctorum eius* ["preciosa es, a la vista del Señor, la muerte de sus Santos"], la muerte de los malos se llama muerte, la muerte de los buenos se llama sueño, como se lee en san Juan evangelista, *Lazzarus amicus noster dormit* ["nuestro amigo Lázaro duerme"], y en otro texto *non est mortua puella sed dormit* ["la niña no está muerta, sino que duerme"], los malos temen a la muerte y no quieren dormir, los buenos no temen a la muerte sino que dicen como san Pablo *cupio dissolvi et esse cum Christo* ["anhelo deshacerme y estar con Cristo"]. Ésta es la diferencia entre muerte corporal y muerte espiritual, razonada y predicada por mí: y si yo hubiera cometido error, estoy pronto a desdecirme y enmendarme».[335]

Aunque no tuviera a mano el libro, Melchiori recordaba perfectamente —al pie de la letra— el contenido. De hecho era el tomo del número XXXIV de los *Discursos predicables para documento del vivir cristiano*,[336] un manual para predicadores muy difundido, obra del fraile (no era cura) eremita Sebastiano Ammiani de Fano. Pero en el calculado juego de inocentes antítesis retóricas, Melchiori había individualizado precisamente la frase que se prestaba a una interpretación de tendencia herética: «La muerte de los malos se llama muerte, la muerte de los buenos se llama sueño». No cabe duda de que él era consciente de la implicación de estas palabras, ya que no se había recatado de afirmar que «se va al paraíso sólo el día del Juicio». Mucho menos informados y al corriente estaban los inquisidores. ¿A qué herejía iban a atribuir la postura de Melchiori? La acusación que le tocó en suerte fue de haberse aproximado «ad perfidam, impiam, eroneam, falsam et pravam hereticorum sectam [...] nempe Armenorum, nec non Valdensium et Ioannnis Vicleff»[337] [«a la secta pérfida impía, errada, falsa y perversa de los herejes [...] o sea de los armenios, así como de los valdenses y de John Wicleff»] es prueba patente de su desconcierto. Por lo que se ve los inquisidores de Concordia ignoraban las implicaciones anabaptistas de la doctrina del sueño de las ánimas. Ante las tesis sospechosas, pero de oscura procedencia, fueron a rebuscar en manuales de controversia, definiciones antiguas de varios siglos. Como veremos, igual sucedería con Menocchio.

En el proceso instruido contra Melchiori no se menciona para nada la distinción entre «alma» mortal y «espíritu» inmortal. Sin embargo, era la premisa de la tesis sostenida por el clérigo, del sueño de las almas hasta el día del Juicio. Por medio del discurso del vicario de Polcenigo, esta distinción llegaría hasta Menocchio.

38
[CONTRADICCIONES]

«Yo creo que nuestro espíritu, cual es el alma, regresa a Dios ya que él nos lo ha dado»,[338] había declarado Menocchio el 16 de febrero (segundo interrogatorio). «Muerto el cuerpo muere el alma, pero queda el espíritu», se autocorrigió el 22 de febrero (tercer interrogatorio). El 1 de mayo por la mañana (sexto interrogatorio) parece volver a la tesis original: «Alma y espíritu son una misma cosa».

Le interrogaron sobre Cristo: «¿El hijo qué era: hombre, ángel o verdadero Dios?».[339] «Un hombre —respondió Menocchio— pero en él estaba el espíritu». Luego diría: «El alma de Cristo era uno de aquellos ángeles creados antiguamente, o sea que fue hecha de nuevo por el Espíritu Santo de los cuatro elementos, o de la propia naturaleza. No se pueden hacer las cosas bien si no hay tres, pero como Dios había dado el saber, la voluntad y el poder al Espíritu Santo, así lo dio a Cristo, para que luego pudieran consolarse juntos [...] Cuando hay dos que no concuerdan en un juicio, si hay un tercero, al acordarse los dos también entra el tercero: por eso el padre ha dado la voluntad y saber y poder a Cristo porque ha de haber un juicio [...]».

La mañana tocaba a su fin; faltaba poco para interrumpir el interrogatorio a la hora de la comida y reanudarlo por la tarde. Menocchio hablaba sin parar, mezclando proverbios y ecos del *Florilegio de la Biblia*, emborrachándose de palabras. Tenía que estar cansado. Había pasado en la cárcel parte del invierno y de la primavera. Probablemente vigilaba con impaciencia el final de un proceso que duraba casi tres meses. Pero que le interrogaran y le escucharan con tanta atención unos frailes tan cultos (incluso había un notario que transcribía sus respuestas) debía de ser casi embriagador para quien hasta entonces había tenido un público compuesto casi exclusivamente por campesinos y artesanos semianalfabetos. Aquéllos no eran esos papas, reyes, príncipes con quienes había soñado argumentar, pero ya eran algo. Menocchio reiteraba cosas ya expuestas, añadía cosas nuevas, omitía otras, se contradecía. Cristo era «hombre como nosotros, nacido de hombre y mujer como nosotros [...] pero es bien cierto que Dios había enviado al Espíritu Santo a elegirlo como hijo suyo [...] Habiendo Dios elegídole como profeta y dándole gran saber y mandándole el Espíritu Santo, creo que ha hecho milagros [...] Creo que tenía el espíritu como nosotros, porque alma y espíritu es una misma cosa». Pero ¿qué significaba afirmar que alma y espíritu son la misma cosa? «Antes habéis dicho —interrumpió el inquisidor— que muerto el cuerpo muere el alma: pero se os pregunta si el alma de Cristo murió al morir él». Menocchio tergiversó y enumeró las siete almas infundidas por Dios al hombre: intelecto, memoria. [...] En el interrogatorio de la tarde los jueces insistieron: el intelecto, la memoria, la voluntad de Cristo ¿perecieron al morir su cuerpo? «Señores sí, porque allá arriba no hay necesidad de funciones».[340] ¿Acaso Menocchio había abandonado la tesis de la supervivencia del espíritu, identificándolo con el alma destinada a perder con el cuerpo? No, porque, al cabo de un rato, hablando del día del Juicio, afirmó que «los puestos estaban llenos de espíritus celestes, pero se hallarán llenos de espíritus terrenos de los más escogidos y relevantes», entre ellos el de Cristo, «porque el espíritu de su hijo Cristo es terreno».[341] ¿Entonces?

Parece imposible —o quizá inútil— lograr orientarse en este galimatías de palabras. Sin embargo, tras las contradicciones verbales que acosaban a Menocchio, había una contradicción real.

39
[EL PARAÍSO]

No podía evitar imaginarse una vida ultraterrena. Muy cierto que el hombre, al morir, se reintegra a los elementos de que está compuesto, pero una aspiración irreprimible le compelía a figurarse una forma de supervivencia después de la muerte. Por ello había dado albergue en su cabeza a la abstrusa oposición entre «alma» mortal y «espíritu» inmortal. Por ello la sutil pregunta del vicario general —«ya afirmasteis que Dios no es más que aire, tierra, fuego y agua: luego, ¿cómo regresan estas almas a la majestad de Dios?»—[342] lo había clavado en el silencio; a él, tan dispuesto siempre a replicar, recusar, divagar. Cierto que la resurrección de la carne le parecía absurda, insostenible: «Señor no, yo no creo que el día del Juicio pueda resucitar nuestro cuerpo, lo que me parece imposible, porque si resucitáramos, los cuerpos llenarían el cielo y la tierra: y la majestad de Dios verá nuestros cuerpos con el intelecto, del mismo modo que nosotros cerrando los ojos al querer fabricar una cosa nos entra en la mente y en el intelecto, y así la vemos con el intelecto que he dicho».[343] En cuanto al infierno, le parecía una invención de los curas: «Predicar que los hombres vivan en paz me gusta, pero predicar sobre el infierno, Pablo dice una cosa, Pedro dice otra, creo que es mercancía, invención de los hombres que saben más que otros. He leído en la *Biblia* —añadió, tratando de hacer comprender que el verdadero infierno está aquí, en la tierra—, que David hizo los salmos mientras le perseguía Saúl».[344] Pero, luego, contradictoriamente, admitía la validez de las indulgencias («creo que son buenas»)[345] y de las preces por los difuntos («porque Dios los pone algo más adelante y los ilumina un poco más»).[346] Pero sobre todo, fantaseaba sobre el paraíso: «Yo creo que es un lugar que rodea al mundo, y que de allí se ven todas las cosas del mundo, hasta los peces del mar: y los que están allí es como si hicieran una fiesta [...]».[347] El paraíso es una fiesta: se acabó el trabajo, la negación de la fatiga cotidiana. En el paraíso «intelecto, memoria, voluntad, ideas, creencias, fe y esperanza»,[348] es decir, las «siete cosas [...] dadas por Dios al hombre, a guisa de un carpintero que quiere hacer obras, y así como el carpintero corta con una sierra, y con madera y otros instrumentos hace la obra, así Dios ha dado algo al hombre para que haga la obra» son inútiles: «Allá arriba no hay necesidad de funciones». En el paraíso la materia se hace dúctil, transparente: «Con estos ojos corporales no puede verse todo, pero con los ojos de la mente se traspasarán todas las cosas, se traspasarán los montes, las murallas y todo [...]».[349]

«Es como si hicieran una fiesta». El paraíso campesino de Menocchio, recordaba quizá, mejor que al más allá cristiano, al cielo mahometano sobre el cual había leído la deslumbrante descripción de las páginas del Mandeville: «[...] paraíso es un lugar de dulzura, en aquel lugar se encuentran todas las estaciones y todo tipo de frutos, y ríos de leche y miel y vino que corren sin cesar, de agua dulce; y [...] hay casas bellas y nobles según el mérito de cada uno, adornadas con piedras preciosas y oro y plata. Cada uno tendrá damiselas y siempre holgará con ellas y las encontrará cada vez más bellas [...]».[350] De todos modos, a los inquisidores que le preguntaban: «¿Creéis que hay paraíso terrestre?»,[351] él les respondió con sarcasmo: «Yo creo que el paraíso terrestre está donde hay gentilhombres que tienen suficientes cosas y viven sin fatigarse».

40
[UN NUEVO «MODO DE VIVIR»]

Porque Menocchio, además de fantasear sobre el paraíso, deseaba un «mundo nuevo»: «Mi ánimo era altanero[352] —había dicho al inquisidor—, y deseaba que hubiese un mundo nuevo y otro modo de vivir, pues la Iglesia no andaba bien, y que se hiciera algo para que no hubiese tanta pompa». ¿A qué se refería Menocchio con estas palabras?

En las sociedades fundadas sobre la tradición oral, la memoria de la comunidad tiende involuntariamente a enmascarar y a integrar los cambios.[353] A la relativa plasticidad de la vida material, corresponde una acentuada inmovilidad de la imagen del pasado. Las cosas siempre han sido así; el mundo es lo que es. Sólo en los períodos de transformación social profunda surge la imagen, generalmente mítica, de un pasado distinto y mejor; un modelo de perfección frente al cual el presente aparece como una decadencia, una degeneración. «Cuando Adán labraba y Eva hilaba, ¿quién era noble?».[354] La lucha por transformar el orden social se convierte en tal caso en un intento consciente de volver al mítico pasado.

También Menocchio contrastaba la Iglesia rica y corrupta que veía, con la pobreza y la pureza de una mítica Iglesia primitiva:[355] «Quisiera que la Iglesia fuese gobernada amorosamente como fue instituida por nuestro Señor

Jesucristo [...] son misas pomposas, Jesucristo no quiere pompas».[356] Pero a diferencia de la mayoría de sus paisanos, su capacidad para leer le había permitido apropiarse de una imagen del pasado que iba más allá de este somero contraste. El *Florilegio de la Biblia*, en parte, pero sobre todo el *Supplementum supplementi delle croniche* de Foresti, le ofrecían realmente un relato analítico sobre las vicisitudes de la humanidad, que abarcaba desde la creación del mundo hasta el presente, mezclando historia sagrada y profana, mitología y teología, descripciones de batallas y de países, listas de príncipes, y de filósofos, de herejes y de artistas. No contamos con testimonios explícitos sobre las reacciones de Menocchio a estas lecturas. Cierto que no le dejaron completamente «trastocado», como sucedió con los viajes de Mandeville. La crisis del etnocentrismo, en el siglo XVI, pasaba (y pasaría durante mucho tiempo) por la geografía, por fantástica que fuera, y no por la historia.[357] Sin embargo, una pista casi imperceptible nos permite entrever con qué espíritu leía Menocchio la crónica de Foresti.

El *Supplementum* se difundió y conoció varias reediciones tanto en vida como después de la muerte de su autor (1520). Menocchio debió de tener entre sus manos un ejemplar de divulgación póstumo puesto al día por una mano anónima casi coetánea. Por lo tanto, en él pudo leer las páginas dedicadas al cisma de «Martín llamado Lutero fraile de la orden eremita de san Agustín»[358] escritas por un revisor anónimo, probablemente un hermano de la comunidad eremita como el propio Foresti. El tono de estas páginas es singularmente benévolo, aunque hacia el final se convierte en una clara condena. «[...] La causa por la cual él (Lutero) se ha lanzado a semejante iniquidad —escribe el anónimo polemista— parece provocada por el sumo pontífice (si bien, *in rei veritate*, no es cierto), pero está provocada por algunos malignos y pésimos hombres que so pretexto de santidad hacen cosas enormes y muy excesivas». Estos hombres eran los franciscanos, a quien, primero Julio II y después León X, habían encomendado la predicación de las indulgencias. «Y como la ignorancia es madre de todos los errores, y la costumbre del pecunio tal vez había embargado excesivamente el ánimo de los frailes destinados a la adquisición de tales dineros, prorrumpieron en tal insania aquellos frailes menores que eran causa de gran escándalo en los pueblos por sus locuras, y las que decían predicando las tales indulgencias. Y en la otra parte de la cristiandad, en la Alemania, muchos se extralimitaron, y cuando decían alguna tontería y algunos hombres (provectos en conciencia y doctrina) les querían reprender, enseguida los excomulgaban. Entre ellos estaba este Martín Lutero, el cual era ciertamente un hombre docto y literato [...]». Para el escritor anónimo, el origen del cisma era pues la «locura» de la orden rival, que ante la justa reacción de Lutero habían excomulgado. «Ante lo cual el mencionado Martín Lutero, que era de bastante noble sangre y de gran reputación ante todos, comenzó públicamente a predicar contra estas indulgencias, diciendo que eran falsas e injustas. De modo que en breve tiempo revolvió todo. Y por haber tanto rencor entre estado espiritual y estado temporal, por estar la mayor parte de sus riquezas en manos de los clérigos, fácilmente tuvo seguidores suyos, y comenzó a montar cisma en la Iglesia católica. Y viendo que obtenía muchos partidarios, se separó totalmente de la Iglesia romana, y fundó una nueva secta, y un nuevo de vivir con sus varias y diversas opiniones y fantasías. Y he aquí que una gran parte de aquellos países se han rebelado contra la Iglesia católica y no le dan obediencia en cosa alguna [...]».

«Fundó una nueva secta, y un nuevo modo de vivir»; «deseaba que fuese un mundo nuevo y otro modo de vivir, pues la Iglesia no andaba bien, y que se hiciera algo para que no hubiera tanta pompa». En el momento en que manifestaba sus aspiraciones de reforma religiosa (de la referencia al «mundo nuevo» hablaremos en breve) que le dictaba su «ánimo altanero», Menocchio quizá se hacía eco, consciente o inconscientemente, del relato sobre Lutero leído en la crónica de Foresti. Desde luego no se hacía eco de las ideas religiosas, sobre las cuales, además, la crónica no se detenía, ya que se limitaba a condenar el «nuevo estilo de doctrina» propuesto por Lutero. Pero, sobre todo, no podía contentarse con la conclusión reticente, casi ambigua, del autor anónimo: «Y de este modo habría cegado al vulgo inculto, y aquellos que poseen ciencia y doctrina, oyendo contar las malas acciones del estado eclesiástico, le respaldaron, sin considerar que no vale esta reflexión: los clérigos y los eclesiásticos son de mala vida, luego la Iglesia romana no es buena; porque aunque ellos lleven mala vida, esto no hace para que la Iglesia romana sea buena y perfecta; y aunque los cristianos lleven mala vida, no hace para que la fe cristiana sea buena y perfecta». La «ley y mandamientos de la Iglesia» le parecían a Menocchio, siguiendo los pasos de Caravia, «todas mercancías» para cebar a los curas; para él la renovación moral del clero y la modificación profunda de la doctrina eran inseparables. A través del vehículo imprevisto de la crónica de Foresti, se figuraba a Lutero como el prototipo del rebelde religioso, como el que había sabido coaligar «al vulgo inculto, con los que poseen ciencia y doctrina», contra la jerarquía eclesiástica, explotando el «rencor» del «estado temporal» contra ésta «por estar la mayor parte de sus riquezas en manos de los clérigos». «Todo es de la Iglesia y los curas», había exclamado Menocchio, volviéndose hacia el inquisidor. Quién sabe si había reflexionado igualmente sobre la analogía entre la situación en el Friuli y la existente en los países situados más allá de los Alpes, en los que la Reforma había triunfado.

41
[«MATAR CURAS»]

No conocemos los contactos que tuvo Menocchio con «los que poseen ciencia y doctrina», salvo en un caso que veremos más adelante. Conocemos, en cambio, sus obstinados intentos por difundir sus propias ideas entre el «vulgo inculto». Pero al parecer nadie le había escuchado. En la sentencia del primer proceso, este fallo fue considerado como signo de la intervención divina, que había impedido la corrupción de las almas sencillas de los habitantes de Montereale.

Sí, había habido un carpintero analfabeto, Melchiore Gerbas, «tenido por persona de poco seso»,[359] que prestó oído a los discursos de Menocchio. De él se oía decir «por las hosterías que no cree en Dios y blasfema mucho»:[360] y más de un testigo había asociado su nombre al de Menocchio por haber «hablado y dicho mal de las cosas de la Iglesia».[361] Entonces el vicario general quiso saber qué relación había entre él y Menocchio que acababa de ingresar en prisión. Primero Melchiore sostuvo que se trataba de simples contactos de trabajo («él me da la madera para mi trabajo y yo le pago»),[362] pero luego admitió que había blasfemado en las hosterías de Montereale repitiendo una frase que había oído a Menocchio: «Habiéndome dicho Menocchio que Dios no es más que aire, y esto creo también yo [...]».

Este testimonio de ciega subordinación no es difícil de comprender. Por su capacidad para leer, escribir y discutir, Menocchio se le aparecía a Melchiore como rodeado de un halo casi mágico. Después de prestarle una *Biblia* que tenía en casa, Melchiore había ido por ahí diciendo con aire de misterio que Menocchio tenía un libro con el cual podía «obrar cosas maravillosas».[363] Pero la gente conocía muy bien la diferencia que había entre ambos. «Éste [...] es sospechoso de herejía, pero no es igual al llamado Domenego»,[364] manifestó un testigo refiriéndose a Melchiore. Otro dijo: «Dice unas cosas que son más bien de loco, y porque se emborracha».[365] También el vicario general comprendió enseguida que se trataba de un hombre de muy distinto temple del molinero. «Mientras decíais que no había Dios, ¿verdaderamente con el corazón creíais que no hubiera Dios?»,[366] le preguntó con dulzura. Melchiore respondió solícito: «No, Padre, porque yo creo hay Dios en el cielo y en la tierra, y que si quisiera me podría hacer morir; y dije esas palabras porque me las había enseñado Menocchio». Le impusieron una leve penitencia y le soltaron. Éste era el único secuaz —al menos el único confesado— de Menocchio en Montereale.

Ni siquiera, por lo que parece, a la mujer y a los hijos había querido confiarse: «Dios impida que ellos tuvieran estas opiniones».[367] A pesar de todos los vínculos que tenía en el pueblo, debía sentirse muy solo. Llegaría a confesar: «La tarde que el padre inquisidor me dijo: "Mañana vente para Maniago" estaba casi desesperado, y quería marcharme por ahí y hacer el mal [...] Quería matar curas y quemar iglesias y andar a la desesperada: pero por dos chiquitines que tengo, me contuve [...]».[368] La única reacción que tuvo frente a la injusticia que se abatía sobre él fue aquella, inmediatamente reprimida, de la violencia individual. Vengarse de sus perseguidores, golpear los símbolos de su opresión y convertirse en bandido.[369] Una generación atrás, los campesinos habían incendiado los castillos de la nobleza friulana.[370] Pero los tiempos habían cambiado.

42
[«MUNDO NUEVO»]

No le quedaba más que el deseo de un «mundo nuevo». Son palabras que el tiempo ha desgastado, como una moneda que pasa de mano en mano. Tratemos de recuperar el significado original.

Como hemos visto, Menocchio no creía que el mundo hubiera sido creado por Dios. Además, negaba explícitamente el pecado original, y afirmaba que el hombre «comienza a hacer pecado cuando empieza a chupar la leche de la madre, al salir del vientre».[371] Para él, Cristo era simplemente un hombre. Por ello, con toda coherencia, era ajeno a la idea del milenarismo religioso. Durante sus declaraciones nunca mencionó el Segundo Advenimiento. El «mundo nuevo» que deseaba era una realidad exclusivamente humana, alcanzable con medios humanos.

Pero así damos por descontado el empleo banalmente metafórico de una expresión que, cuando Menocchio se sirvió de ella, conservaba aún todo su profundo significado. Era exactamente una metáfora al cuadrado. A principios del siglo había circulado impresa, bajo el nombre de Amerigo Vespucci, una carta dirigida a Lorenzo di Pietro de Medici titulada precisamente *Mundus novus.* El traductor de la carta del italiano al latín, Giuliano di Bartolomeo del Giocondo, explicaba en el prólogo la razón del título: «Superioribus diebus satis ample tibi scripsi de reditu meo ab novis illis regionibus [...] *quasque novum mundum appellare licet*, quando apud maiores nostros nulla de ipsis fuerit habita cognitio et audientibus omnibus sit novissima res»[372] [«En días anteriores te escribí por extenso de mi regreso desde aquellas nuevas tierras [...] *que con razón pueden llamarse Nuevo Mundo*, por cuanto entre nuestros antepasados no se tiene noticia de ninguna de ellas y se trata de una absoluta novedad para todos los que nos escuchan».] No eran, pues, las Indias, como creyó Colón, ni tampoco tierras nuevas, sino un mundo verdaderamente desconocido hasta entonces. «Licet appellare» [«Con razón pueden llamarse»]: la metáfora era novísima y casi se pedía perdón al lector. Con esta acepción se difundió hasta incorporarse al uso corriente. Pero Menocchio, como hemos visto, la empleaba en distinto sentido, refiriéndose no a un nuevo continente, sino a una nueva sociedad por construir.

No sabemos quién fue el primero que operó tal desviación. La expresión traducía la imagen de una transformación radical y rápida de la sociedad. En una carta dirigida a Butzer en el '27,[373] Erasmo habla con amargura de la dirección populachera que adoptaba la Reforma luterana, y señala que, antes que nada, debería haberse intentado buscar el consenso de príncipes y obispos, evitando cualquier sedición; y además, que muchas cosas, entre ellas la misa, debían haber sido «modificadas sin tumultos». Hoy hay gente —concluye— que ya no acepta nada de la tradición («quod receptum est» [«lo que se cuenta»]), como si un mundo nuevo se pudiese fundar repentinamente («quasi subito novus mundus condi posset» [«como si en un instante pudiera fundarse un nuevo mundo»]). Transformación lenta y gradual por un lado, destrucción rápida y violenta (revolucionaria, diríamos actualmente) por otro. La contraposición resultaba clara. Sin embargo, en las palabras de Erasmo no existe ninguna implicación geográfica en la expresión *novus mundus*. La referencia está más bien en el término (*condere* [«fundar»]) empleado para indicar la fundación de la ciudad.

El deslizamiento de la metáfora del «mundo nuevo» de su contexto geográfico al plano social, está por el contrario, explícito en la literatura utópica, y a varios niveles. Veamos el *Capítulo, el cual narra todo el ser de un mundo nuevo, hallado en el mar Océano, cosa bella y deleitable*,[374] publicación anónima hacia mediados del siglo XVI en Módena. Es una de tantas variantes sobre el antiguo tema del país de Cucaña[375] (nombrado también explícitamente ya no en el *Capítulo*, sino en la *Begola contra la Bizaria* que es anterior), situado según este texto en las tierras descubiertas allende el Océano:

> De nuevo, han encontrado un país bello
> los navegantes del mar Océano
> que nunca jamás fue visto, ni jamás oído [...].

La descripción retoma los motivos habituales de esta grandiosa utopía campesina:

> Una montaña de queso rayado
> se alza sola, aislada en la llanura,
> que en la cima le han puesto una caldera [...]
> De leche un río nace en una gruta
> que discurre en medio del país,
> sus saltos están hechos de *ricotta* [...]
> El rey del sitio se llama Bugalosso,
> por ser el más gandul le han hecho rey,
> y es grande y grueso como almiar [...]
> y es maná lo que sale de su culo,
> y cuando escupe, escupe mazapanes,
> y ya no piojos, en el pelo tiene peces.

Pero este «mundo nuevo» no es sólo el país de la abundancia: también es un país en el que no se conoce el vínculo de las instituciones sociales. Y no digamos la familia, porque allá rige una completa libertad sexual:

> Allí no necesitan falda ni jubón
> ni camisa, ni braga en tiempo alguno:
> todos van desnudos, doncellas, mocetones.
> No hace frío ni calor en ningún tiempo,
> cada uno ve y toca cuanto quiere:
> oh qué vida feliz, oh qué deleite [...]
> Allí no es difícil tener bastantes hijos,
> para criarlos como aquí entre nosotros,
> que cuando llueve lo que llueve son raviolis.
> Así pues, nadie se preocupa por casar en ese sitio
> a sus hijas, libres todas para quien las quiera,
> cada uno satisface libremente su apetito.

No hay propiedad porque no hay necesidad de trabajar y todo es común:

> Todos tienen lo que quieren como sea,
> y a quien le diera por hablar de trabajar
> lo colgarían, ni el cielo lo salvaría [...]
> No hay allí campesinos ni villanos,
> todos ricos, todos tienen cuanto quieren,
> que de cosas rebosan las llanuras [...]
> No están partidos campos ni comarcas,
> hay cosas abundantes para todos,
> así vive el país en plena libertad.

Estos elementos,[376] constatables en casi todas las versiones del siglo XVI del *Paese di Cuccagna* (aunque no sean tan extensas), son con toda probabilidad una acentuación de la imagen, ya mítica, que los primeros viajeros habían dado de las tierras descubiertas allende el Océano y de sus habitantes: desnudez y libertad sexual, ausencia de propiedad privada y de toda diferenciación social, en un escenario de naturaleza extraordinariamente fértil y acogedora. De este modo el mito, ya medieval, del país de Bengodi llegaba a asumir una fuerte carga de utopismo primitivo. Contenidos no sólo serios, sino vedados,[377] podían circular libremente a condición de ir inscritos en un contexto burlesco, paradójico, hiperbólico de lechuzas que cagan capas y de asnos atados con salchichas, y debidamente ironizados al final con la fórmula ritual:

> Al que quiera ir allí, le indicaré la vía:
> en el puerto Mamalucco que se embarque,
> luego navegue por el mar de las mentiras,
> que el que llega es el rey de cada quisque.

Un lenguaje totalmente distinto utiliza Anton Francesco Doni[378] en una de las primeras y más conocidas utopías italianas del siglo XVI: el diálogo, incluido en el *Mondi* (1552), se titula precisamente *Un mundo nuevo.* En él el tono es muy serio, y el contenido distinto. La utopía de Doni no es campesina,[379] sino rigurosamente urbana, tiene lugar en una ciudad de planta radial. Además, los habitantes del «nuevo mundo» descrito por Doni practican una vida sobria («me place que este orden haya extinguido aquel vituperio de la embriaguez [...] eso de borrachear cinco o seis horas en la mesa»),[380] bien alejada de la de aquellos glotones de Cucaña. Sin embargo, también Doni fundía el antiguo mito de la edad dorada[381] en el cuadro de inocencia y de pureza primitiva basado en las primeras relaciones establecidas en el continente americano. La alusión a aquellas tierras estaba sólo implícita: el mundo descrito por Doni era simplemente «un mundo nuevo distinto de éste».[382] Gracias a una expresión tan ambigua, por primera vez en la literatura utópica, el modelo de sociedad perfecta podía proyectarse en el tiempo,[383] en el futuro, y no en el espacio, en una tierra inaccesible. Pero era de las narraciones de viajes (aparte de la *Utopía* de Moro, que el propio Doni había publicado, insertando un prólogo) de donde se extraían las características más notables de este «mundo nuevo»: la propiedad común de mujeres y de bienes.[384] Como hemos visto, también éste formaba parte de las imágenes del país de Cucaña.

En los relatos del descubrimiento de América, Menocchio pudo leer las sobrias referencias del *Supplementum* de Foresti.[385] Tal vez pensando en ellas afirmó, con su habitual falta de prejuicios: «Por haber leído que hay tantas clases de generaciones de hombres, yo creo que hay otros en distintas partes del mundo».[386] Por el contrario, probablemente no tuvo conocimiento del «mundo nuevo» urbano[387] y sobrio de Doni, mientras que de aquel otro, campesino y carnavalesco, como el descrito en el *Capitolo* u otros textos análogos, debía llegarle cuando menos el eco. De todas formas, ambos presentaban elementos que podían complacerle. En el mundo descrito por Doni, la religión estaba exenta de ritos y ceremonias,[388] pese a la magna presencia del templo en medio de la ciudad; una religión reducida, como propugnó Menocchio durante el proceso, al mandamiento de «conocer a Dios, estarle agradecido, y amar al prójimo».[389] En el mundo descrito en el *Capitolo*, la imagen de la felicidad va unida a la abundancia, al goce de los bienes materiales, a la ausencia de trabajo. Cierto que Menocchio, acusado de haber violado el precepto cuaresmal, justificó el ayuno, aunque fuese dietética y no religiosamente: «El ayuno lo he hecho por el intelecto para que no salgan esos humores, y por mí quisiera que se comiese tres o cuatro veces al día, y no se bebiese vino para que no bajaran esos humores».[390] Pero esta apología de la sobriedad se traducía inmediatamente en una andanada polémica, tal vez directa (está incompleta la transcripción del notario en este pasaje) contra los frailes que tenía delante: «Y no hacer como hacen éstos [...] que comen más en una comida que en tres». En un mundo lleno de injusticias sociales, agobiado por la amenaza constante del hambre, la imagen de una vida uniformemente sobria sonaría como una protesta.

En la tierra hago agujeros
buscando mil extrañas raíces,
con las que untarnos los morros:
y si así fuese cada día
la cosa nada mal estaría.
Mala cosa es carestía,

se lee en un *Lamento de un poveretto huomo sopra la carestía*[391] de la misma época.

Gocemos hoy y festejemos
todos en buena compañía
desde que cruel carestía
no nos hace padecer [...]
Viva el pan y viva el trigo,
la riqueza y la abundancia,
cantemos pues los pobres,
que ya ha vuelto la esperanza [...]
Tras la noche viene el alba,
tras el mal nos llega el bien,
la riqueza guía y dueña,
nos alivia toda pena;

mucho trigo trae consigo:
sólo esto nos mantiene,
el pan blanco, bello y bueno,

replica *L'universale allegrezza dell'abondantia* que sigue a continuación del *Lamento*. Este contraste en verso da el contrapunto realista a las hiperbólicas fantasías sobre el país de Cucaña. A las «raíces varias y extrañas» de los tiempos de carestía, opone «el pan blanco bello y bueno» que se come en compañía en los períodos de abundancia, como una «fiesta». «Es como si se hiciera una fiesta», había dicho Menocchio hablando del paraíso: una fiesta sin fin, exenta de la alternancia periódica de «oscuridad y luz», de carestía y abundancia, de Cuaresma y Carnaval.[392] El país de Cucaña allende el Océano era también una fiesta única, magnífica. Quién sabe hasta qué punto el «mundo nuevo» que deseaba Menocchio se le parecía.

En cualquier caso, las palabras de Menocchio hacen aflorar, ya sea brevemente, las profundas raíces *populares* de la utopía,[393] tanto culta como plebeya, con harta frecuencia considerada mero ejercicio literario. Tal vez la imagen de un «mundo nuevo» incorporaba una vieja tradición,[394] un legado remoto en la memoria de una lejana época de bienestar. Es decir, no era una ruptura de la imagen cíclica de la historia humana, típica de una época que había visto afianzarse los mitos del *re*nacimiento,[395] de la reforma, de la nueva Jerusalén. No podemos excluir nada de esto, pero subsiste el hecho de que la imagen de una sociedad más justa se proyectaba conscientemente en un futuro no escatológico. No se trataba del Hijo del Hombre encumbrado en nimbos, sino de la lucha emprendida por hombres como Menocchio —los campesinos de Montereale a quienes él había inútilmente tratado de convencer, por ejemplo— lo que habría debido aportar un «mundo nuevo».[396]

43
[FINAL DE LOS INTERROGATORIOS]

Los interrogatorios terminaron el 12 de mayo. Se volvió a encarcelar a Menocchio. Transcurrieron varios días y, finalmente, el 17 de mayo, rechazó al abogado que le habían asignado y envió a sus jueces una larga misiva[397] en la que pedía perdón por sus errores pasados: la carta que su hijo le había pedido inútilmente[398] tres meses antes.

44
[CARTA DE LOS JUECES]

«En el nombre del Padre, del Hijo y del Espíritu Santo.

»Yo, Domenego Scandela, llamado Menocchio de Montereale, soy cristiano y bautizado, y si he vivido siempre cristianamente y he hecho siempre obras de cristiano, y siempre he sido obediente a mis superiores y a mis padres espirituales tanto como podía, y siempre mañana y tarde me he persignado con el signo de la santa cruz, diciendo "en el nombre del Padre y del Hijo y del Espíritu Santo", y si he dicho el *pater noster* y el Ave María y lo creo como una oración del Señor y una de la Virgen, también es cierto que he pensado y creído y dicho como aparece en mis declaraciones cosas contra los mandamientos de Dios y de la Santa Iglesia. Yo las he dicho por voluntad del falso espíritu el cual me había cegado el intelecto y la memoria y la voluntad, para hacerme pensar y creer y decir en falso y no la verdad, y así yo confieso haber pensado y creído y dicho lo falso y no la verdad, y así he dicho mi opinión, pero no he dicho que fuera la verdad. Yo quiero tomar como ejemplo cuatro palabras breves de José hijo de Jacob que hablando con su padre y con sus hermanos de ciertos sueños que significaban que debían adorarlo, por ello los hermanos tomaron ofensa y lo querían matar, pero no quiso Dios que lo matasen, sino que lo vendiera y así lo vendieron a unos mercaderes de Egipto, los cuales le llevaron a Egipto, y por ciertos errores fue puesto en prisión, y luego el rey Faraón tuvo un sueño en el que vio siete vacas gordas y siete flacas, y ninguno sabía aclarar este sueño. Le dijeron que había un joven en la cárcel que sabía aclarar, y así fue sacado de la prisión y llevado ante el rey, y él le dijo que las gordas significaban siete años de gran abundancia y aquellas flacas siete de gran carestía que no se encontraría trigo por dineros. Y así el rey le dio confianza y le hizo príncipe y gobernador de todo el reino de Egipto y así vino la abundancia y José hizo acopio de trigo para más de veinte años; después vino la carestía y no se encontraba trigo por dinero, y sucedió que en Canaan no se encontraba trigo por dinero, y Jacob sabía que en Egipto vendían trigo, y envió a diez de sus hijos con bestias de carga a Egipto, y los recogió su hermano, y por mandato del rey mandó traer al padre y a toda la familia y los suyos. Y así vivieron juntos en Egipto y los hermanos estaban de mala gana meditabundos porque le habían vendido, y José viéndoles estar de mala gana les dijo: "No estéis de mala gana porque me vendisteis que no fue culpa vuestra sino voluntad de Dios que así proveyó a nuestra necesidad, pero alegraos que yo os perdono con todo mi corazón". Y así yo hablando con mis hermanos y padres espirituales, ellos me han acusado como si me vendieran al reverendísimo padre inquisidor, y él me ha hecho conducir a este Santo Oficio y puesto en prisión, pero yo no les he dado motivo a ellos, sino que ha sido voluntad de Dios, pero yo no sé si son hermanos o padres espirituales, pero yo les perdono a todos que han sido los causantes, así Dios me perdone a mí como yo les perdono a ellos. Pero Dios ha querido que yo fuera conducido a este Santo Oficio por cuatro causas: primero, para confesar mis errores; segundo, para hacer penitencia de mis pecados; tercero, para librarme del falso espíritu; cuarto, para dar ejemplo a mis hijos y a todos mis hermanos espirituales, a fin de que no caigan en estos errores. Pero si yo he pensado, creído y dicho y obrado contra los mandamientos de Dios y de la Santa Iglesia, estoy triste y doliente, arrepentido y descontento, y digo *mea colpa mea masima colpa*, y para la remisión de todos mis pecados yo pido el perdón y la misericordia a la santísima Trinidad, Padre e Hijo y Espíritu Santo, y también a la gloriosa Virgen María y a todos los santos y santas del paraíso, y también a vuestra santísima y reverendísima e ilustrísima justicia que me queráis perdonar y conceder misericordia, y así os ruego por la pasión de Nuestro Señor Jesucristo que no hagáis sentencia contra mí con ira ni con justicia, sino con amor y con caridad y con misericordia. Sabed que Nuestro Señor Jesucristo fue misericordioso y perdonó, lo es y siempre lo será que perdonó a María Magdalena que fue pecadora, perdonó a san Pedro que lo negó, perdonó al ladrón que había robado, perdonó a los judíos que lo crucificaron, perdonó a san Tomás que no quiso creer hasta que vio y tocó: así yo creo firmemente que me perdonará y tendrá misericordia. Yo he hecho penitencia en prisión oscura ciento y cuatro días con vergüenza y con vituperio y con ruina y desesperación de mi casa y de mis hijos, pero yo os ruego por amor de Nuestro Señor Jesucristo y de su madre gloriosa la Virgen María que me la cambiéis por caridad y misericordia y que no sea motivo para separarme de la compañía y de los hijos que Dios me ha dado para mi alegría y consuelo: y así yo prometo de no ir más en pos de estos errores, sino ser obediente a todos mis superiores y a mis padres espirituales en todo lo que manden, y no otra cosa. Yo espero vuestra santísima y reverendísima e ilustrísima sentencia con disposición de vivir cristianamente, para que pueda instruir a mis hijos a ser verdaderos cristianos. Éstos han sido los motivos de mis errores: primero, yo creía en los dos mandamientos, amar a Dios y al prójimo y que bastaban; segundo, por haber leído en el libro de Mandavila de tantas clases de generaciones y de distintas leyes, que me había trastornado; tercero, mi intelecto y memoria me incitaban a saber lo que no me hacía falta; cuarto, el falso espíritu siempre me incitaba a hacerme pensar lo falso y no la verdad; quinto, la discordia que había entre mí y nuestro párroco; sexto, que yo iba a trabajar y me cansaba y me ponía débil y por ello no podía hacer todos los mandamientos de Dios y de la Santa Iglesia. Y así hago yo mi defensa con petición de perdón y de misericordia y no de ira ni justicia, y así pido a Nuestro Señor Jesucristo y a vosotros misericordia y perdón y no ira y justicia. Y no miréis mi error e ignorancia».[399]

45
[FIGURAS RETÓRICAS]

El propio aspecto de las páginas pergeñadas por Menocchio, con sus letras superpuestas, casi sin trazos de unión (como suelen hacer, según afirmaba un tratado de caligrafía de la época, «los tramontanos, las mujeres y los viejos»)[400] demuestra claramente que su autor no estaba muy familiarizado con la pluma. Muy distinto resultan, a la primera ojeada, los rasgos ágiles y nerviosos del padre Curzio Cellina,[401] notario de Montereale, que habría sido uno de los acusadores de Menocchio durante el segundo proceso.

Ciertamente, Menocchio no había ido a una escuela superior, y aprender a escribir debió de costarle un gran esfuerzo. Un esfuerzo físico, además, que se trasluce en algunos signos que más parecen grabados en madera que escritos en el papel. Con la lectura había adquirido seguramente mayor costumbre. Aunque encarcelado «en prisión oscura ciento y cuatro días», y sin ningún libro a su disposición, fue recuperando en su memoria las frases, asimiladas lenta y laboriosamente, de la historia de José que había leído en la *Biblia* y en el *Florilegio*. A esta familiaridad con la página impresa debemos la singular fisonomía de la carta que envió a sus inquisidores.

En ella podemos distinguir los siguientes pasajes: 1) Menocchio afirma que siempre ha vivido como buen cristiano, aunque reconoce haber violado los mandamientos de Dios y de la Iglesia; 2) declara que el origen de esta contradicción está en el «falso espíritu» que le ha inducido a creer y decir lo falso, presentado por él como «opinión» y no como verdad; 3) se parangona a sí mismo con José; 4) señala cuatro causas por las que Dios ha querido que sea encarcelado; 5) compara a los jueces con Cristo misericordioso; 6) implora el perdón de los jueces; 7) señala las seis causas de sus propios errores. A esta ordenada arquitectura externa corresponde, en el plano interno, un lenguaje lleno de correspondencias, de aliteraciones,[402] de figuras retóricas como la anáfora o la derivación. Basta con examinar la primera frase: «Yo soy *cristiano* bautizado, y si he vivido siempre *cristianamente* y he hecho siempre obras de *cristiano* [...]»; «y si he vivido *siempre* [...], y *siempre* [...], y *siempre* [...]»; «y siempre mañana y tarde me he *persignado* con el *signo* de la santa cruz [...]». Naturalmente, Menocchio hacía retórica sin saberlo, así como tampoco sabía que las cuatro primeras «causas» que enuncia en la carta son causas finales y las otras seis eficientes. Sin embargo, la densidad de aliteraciones y de figuras retóricas de su carta no es casual, sino más bien dictada por la exigencia de elaborar un lenguaje susceptible de penetrar fácilmente en la memoria. Antes de disponerlas sobre el papel en forma de signos, sin duda había rumiado laboriosamente aquellas palabras. Pero desde el principio habían sido pensadas como palabras escritas. El «habla» de Menocchio —como podemos conjeturar por las actas de los interrogatorios redactadas por los notarios del Santo Oficio— era distinta, aunque sólo fuera por su permanente recurso a la metáfora, totalmente ausente en la carta remitida a los inquisidores.

La relación (constatada) entre Menocchio y José, y aquella (auspiciada) entre los jueces y Cristo, no es precisamente de tipo metafórico. Las Escrituras nos facilitan una serie de ejemplos a los que la realidad actual se conforma o debe conformarse. Pero incluso la fórmula del *exemplum* deja traslucir, rebasando las intenciones de Menocchio, el contenido latente de la carta. Menocchio se consideraba una especie de José, no sólo por ser víctima inocente, sino también por ser capaz de revelar verdades para todos desconocidas. Los que, como el párroco de Montereale, le habían acusado y hecho encarcelar son semejantes a los hermanos de José, movidos por los inescrutables designios de Dios. Pero el protagonista es él, Menocchio-José. Es él quien perdona a los hermanos malvados, que en realidad no son más que ciegos instrumentos de una voluntad superior. Este paralelismo desmiente de antemano las imploraciones de misericordia con que acaba la carta. Menocchio se permite incluso una salida de tono: «Pero yo no sé si son hermanos o padres espirituales», añade, tratando de restablecer una relación de reverencia filial que de hecho había negado en todas sus declaraciones. Sin embargo, aún se guardó muy mucho de doblegarse ciegamente a los consejos de su hijo, que por mano del párroco le había sugerido que prometiera «obediencia total a la Santa Iglesia». Y así, aunque reconocía sus errores, por una parte los situaba en una perspectiva providencial, y por otra los explicaba con unas causas que, si exceptuamos la referencia al «falso espíritu», no cedían excesivamente al punto de vista inquisitorial. Estas causas se indican con toda probabilidad siguiendo un orden de importancia decreciente. Para empezar, dos citas textuales, una implícita y otra explícita, de un pasaje de las Escrituras (Mateo 22,36-40) interpretado literalmente, y de los *Viajes* de Mandeville, leídos en la clave que hemos expuesto. Luego dos motivaciones de carácter privado: la incitación del «intelecto y memoria» y la tentación del «falso espíritu» que, como dijo en el proceso,[403] habita la parte «oscura» del corazón de los hombres. Finalmente dos circunstancias externas: la animosidad entre él y el párroco, la debilidad física invocada otras veces para justificar las transgresiones del precepto del ayuno. Así pues, los libros; las reacciones a los libros («yo creía en los dos mandamientos [...] me habían trastornado»); las deducciones extraídas de los libros; los comportamientos. En esta lista de motivaciones, heterogénea sólo en apariencia, hay una concatenación innegable. A pesar de la patética invitación final («Y no miréis mi error e ignorancia»), Menocchio no renunciaba a discutir, a argumentar.

46
[PRIMERA SENTENCIA]

El mismo día en que Menocchio envía su carta, se reunían los jueces para emitir la sentencia.[404] Su actitud durante el proceso había ido cambiando insensiblemente. Primero habían advertido a Menocchio las contradicciones en que incurría, luego intentaron atraerle al camino recto; finalmente, viendo su obstinación, habían renunciado a todo intento de convencerle y se limitaron a plantearle preguntas exploratorias, como si trataran de establecer un cuadro completo de sus aberraciones. Ahora, por unanimidad, declaraban a Menocchio «non modo formalem hereticum [...] sed etiam heresiarcam» [«no sólo hereje formal, sino incluso heresiarca»]. Así se llegó, el 17 de mayo, a la sentencia.

Lo que inmediatamente más impresiona en ella es la extensión. Es cuatro o cinco veces más larga que cualquier sentencia corriente. Síntoma de la importancia que atribuyeron los jueces al caso de Menocchio, y sobre todo de la dificultad para encuadrar sus inauditas afirmaciones en las fórmulas estereotipadas de este tipo de documentos. El gran estupor de los jueces se entrevé tras la sequedad del lenguaje judicial: «invenimus te [...] in multiplici *et fere inexquisita* heretica pravitate deprehensum» [«te hemos hallado [...] culpable de un crimen herético múltiple y casi inaudito»]. El excepcional proceso se cerraba así con una sentencia (acompañada de la correspondiente abjuración, también extensísima) no menos excepcional.

Desde el inicio de ésta, los jueces subrayan que Menocchio había hablado de sus heréticas opiniones y argumentado contra la fe católica «non tantum cum religiosis viris, sed etiam cum simplicibus et idiotis» [«no sólo con religiosos, sino también con gentes sencillas e ignorantes»] poniendo en peligro su fe. Se trataba sin duda de una circunstancia agravante: había que mantener a toda costa a los campesinos y artesanos de Montereale a salvo de doctrinas tan peligrosas. Sigue una minuciosa refutación de las tesis que sostenía Menocchio. Con un increíble *crescendo* retórico, absolutamente insólito en una sentencia inquisitorial, los jueces insisten sobre la audacia y obstinación del reo: «ita pertinacem in istis heresibus», «indurato animo permansisti», «audacter negabas», «profanis et nefandis verbis [...] lacerasti», «diabolico animo affirmasti», «intacta non reliquisti sancta ieiunia», «nonne reperimus te etiam contra sanctas conciones latrasse?», «profano tuo iudicio [...] damnasti», «eo te duxit malignus spiritus quod ausus es affirmare», «tandem polluto tuo ore [...] conatus est», «hoc nefandissimum excogitasti», «et ne remaneret aliquod impollutum et quod non esset a te contaminatum [...] negabas», «tua lingua maledica convertendo [...] dicebas», «tandem latrabas», «venenum apposuisti», «et quod non dictu sed omnibus auditu horribile est», «non contentus fuit malignus et perversus animus tuus de his omnibus [...] sed errexit cornua et veluti gigantes contra sanctissiman ineffabilem Trinitatem pugnare cepisti», «expavescit celum, turbantur omnia et contremescunt audientes tam inhumana et horribilia quae de Iesu Christo filio Dei profano ore tuo locutus es» [«tan pertinaz en esas herejías», «persistente con ánimo obstinado», «negabas con audacia», «con palabras sacrílegas y nefandas [...] denigraste», «con diabólica intención afirmaste», «ni siquiera respetaste los santos ayunos», «¿no hemos acaso averiguado que incluso ladraste contra las sagradas asambleas?», «con tu juicio sacrílego [...] ofendiste», «a tal extremo te condujo el espíritu maligno, que osaste afirmar», «al final, de tu boca inmunda [...] intentaste», «concebiste este asqueroso pensamiento», «y para que nada quedase puro ni sin ser mancillado, por ti, negabas [...]», «revolviéndose tu lengua maldiciente, decías [...]», «finalmente ladrabas», «añadiste veneno», «y lo que a todos produce horror no ya decir, sino escuchar», «no se contentó con todo esto tu alma malvada y perversa [...], sino que irguió los cuernos y, al modo de los gigantes, tratarse de luchar contra la santísima e inefable Trinidad», «llénase de pavor el cielo, túrbanse todas las criaturas y atérranse quienes oyen las cosas tan inhumanas y horrendas que, por tu boca sacrílega, osaste decir sobre Jesucristo, el Hijo de Dios»]. No cabe duda de que mediante estos procedimientos enfáticos y literarios los jueces trataban de expresar un sentimiento bien real: el estupor y el horror frente a un montón de herejías inauditas, que a ellos deberían parecerles una auténtica regurgitación infernal.

Pero «inauditas» no es totalmente exacto. Ciertamente, aquellos inquisidores habían celebrado docenas de procesos en Friuli contra luteranos, brujas, *benandanti*, blasfemadores y hasta anabaptistas, y nunca habían visto nada igual. Únicamente a propósito de la afirmación de Menocchio de que para confesarse bastaba con decir los propios pecados a Dios, los jueces recordaron la tesis análoga sostenida por los «herejes», es decir los partidarios de la Reforma. Para el resto tuvieron que recurrir a analogías esporádicas y a precedentes de un pasado más remoto, echando mano de sus conocimientos teológicos y filosóficos. Por ejemplo, la referencia de Menocchio al caos se atribuye a las doctrinas de un filósofo antiguo que no nombran: «In lucem redduxisti efirmiter affirmasti vera(m) fuisse alias reprobatam opinionem illam antiqui filosophi, asserentis eternitatem caos a quo omnia prodiere quae huius sunt mundo» [«Sacaste a la luz nuevamente y apoyaste con empeño la veracidad, por otra parte rechazada, de la célebre opinión del filósofo antiguo que afirmaba la eternidad del Caos, del cual proceden todos los seres que existen en este mundo»]. La afirmación de que «Dios es autor del bien pero no hace mal, pero el diablo es autor del mal y no hace bien» fue atribuida a la herejía de los maniqueos: «tandem opinionem Manicheorum iterum in luce revocasti, de duplici principio boni scilicet et mali [...]»

[«al cabo, volviste a sacar a la luz la doctrina de los maniqueos, es decir, la de un doble principio, el bien y el mal [...]»]. Con un procedimiento análogo, la tesis de la equivalencia de todas las creencias fue identificada con la doctrina origeniana de la apocatástasis: «Heresim Origenis ad lucem revoscati, quod omnes forent salvandi. Iudei, Turci, pagani, christiani et infideles omnes, cum istis omnibus aequaliter detur Spiritus sanctus [...]» [«Sacaste a la luz la herejía de Orígenes, según la cual todos pueden salvarse: judíos, musulmanes, paganos cristianos e infieles todos, ya que a todas estas gentes habría sido concedido el Espíritu Santo en igual medida [...]»]. Ciertos asertos de Menocchio les parecieron a los jueces no sólo heréticos, sino también contrarios a la propia razón natural, como el de que «cuando estamos en el vientre de la madre somos como nada y carne muerta», o aquél sobre la no existencia de Dios: «Circa infusionem animae contrariaris non solum Ecclesiae sanctae, sed etiam omnibus filosofantibus [...] Id quod omnes consentiunt nec quis negare audet, tu ausus es cum insipiente dicere "non est Deus" [...]» [«En cuanto a la infusión del alma, no sólo te opones a la Santa Iglesia, sino también a todos los filósofos [...] En aquello en que todos están de acuerdo y nadie se atreve a contradecir, tú osas decir, con el necio: "Dios no existe"»].

En el *Supplementum supplementi delle croniche* de Foresti,[405] Menocchio había podido leer escuetas alusiones a las doctrinas de Orígenes y de los maniqueos. Pero identificarlas como precedentes de las afirmaciones de Menocchio era llevar las cosas demasiado lejos. La sentencia confirmaba el abismo evidenciado durante todo el proceso, que separaba la cultura de Menocchio de la de sus inquisidores.

La misión de éstos era reconducir al reo por la fuerza al redil de la Iglesia. Menocchio fue condenado a abjurar públicamente todas las herejías sostenidas, a cumplir diversas penitencias saludables, a llevar de por vida un «hábito» con una cruz en signo de penitencia, a pasar en la cárcel, a expensas de sus hijos, el resto de su vida («te sententialiter condemnamus ut inter duos parietes immureris, ut ibi semper et toto tempore vitae tuae maneas») [«en sentencia te condenamos a ser emparedado entre dos muros, para que allí permanezcas por siempre y por todo el tiempo de tu vida»].

47
[CÁRCEL]

Durante casi dos años Menocchio estuvo encerrado en la cárcel de Concordia. El 18 de enero de 1586, su hijo Ziannuto presentó en nombre de los hermanos y de la madre una súplica al obispo Mateo Sanudo y al inquisidor de Aquileia y Concordia, que por entonces era fray Evangelista Peleo. La súplica la había escrito el propio Menocchio:

> Aunque yo pobre Domenego Scandella prisionero, haya suplicado otras veces al Santo Oficio de la Inquisición, si haya sido digno de gracia, quizá para dejarme hacer mayor penitencia por mi error, ahora forzado por extrema necesidad vuelvo a suplicarle que tenga en consideración que ya van tres años que estoy privado de mi posición, condenado a una prisión tan cruel que no sé cómo ya no he muerto por lo malsano del aire, privado de poder ver a mi querida esposa por lo alejado del lugar, cargado de familia, de hijos que por su pobreza se verán obligados a abandonarme, por lo que me convendrá morir, de necesidad. Así yo, arrepentido y doliente de tanto error, pido perdón en primer lugar a Dios, luego a ese santo tribunal, y le ruego quiera hacerme la gracia de liberarme, ofreciéndole yo la seguridad

idónea de vivir en los preceptos de la Santa Iglesia romana, así como hacer la penitencia que ese Santo Oficio me imponga, para el que ruego a Dios nuestro Señor toda bendición».[406]

Tras la humildad estereotipada de estas fórmulas, expurgadas de los habituales dialectismos (*Chiesa* en lugar de *Gesia*, por ejemplo), se deja ver la intervención de algún abogado. De modo muy distinto se había expresado Menocchio dos años atrás, cuando había tomado la pluma para escribir su propia defensa. Pero esta vez el obispo y el inquisidor decidieron conceder la misericordia que antes habían negado. Primero mandaron llamar al carcelero Giovan Battista de' Parvi,[407] quien les informó de que la prisión en que se hallaba Menocchio era «fuerte y segura», cerrada por tres puertas «fuertes y seguras», de tal modo que ninguna «otra cárcel más fuerte o más dura que ésta se encuentra en la ciudad de Concordia». De ella no había salido nunca Menocchio, salvo para recitar la abjuración con un cirio en la mano a la puerta de la catedral, el día de la sentencia y el día de la feria de san Esteban, y para ir a misa y comulgar (aunque la mayoría de las veces había comulgado en la cárcel). Había ayunado muchos viernes «excepto cuando ha estado gravemente enfermo que pensábamos que se moría». Después de la enfermedad había interrumpido los ayunos, «pero muchas veces en las otras vigilias, muchas veces me ha dicho "mañana no me traigas más que un pan, que quiero hacer vigilia y no me traigas carne ni cosa grasa"». «Muchas veces —añade el carcelero— me he acercado calladamente a la puerta de la celda para oír lo que hacía o decía, y le he oído rezar». Otras veces habían visto a Menocchio leyendo un libro que le había traído un sacerdote, o «un *Officio della Madonna* en el que están los siete salmos y otras oraciones»; además había pedido «una imagen ante la cual hacer sus oraciones, y entonces su hijo se la compró». Tan sólo unos días antes había dicho que «siempre se dirigía a Dios, y reconocía que padecía por sus pecados y errores, y que Dios le había ayudado, porque no creía que padeciendo como padecía en prisión hubiera vivido quince días, y sin embargo, había llegado hasta ahora». Precisamente había hablado con el carcelero «de esas sus locuras que tenía antes, diciendo que sabía bien que habían sido verdaderas locuras, pero que nunca se le había realmente ocurrido creerlas firmemente, pero que por tentación del diablo le venían a la mente ideas de esas muy extravagantísimas». En resumen, parecía arrepentido de veras, aunque (observó prudentemente el carcelero) «el corazón de los hombres no se puede conocer fácilmente, salvo Dios». A continuación el obispo y el inquisidor hicieron comparecer a Menocchio.[408] Lloroso, suplicante, postrado en tierra, pidió humildemente perdón: «Yo estoy profundamente arrepentido de haber ofendido a Dios mi señor, y quisiera no haber dicho aquellas locuras que dije, en las cuales he caído demasiado burdamente, cegado por el demonio y no sabiendo yo mismo lo que me decía [...] No solamente no me arrepiento de haber hecho la penitencia que me han dado y estar en aquella prisión, sino que sentí gran júbilo, y Dios me confortaba así haciendo yo siempre oraciones a su Divina Majestad, que me parecía estar en el paraíso». Si no hubiera sido por la mujer y los hijos, exclamó juntando las manos y alzando la vista al cielo, habría seguido en prisión toda la vida, para expiar las ofensas que hizo a Cristo. Pero era «pobrísimo»: con dos molinos y dos campos en aparcería tenía que alimentar a la mujer, siete hijos y sobrinos. La cárcel «durísima, polvorienta, oscura y húmeda» le había arruinado completamente la salud: «Me llevó cuatro meses levantarme del lecho, y este año tuve las piernas hinchadas, y también se me hinchó el rostro, como veis, y casi he perdido el oído, y me he quedado desganado y casi fuera de mí». «Et vere —escribió el notario del Santo Oficio— cum haec dicebat, aspectu et re ipsa videbatur insipiens, et corpore invalidus, et male affectus». [«Y en verdad, mientras esto decía, por la apariencia y por los hechos tenía un aire estúpido, enfermizo, lastimoso».]

El obispo de Concordia[409] y el inquisidor de Friuli vieron en todo esto los signos de una auténtica conversión. Rápidamente convocaron al alcalde de Portogruaro y a algunos nobles del lugar (entre los que se encontraba el futuro historiador friulano Giovan Francesco Palladio degli Olivi) y conmutaron la sentencia. Como cárcel perpetua se le asignó a Menocchio la villa de Montereale, con prohibición de alejarse. Le estaba específicamente prohibido hablar o hacer mención de sus malas opiniones. Debía confesarse periódicamente, y llevar sobre sus ropas el «hábito» con la cruz, símbolo de su infamia. Un amigo, Daniel de Biasio, se ofreció como fiador comprometiéndose a pagar doscientos ducados en caso de contravención de la sentencia. Destrozado en cuerpo y alma, Menocchio regresó a Montereale.

48
[REGRESO A LA ALDEA]

Volvió a ocupar su puesto en la comunidad. A pesar de los líos que había tenido con el Santo Oficio, a pesar de la condena infamante y la cárcel, en 1590 fue nombrado otra vez camarero de la iglesia de Santa María de Montereale.[410] A ello no debió de ser ajeno el nuevo párroco que era Giovann Daniele Melchiori, amigo de infancia de Menocchio (más adelante veremos lo que había sucedido con el párroco anterior, aquel Odorico Vorai que lo había denunciado al Santo Oficio). Al parecer ninguno encontró motivo de escándalo en que un hereje, aunque fuera calificado de heresiarca, administrase los fondos de la parroquia; además, como se recordará, también el propio párroco había tenido problemas con la Inquisición.

El cargo de camarero se concedía precisamente a los molineros, probablemente porque podían anticipar el dinero necesario para la administración de la parroquia. De cualquier modo, los camareros tendían a resarcirse tardando en reembolsar la equivalencia de los diezmos entregados por los fieles. Cuando, en 1593, Matteo Sanudo, obispo de Concordia, pasó por Montereale durante un viaje de visita a toda la diócesis, pidió examinar las cuentas de los camareros de los últimos siete años: resultó que entre los deudores figuraba también Domenico Scandella, es decir Menocchio, por un importe de doscientas liras: la deuda más elevada después de la de Bernardo Corneto. Era un fenómeno bastante corriente, que se reprocha con frecuencia en las visitas pastorales a la región en aquel período. También en este caso el obispo (que por cierto no debió asociar el apellido Scandella con el hombre que había condenado nueve años atrás) trató de implantar una administración más estricta y exacta. Reprendió «la poca regla observada en la teneduría de las cuentas, no obstante que sobre ello en la otra visita se hayan dado órdenes oportunas, las cuales si hubieran sido observadas no hay duda alguna que las cosas de la iglesia habrían ido mucho mejor»; mandó comprar un «libro grande» en el que el párroco, so pena de suspensión *a divinis*, debería registrar año tras año las entradas recogidas «en partida por partida, frente a los nombres de los que pagan, los gastos del trigo día a día, los gastos que se hagan por la iglesia, y luego los saldos de los camareros»; éstos debían anotar las entradas en una «columna de registro, la cual luego se pasará a este libro». A los camareros deudores los conminó a saldar las cuentas «so pena de quedar privados de la entrada a la iglesia, y en caso de muerte, de sepultura eclesiástica»; en un plazo de seis meses el párroco debería llevar a Portogruaro las cuentas de 1592, so pena de una multa y —otra vez— la suspensión *a divinis*. No sabemos si Menocchio pagaría finalmente su deuda. Puede que sí, ya que en la siguiente visita pastoral, realizada por el mismo obispo Sanudo en 1599-1600, en lo que respecta a Montereale sólo se registran deudas de camareros a partir de 1592.

Un testimonio de la misma época (1595) confirma el prestigio intacto de Menocchio entre sus paisanos.[411] Entre el conde Giovan Francesco Montereale y uno de sus arrendatarios, Bastian de Martin, habían surgido «ciertas dificultades» a causa de dos parcelas de tierra y una masía. A petición del conde se nombraron dos árbitros para evaluar la entidad de las mejoras introducidas en la casa por los arrendatarios anteriores: Piero della Zuanna, por parte del conde y Menocchio por cuenta del arrendatario. El litigio era difícil, dado que una de las partes era nada menos que el señor del lugar. Pero es evidente que se confiaba en Menocchio y en su capacidad para discutir y rebatir.

Aquel mismo año Menocchio alquiló, junto con su hijo Stefano, un nuevo molino situado en la localidad llamada «de bajo los setos de arriba».[412] El alquiler tenía una vigencia de nueve años, los inquilinos se comprometían a pagar anualmente cuatro fanegas de trigo, diez de centeno, dos de avena, dos de mijo y dos de trigo sarraceno, además de un cerdo de 150 libras de peso. Una cláusula especificaba la equivalencia en dinero (seis sueldos por libra) en caso de que el peso del cerdo fuera inferior o superior al estipulado. Además se preveían las «cortesías»: un par de capones y medio paño de lino. Esto último era un tributo simbólico por tratarse de un molino destinado al apresto de paños. Los dos inquilinos lo tomaban en alquiler provisto de dos asnos «bonis atque idoneis», de una palanca y de seis batanes, comprometiéndose a restituirlo «potius melioratum quam deterrioratum» a los arrendadores que eran los albaceas del finado Pietro de Macris. A éstos, el anterior inquilino, Florito di Benedetto, al resultar insolvente, prometió pagar en un plazo de cinco años los alquileres atrasados: de esta operación se declararon fiadores, a petición del mismo, Menocchio y Stefano.

Todo esto indica que la situación económica de los dos Scandella debía de ser en aquel momento bastante sólida. Menocchio participaba de pleno en la vida de la comunidad. También en 1595 fue Menocchio portador de un mensaje para el alcalde de parte del lugarteniente de la Patria del Friuli, y actuó como uno de los representantes —sobre un total de catorce personas, incluido el alcalde— de la «vecindad» de Montereale encargados de elegir a los responsables de la redacción del inventario.[413]

Pero, algún tiempo después, Menocchio debió enfrentarse a dificultades económicas al morir el hijo que lo mantenía (probablemente Ziannuto).[414] Por ello intentó subvenir a sus necesidades haciendo otros oficios: maestro de escuela, guitarrista en las fiestas. Con ello se hacía más acuciante que nunca librarse del estigma del «hábito» y de la prohibición de alejarse de Montereale impuestos por la sentencia. A tal objeto se trasladó a Udine a ver al nuevo inquisidor, fray Giovan Battista da Perugia, rogándole le dispensara de ambas obligaciones. En la cuestión del «hábito» la respuesta fue negativa, «porque —explicó el inquisidor en una carta al obispo de Concordia con fecha del 26 de enero de 1597— no se debe llegar a esta dispensa tan fácilmente»; por el contrario, se le concedía «libremente [...] hacer música en cualquier lugar, salvo en lugares sospechosos, para así poder ayudar de algún modo su pobreza y la de su familia».

Las secuelas del antiguo proceso iban desapareciendo poco a poco. Pero entre tanto, sin que Menocchio lo supiera, el Santo Oficio había vuelto a ocuparse de él.

49
[DENUNCIAS]

Efectivamente, durante el carnaval,[415] el año anterior, Menocchio había salido de Montereale para ir a Udine, con permiso del inquisidor. En la plaza, a la hora de vísperas, se había encontrado con un tal Lunardo Simon con quien se puso a charlar. Los dos se conocían, ya que Lunardo iba por las fiestas tocando el violín y, como hemos visto, Menocchio hacía lo propio con la guitarra. Algún tiempo después, al conocer la reciente Bula contra los herejes, Lunardo había escrito al vicario del inquisidor, fray Gerolamo Asteo, refiriéndole aquella conversación; luego había confirmado verbalmente, con alguna variante, el sentido de la carta. El diálogo de la plaza se había desarrollado más o menos como sigue. «Tengo entendido —había dicho Menocchio— que quieres meterte a fraile, ¿es cierto?». Lunardo: «¿No es una buena noticia?». «No, porque es cosa de pordiosero». Lunardo le había replicado devolviéndole la insinuación: «¿No [debo] meterme yo a fraile y hacerme pordiosero?». «De tantos santos, eremitas y otros que han llevado una vida santa, no se sabe dónde han ido a parar». «Dios-Señor no quiere que nosotros sepamos ahora estos secretos». «Si yo fuese turco, no querría volverme cristiano, pero soy cristiano y tampoco quiero volverme turco». «Beati qui non viderunt, et crediterunt».[416] «Yo no creo si no veo. Sí que creo que Dios es padre de todo el mundo, y puede hacer y deshacer». «También los turcos y los judíos creen, pero no creen que haya nacido de María virgen». «¿Qué quieres decir que cuando Cristo estaba en la cruz y los judíos le dijeron "Si eres Cristo baja de la cruz", él no descendió?». «Eso fue por no obedecer a los judíos». «Eso fue porque Cristo no pudo». «¿Entonces no crees en el Evangelio?». «No, yo no creo. ¿Quién crees tú que ha hecho este Evangelio, sino curas y frailes que no tienen otra cosa que hacer? Se dedican a pensar estas cosas y las escriben una tras otra». «Los Evangelios no los hacen curas ni frailes, sino que (fueron) hechos antes de ellos», objetó Lunardo antes de marcharse, juzgando que su interlocutor era «hombre hereje».

Dios padre y patrón, que puede «hacer y deshacer»; Cristo hombre; los Evangelios obra de curas y frailes ociosos; la equivalencia de las religiones. Luego, a pesar del proceso, de la infamante abjuración, de la cárcel, de las clamorosas manifestaciones de arrepentimiento, Menocchio volvía a sostener las antiguas opiniones, de las que, evidentemente, no había renegado dentro de su corazón. Pero Lunardo Simon no conocía de él más que el nombre («un tal Menocchio, molinero de Montereale»); y, a pesar de que se sabía que era un relapso, condenado ya por el Santo Oficio «por luterano», la denuncia no fue atendida. Sólo dos años más tarde, el 28 de octubre de 1598, por casualidad o como consecuencia de una revisión sistemática de los autos precedentes, los inquisidores tuvieron la duda de que Menocchio y Domenico Scandella fuera en realidad la misma persona. Entonces volvió a ponerse en marcha la máquina del Santo Oficio. Fray Gerolamo Asteo, que entre tanto se había convertido en inquisidor general de Friuli, comenzó a recoger nuevas informaciones sobre Menocchio. Resultó que el padre Odorico Vorai,[417] autor de la denuncia por la que tantos años atrás Menocchio fue a la cárcel, había pagado cara su delación: «Ha sido perseguido por los parientes de Menocchio y echado de Montereale». En cuanto a Menocchio, «se ha creído y se cree que tenga las mismas opiniones falsas que tenía antes». Ante estos datos el inquisidor se dirigió a Montereale e interrogó al nuevo párroco, el padre Giovan Daniele Melchiori.[418] Éste le dijo que Menocchio había dejado de ponerse el «hábito» con la cruz y que salía de los confines del pueblo, transgrediendo las disposiciones del Santo Oficio (lo que, como hemos visto, sólo era cierto en parte), pero se confesaba y comulgaba varias veces al año: «Yo, por mí, lo tengo por cristiano y por hombre de bien», concluía el párroco. No sabía qué opinión tenían de él los habitantes del pueblo. Pero, después de hacer y firmar estas declaraciones, Melchiori se echó atrás. Está claro que temía exponerse demasiado. A la frase «lo tengo por cristiano y hombre de bien» pidió que se añadiera «por lo que se ve exteriormente».

El padre Curzio Cellina,[419] capellán de san Rocco y notario del pueblo, fue más explícito. «Yo lo tengo por cristiano, porque he visto que se confiesa y comulga», confirmó. Pero detrás de esta aparente sumisión se percibía la vieja inquietud: «Este Menocchio tiene ciertos humores que cuando ve la luna o las estrellas u otros planetas y siente tronar u otra cosa, enseguida dice su parecer sobre lo ocurrido: y finalmente se pliega al parecer de la mayoría diciendo que sabe más todo el mundo que él solo. Y yo creo que este humor suyo es malo, pero se somete al parecer de los demás por temor». Así pues, la condena y la cárcel del Santo Oficio habían dejado una profunda huella. Aparentemente Menocchio no se atrevía ya —al menos en el pueblo— a hablar con la insolente libertad de antaño. Pero ni aun el temor había logrado sofocar su independencia intelectual: «Enseguida quiere decir su parecer». Por el contrario, era nueva la amargura e irónica conciencia del propio aislamiento: «Se pliega al parecer de la mayoría diciendo que sabe más todo el mundo que él solo».

Sobre todo era un aislamiento interior. El propio padre Cellina señaló: «Yo le veo hablar con muchos y creo que es amigo de todos». En cuanto a él, declaró que no tenía «ni estrecha amistad y menos enemistad con este Menocchio: pero lo amo como cristiano y le empleo como hago con otros, cuando necesito que me haga algún trabajo». Ya hemos visto que en el aspecto externo Menocchio se había reintegrado plenamente a la comunidad del pueblo; había sido nombrado por segunda vez camarero de la parroquia, había alquilado con su hijo un tercer molino. Pero a pesar de todo esto se sentía excluido, quizá también a tenor de las dificultades económicas que venía padeciendo en los últimos años. Símbolo tangible de esta exclusión era el «hábito». Menocchio estaba obsesionado. «Yo sé —dice Cellina—, que él ha llevado un hábito con una cruz que le dio el Santo Oficio, durante mucho tiempo, y lo llevaba en secreto bajo sus ropas». Y Menocchio le había contado «que quería ir al Santo Oficio para que le diesen licencia de no llevarlo más, porque decía que por llevar el hábito con aquella cruz la gente le esquivaba para no hablar y conversar con él». No perdía la ilusión, ciertamente —hablaba con todos, era amigo de todos los del pueblo— pero le pesaba la imposibilidad de esgrimir como en el pasado sus propias opiniones. «Cuando ha oído hablar» de la luna y de las estrellas, señaló Cellina, «ha dicho que debía callar». Cellina no recordaba a qué se refería Menocchio con estas palabras, ni siquiera cuando el inquisidor le sugirió que tal vez Menocchio atribuía a los planetas la fuerza para restringir el libre albedrío humano. Por ello negó insistentemente que Menocchio hablara «en burla»: «Yo creo que dice seriamente y que tiene un humor malo».

De nuevo se interrumpieron las indagaciones del Santo Oficio. El motivo no es difícil de comprender: en realidad, el molinero heresiarca había sido reducido al silencio, al conformismo externo, ya no representaba un peligro para la fe de sus paisanos. En enero de 1599 una asamblea del Santo Oficio friuliano decidió interrogar al «reo», es decir Menocchio. Pero tampoco este propósito se llevó a cabo.

50
[DIÁLOGO NOCTURNO, CON EL JUDÍO]

Sin embargo, el diálogo relatado por Lunardo indica que la aparente sumisión de Menocchio a los ritos y sacramentos de la Iglesia encubría una obstinada fidelidad a sus antiguas ideas. Aproximadamente por las mismas fechas, un tal Simón,[420] judío converso que vagabundeaba pidiendo limosna, pasó por Montereale, y Menocchio le dio albergue. Durante una noche los dos hablaron de temas religiosos. Menocchio dijo «cosas enormes sobre la fe»: que los Evangelios los habían escrito curas y frailes «porque están ociosos», y que la Virgen antes de casarse con san José «había tenido otros dos hijos, y por ello san José no quería aceptarla por esposa». En resumidas cuentas, eran los mismos temas sobre los que había entablado conversación con Lunardo en la plaza de Udine: la polémica contra el parasitismo del clero, el rechazo del Evangelio, la negación de la divinidad de Cristo. Pero además de esto había hablado aquella noche de un «libro bellísimo» que desgraciadamente había perdido, y que Simón «juzgó que era el *Alcorán*».

Tal vez había sido el rechazo de los dogmas fundamentales del cristianismo —y antes que nada el de la Trinidad— lo que indujo a Menocchio, como a otros herejes de la misma época, a volverse por curiosidad hacia el Corán.[421] Desgraciadamente la identificación de Simón no es segura, y, de todos modos, no sabemos qué asimilaría Menocchio de aquel misterioso «libro bellísimo». Desde luego que estaba convencido de que tarde o temprano su heterodoxia sería descubierta: «Sabía que moriría por esto», confió a Simón. Pero no quería huir porque un compadre suyo, Daniele de Biasio, quince años antes se había prestado como fiador por él ante el Santo Oficio: «Si no, habría huido a Ginebra». Por esto había decidido quedarse en Montereale. Ya pensaba en su propio fin: «Al morir, los luteranos lo sabrían y vendrían a recoger sus cenizas».

Quién sabe en qué «luteranos» pensaba Menocchio. Quizá en algún grupo con el que había tenido contactos clandestinos, ¿o en algún individuo que hubiera conocido muchos años atrás y que después no había vuelto a ver? El aura de martirio con que Menocchio veía acercarse su muerte hace pensar que todo este discurso no fuera más que la patética fantasía de un viejo. Por otra parte, no le quedaba otra salida. Se había quedado solo: había muerto su mujer, había muerto su hijo más querido. Con sus otros hijos no debía de llevarse bien: «Y si mis hijos quieren hacer la suya, felices ellos», declaró despectivamente a Simón. Pero la mítica Ginebra, la patria de la libertad religiosa (pensaba él) estaba muy lejos. Esta circunstancia, y la firme solidaridad hacia el amigo que le había apoyado en un momento difícil, le habían disuadido de la fuga. Evidentemente no podía sofocar en su interior su apasionada curiosidad por las cosas de la fe. Y de este modo permanecía a la espera de sus propios perseguidores.

51
[SEGUNDO PROCESO]

Unos meses más tarde el inquisidor recibió una nueva denuncia contra Menocchio. Por lo que parece había pronunciado una frase blasfema que había circulado de boca en boca, desde Aviano a Pordenone, suscitando reacciones de escándalo. Se interrogó a un mesonero de Aviano, Michele del Turco, llamado Pignol.[422] Siete u ocho años atrás (le habían contado) Menocchio había exclamado «si Cristo hubiera sido Dios habría sido un [...] en dejarse crucificar».[423] «No expresó qué es lo que habría sido Cristo —añadió el mesonero—, pero yo entendí que quería decir que Cristo había sido un papanatas, por decir esta mala palabra [...] Cuando yo oí estas palabras se me erizaron los cabellos, y enseguida cambié de conversación para no oír tales cosas, porque yo le tengo por peor que un turco». Concluyó diciendo que Menocchio era «obstinado en sus antiguas opiniones».

Ya no eran sólo los habitantes de Montereale los que se contaban unos a otros las cosas que decía Menocchio. La fama de este molinero, a quien ni siquiera la cárcel del Santo Oficio había logrado hacer volver a la buena senda, había trascendido el ámbito restringido del pueblo. Sus preguntas provocadoras, sus chistes blasfemos se relataban años después: «¿O, cómo queréis creer que Cristo o Dios-Señor fuese hijo de la Virgen María si esa Virgen María era una puta?». «¿Cómo quieres que Cristo haya sido concebido por el Espíritu Santo si nació de una puta?». «San Cristóbal es más que Dios ya que ha llevado al mundo sobre sus espaldas». (Es curioso que la misma salida[424] se repita en un libro que con toda seguridad Menocchio no conoció: la recopilación de emblemas, lleno de sobrentendidos heterodoxos, del humanista boloñés Achille Bocchi.) «Creo que mostraba mal ánimo, y no se atrevía a hablar por miedo»,[425] dijo Zannuto Fasseta de Montereale que había oído tocar la guitarra a Menocchio. Su arrebato incontenible le impelía a hablar de cuestiones religiosas con sus paisanos. Un día, en el camino de vuelta de Menins a Montereale, preguntó a Daniel Iacomel: «¿Tú qué piensas qué es Dios?». «No sé», había contestado el otro turbado o estupefacto. «No es más que aire». Volvía a rumiar sus viejas ideas, no se daba por vencido. «¿Qué crees?, los inquisidores no quieren que sepamos lo que ellos saben». Pero él se sentía con fuerzas para enfrentarse a ellos: «Quisiera decir cuatro palabras del *Pater noster* ante el padre inquisidor y ver qué es lo que dice y responde».

El inquisidor debió de pensar que esta vez era demasiado. A finales de junio de 1599 Menocchio fue arrestado y encarcelado en Aviano. Poco después fue trasladado a Portogruaro. El 12 de julio compareció ante el inquisidor, fray Gerolamo Asteo, el vicario del obispo de Concordia, Valerio Trapola, y el alcalde del lugar, Pietro Zane.

52
[«FANTASÍAS»]

«Eductus e carceribus quidam senex [...]»[426] [«Liberado de la cárcel un cierto anciano [...]»], escribe el notario. Habían transcurrido más de quince años desde la primera vez que Menocchio fue interrogado por el Santo Oficio. De los cuales, también tres años de cárcel. Menocchio era ahora un viejo: delgado, cabello blanco, barba gris tirando a blanca, vestido como siempre de molinero, ropas y gorro color gris claro. Tenía 67 años. Después de su condena había ejercido diversos oficios: «He hecho de segador, molinero, y de hostería, he tenido escuela de ábaco[427] y de leer y de escribir para niños, y también toco la guitarra en fiestas». Es decir, que había intentado arreglarse sacando fruto de sus capacidades, incluida la de saber leer y escribir que tanto había contribuido a causarle problemas. Al inquisidor, que le preguntó si había sido alguna vez procesado por el Santo Oficio, respondió de esta manera: «Fui llamado [...] y fui interrogado sobre el Credo, y sobre otras fantasías que me habían entrado en la cabeza, por haber leído la Biblia y por tener el ingenio agudo; pero siempre he sido cristiano, y lo soy».

Era un tono sumiso —«fantasías»— pero acompañado de la habitual conciencia orgullosa de su propia capacidad intelectual. Explicó minuciosamente haber cumplido las penitencias impuestas, haber confesado y comulgado, haberse alejado en ocasiones de Montereale únicamente con el permiso de los inquisidores. Sólo respecto al «hábito» se excusó: «Yo juro por mi fe, en las fiestas algunas veces me lo ponía y a veces no; y los días de trabajo en invierno, cuando hacía frío, lo llevaba siempre debajo», ya que si se lo ponía «yo perdía muchas ganancias al no ser llamado para estimaciones y trabajos [...] porque los hombres me tomaban por excomulgado al verme con aquel hábito, por eso no lo llevaba». Había suplicado inútilmente al padre inquisidor: «No me quiere dar licencia para dejar el hábito».

Pero cuando le preguntaron si había vuelto a tener dudas sobre las cuestiones por las que le habían condenado, Menocchio no supo mentir, y en vez de negar rotundamente, admitió: «Me han venido a la cabeza muchas fantasías, pero nunca he querido darles fe, ni nunca he señalado mal a ninguno». Y dirigiéndose al inquisidor que le acosaba preguntándole si alguna vez ¿había «razonado con alguno sobre los artículos de la fe? ¿Y quiénes son ellos, y cuándo, y dónde?», le respondió que había hablado «de los artículos de la santa fe con algunos de burla, pero a fe mía no sé con quién, ni dónde, ni cuándo». Respuesta incauta. El inquisidor le recriminó con severidad: «¡Cómo!, ¿os burlabais de las cosas de la fe? ¿Os parece apropiado burlarse de las cosas de la fe? ¿Cómo entendéis esa palabra de "burla"?». «Diciendo algunas mentiras», objetó débilmente Menocchio. «¿Qué mentiras decíais? ¡Decidlas claramente!». «Verdaderamente no sé».

Pero el inquisidor persistía en sus preguntas. «No sé —respondía Menocchio—, alguno podría haberlo interpretado de mal modo, pero yo nunca me he sentido contrario a la fe». Menocchio intentó parar golpe tras golpe. No había dicho que Cristo no había sido capaz de descender de la cruz: «Yo creo que Cristo tenía poder para descender». No había dicho que no creía en el Evangelio: «Creo que el Evangelio es la verdad». Y entonces volvió a dar un paso en falso: «Yo he dicho que los curas y los frailes, los cuales han estudiado, han hecho los Evangelios por boca del Espíritu Santo». El inquisidor fue fulminante: ¿seguro que había dicho aquello? ¿Cuándo, en dónde, a quién? y ¿quiénes eran esos frailes? Respuesta de Menocchio exasperado: «¡Cómo queréis que lo sepa, a fe mía que no lo sé!». «¿Por qué lo habéis dicho si no lo sabéis?». «El diablo a veces tienta para que se diga alguna palabra [...]».

Una vez más Menocchio intentaba atribuir sus dudas, su obstinación, a una tentación diabólica, para, a continuación, revelar su origen racional. En el *Supplementum* de Foresti había leído que «varios han hecho los Evangelios, como San Pedro, Santiago y otros, a los cuales la justicia ha aniquilado».[428] Una vez más volvía a actuar en su mente la fuerza corrosiva de la analogía. Si algunos evangelios son apócrifos, obra humana y no divina, ¿por qué no todos? De esta manera surgían a la luz todas las implicaciones de lo que él sostuviera quince años antes, es decir, que las Escrituras podían reducirse a «cuatro palabras». Era evidente que todos aquellos años había ido siguiendo el hilo de sus antiguas ideas. Y ahora volvía a presentársele la oportunidad de exponerlas a quien (creía él) estaba capacitado para entenderle. Ciegamente se olvidó de toda prudencia y cautela: «Yo creo que Dios ha hecho todas las cosas, es decir la tierra, el agua, el aire». «¿Y dónde dejáis el fuego —interrumpió con irónica superioridad el vicario del obispo de Concordia—, quién lo ha hecho?». «Está por todas partes el fuego, como está Dios, pero esos otros tres elementos son las tres personas: el Padre es el aire, el Hijo es la tierra, y el Espíritu Santo es el agua», y añadió: «Así me parece a mí; pero no sé si es la verdad; y creo que los espíritus que están en el aire luchan entre sí, y que los rayos son las alteraciones».

De este modo, en su fatigoso viaje de retroceso, Menocchio había recobrado sin saberlo, desbordando la imagen cristiana del cosmos, la de los antiguos filósofos griegos. En el fuego, siempre móvil e indestructible, nuestro Heráclito rural había descubierto el elemento primordial. La realidad total, para Menocchio, era inmanente («está por todas partes»): una realidad unitaria, aunque variada en sus manifestaciones, surcada por espíritus, embebida de divinidad. Por eso afirmaba que el fuego era Dios. Es cierto que Menocchio había inferido una correspondencia, capciosa, minuciosa, entre los otros tres elementos y las personas de la Trinidad: «Yo creo que el Padre es el aire, porque el aire es un elemento más alto que el agua y la tierra; luego me digo que el Hijo es la tierra porque al Hijo lo produce el padre; y así como el agua viene del aire y de la tierra, así el Espíritu Santo del Padre y del Hijo». Pero tras este paralelismo, inmediatamente negado con tardía e inútil prudencia («pero yo estas cosas no las quiero sostener»), se traslucía la convicción más profunda de Menocchio: que Dios es uno y es el mundo. Y sobre este punto centró el inquisidor su ataque: ¿creía, pues, que Dios tenía cuerpo? «Yo sé que Cristo tenía cuerpo», replicó Menocchio, rehuyendo la pregunta. No era fácil doblegar a un interlocutor como él. De su carcaj escolástico, el inquisidor extrajo un silogismo. «Decís que el Espíritu Santo es el agua; el agua es cuerpo; ¿de lo que se seguiría que el Espíritu Santo es cuerpo? [...]». «Yo digo estas cosas por semejanza», respondió Menocchio, quizá con cierta suficiencia: también él sabía discutir, sabía servirse de los instrumentos de la lógica y de la retórica.

Entonces el inquisidor volvió a la carga: «Consta en el proceso que habéis dicho que Dios no es más que aire». «Yo no sé que haya dicho eso, más bien he dicho que Dios es todas las cosas». «¿Creéis que Dios es todas las cosas?». «Sí señores, a fe mía que lo creo». «Pero ¿en qué sentido?», espetó el inquisidor sin salir de su asombro. «Yo creo que Dios es todo lo que quiere», explicó Menocchio. «¿Puede ser Dios una roca, serpiente, diablo y cosas similares?». «Dios puede ser todo aquello que es bueno». «Luego, ¿podría Dios ser criatura, dado que son las criaturas buenas?».

«Yo no sé qué decir», respondió Menocchio.

53
[«VANIDAD Y SUEÑOS»]

En realidad la distinción entre creador y criatura, y la propia idea de un Dios creador, le era profundamente ajena. Tenía bien claro en su cabeza que sus ideas eran distintas de las del inquisidor, pero a partir de cierto punto le faltaban las palabras para expresar esa diferencia. Desde luego las trampas lógicas de fray Gerolamo Asteo no le harían admitir que estaba equivocado, de igual modo que no le habían convencido los jueces que le procesaron quince años antes. Por lo demás, de repente intentó recuperar la iniciativa, rompiendo precisamente el mecanismo del interrogatorio: «Escuchadme, por gracia, señores [...]», y mediante la exposición de la leyenda de los tres anillos, como hemos visto, intentó reafirmar la doctrina de la tolerancia que formulara en su primer juicio. Pero entonces la argumentación era de tipo religioso: todas las creencias son equivalentes (incluidas las herejías) en tanto que «Dios ha dado el Espíritu Santo a todos». Ahora, por el contrario, ponía preferentemente el acento sobre la equivalencia entre las distintas Iglesias en tanto que realidades insertas en la vida social: «Señor, sí que creo que cada uno cree que su fe es la buena, pero no se sabe cuál es la buena: pero como mi abuelo, mi padre y los míos han sido cristianos, yo quiero ser cristiano, y creer que ésta es la buena». La invitación a permanecer en el contexto de las religiones tradicionales se justificaba con la referencia a la leyenda de los tres anillos. Pero es difícil no ver en estas palabras el fruto amargo de la experiencia vivida por Menocchio tras la condena del Santo Oficio. Mejor simular, mejor admitir aparentemente esos ritos juzgados interiormente como «mercancías».[429] Este repliegue llevaba a Menocchio a situar en segundo plano el tema de la herejía, de su distanciamiento abierto y consciente de la religión tradicional. Pero al mismo tiempo, llegaba ya a considerar la religión con mayor convicción que en el pasado, como una realidad puramente mundana. Afirmar que se es cristiano sólo por circunstancias, por tradición, suponía un gran distanciamiento crítico, la misma distancia que por los mismos años impulsaba a Montaigne a escribir: «Nous sommes Chrestiens à mesme titre que nous sommes ou Perigordins ou Alemans» [«Somos cristianos tal como somos o perigurdinos o alemanes»].[430] Pero, como hemos visto, tanto Montaigne como Menocchio, cada uno a su modo, habían pasado por la experiencia perturbadora de la relatividad de creencias e instituciones.

Esta adhesión, consciente y activa, a la religión de los abuelos era simplemente externa. Menocchio iba a misa, se confesaba y comulgaba, pero en su interior daba vueltas a viejas y nuevas ideas. Al inquisidor le declaró que pensaba «ser filósofo, astrólogo y profeta», pero añadiendo sumisamente como disculpa que «también los profetas fallaban».[431] Además explicó: «Yo pensaba ser profeta, porque el mal espíritu me hacía ver vanidad y sueños, y me instaba a conocer la naturaleza de los cielos, y cosas similares: y creo que los profetas hablaban lo que les dictaban los ángeles».

Como se recordará, en el primer proceso Menocchio nunca se había referido a revelaciones sobrenaturales. Por el contrario, en el segundo, aludió a experiencias de tipo místico, aunque fuera desautorizándolas con cierta ambigüedad: «vanidad», «sueños». Quizá había hecho mella en él la lectura del famoso *Corán* (el «libro bellísimo» identificado por el hebrero converso Simón) que el arcángel Gabriel había dictado al profeta Mahoma. Tal vez, en el diálogo apócrifo entre el rabino Abdallah ibn Sallam y Mahoma, incluido en el primer libro de la traducción italiana del *Corán*, creyó haber descubierto la «naturaleza de los cielos»: «Dijo, vayamos más lejos, y dime por qué el cielo se llama cielo. Respondió, porque está creado del humo, y el humo del vapor del mar. Dijo, ¿de dónde viene el verde? Respondió, del monte Caf, y el monte Caf de las esmeraldas del paraíso, y ese monte cercando todo el contorno de la tierra sostiene el cielo. Dijo, ¿el cielo tiene puerta? Respondió, tiene puertas que penden. Dijo, ¿y las puertas tienen llave? Respondió, tienen llaves que son del tesoro de Dios. Dijo, ¿de qué son las puertas? Respondió, de oro. Dijo, di la verdad, dímela, ¿este nuestro cielo, de dónde ha sido creado? Respondió, el primero de agua verdad, el segundo de agua clara, el tercero de esmeraldas, el cuarto de oro purísimo, el quinto de jacinto, el sexto de una nube deslumbrante, el séptimo de fuego esplendoroso. Dime, y sobre esto dime la verdad. Encima de estos siete cielos, ¿qué hay? Respondió, un mar vivificante, y encima un mar nebuloso, y siguiendo así, por orden, está el mar aéreo y encima el mar penoso, y encima el mar tenebroso, y encima el mar de solaz, y encima la Luna, y encima el Sol, y encima el nombre de Dios, y encima la súplica [...]»,[432] y así sucesivamente.

Son simples conjeturas. No tenemos pruebas de que el «libro bellísimo» del que Menocchio habló con entusiasmo fuese verdaderamente el *Corán;* y aunque las tuviéramos no podríamos reconstruir la lectura que hubiera hecho Menocchio. Un texto tan ajeno a su experiencia y a su cultura debería resultarle indescifrable y, precisamente por ello, inducirle a proyectar sobre la página ideas y fantasías. Pero de esta proyección (si existió) no sabemos nada. En general, de esta última fase de la vida intelectual de Menocchio, se trasluce muy poco. A diferencia de quince años atrás, el miedo le indujo poco a poco a renegar de casi todo lo que le reprochaban los inquisidores. Pero, de nuevo, le costaba trabajo mentir: sólo después de permanecer unos instantes «aliquantulum cogitabundus»[433] [«un tanto pensativo»] afirmaría que nunca había «dudado que Cristo fuera Dios», para a continuación contradecirse y afirmar «que Cristo no tenía el poder del Padre, siendo un cuerpo humano».[434] «Eso es una confusión», le objetaron desde la mesa. Entonces, Menocchio, adujo: «Yo no sé si lo he dicho, yo soy un ignorante». Humildemente afirmó que cuando dijo que los Evangelios los habían escrito «curas y frailes que habían estudiado», quería decir los evangelistas, «los cuales creo que habían estudiado todos». Trataba de decir todo lo que querían de él: «Es verdad que los inquisidores y otros nuestros mayores no quieren que nosotros sepamos lo que ellos saben, por lo que es necesario que callemos».[435] Pero había momentos en que no lograba contenerse: «Yo no creía que existiera el paraíso, porque no sabía dónde estaba».

Al final del primer interrogatorio Menocchio envió una hoja que había escrito a propósito de las palabras del *Pater noster* «et ne nos inducas in tentationem, sed libera nos a malo», [«y no nos dejes caer en la tentación, mas líbranos del mal»] a las que añadía: «Y así quería pedir la gracia de ser liberado de mis tribulaciones». Luego, antes de que lo llevaran a la cárcel, firmó con la temblorosa mano de un viejo.

54
[«EL MAGO OMNIPOTENTE Y SANTO DIOS...»]

He aquí lo que había escrito:[436]

En el nombre de Nuestro Señor Jesucristo y de su madre Virgen María y de todos los santos del paraíso yo pido ayuda y consejo.

Oh magno omnipotente y santo Dios creador del cielo y de la tierra, yo te ruego por tu santísima bondad y misericordia infinita que quieras iluminar mi espíritu y mi alma y mi cuerpo para pensar y decir y hacer todo aquello que es grato a tu vida majestad: y así sea en nombre de la santísima trinidad, Padre Hijo y Espíritu Santo y amén. Yo Menego

Scandela desgraciado caído en desgracia del mundo y de mis superiores con ruina de mi casa y de mi vida y de toda mi pobre familia, que ya no sé qué decir ni qué hacer sino estas pocas palabras. Primero: «Set libera nos a malo et ne nos inducas in tentationem et demite nobis debita nostra sicut ne nos dimitimus debitoribus nostris, panem nostrum cotidianum da nobis hodie» [«Mas líbranos del mal y no nos dejes caer en la tentación, y perdónanos nuestras deudas así como nosotros perdonamos a nuestros deudores; el pan nuestro de cada día, dánoslo hoy...»] y así yo ruego a Nuestro Señor Jesucristo y a mis superiores que por su misericordia que me quieran dar alguna ayuda que no les cause daño. Y yo Menego Scandela donde vaya rogaré a todos los fieles cristianos a observar todo lo que manda nuestra Santa Madre Iglesia Católica Romana y sus superiores, o sea los inquisidores, obispos y vicarios y párrocos y capellanes y curas de sus diócesis y que les salve de mi experiencia. Yo Menego llegué a pensar que la muerte me llevaría lejos de estos pavores, para no molestar a nadie, pero ella ha hecho lo contrario, ella me ha quitado a uno de mis hijos el cual me bastaba para evitarme toda molestia y aflicción; luego ha querido quitarme la mujer que era mi gobierno; y los hijos e hijas que me han quedado me toman por chalado,[437] que he sido su ruina, que es la verdad, que si hubiera muerto hace quince años, que ellos estarían sin molestias por mí, pobre desgraciado.

Y si yo he tenido alguna idea mala o algunas palabras dichas vanamente, yo nunca las he creído ni nunca obrado contra la Santa Iglesia, porque Dios señor me ha hecho creer que todo lo que yo pensaba y decía era vanidad y no sapiencia.

Y así creo yo que ésta es la verdad, y no quiero pensar ni creer más que lo que cree la Santa Iglesia y hacer lo que me manden mis curas y superiores.

55
[«SI YO HUBIERA MUERTO HACE QUINCE AÑOS»]

Este «escrito» llevaba al pie algunas líneas del párroco de Montereale, Giovan Daniele Melchiori, escritas a petición de Menocchio y fechadas el 22 de enero de 1597. En ellas se declaraba que, «si interioribus credendum est per exteriora» [«si se ha de juzgar la vida interior por los hechos externos»], Menocchio llevaba una vida «cristiana y ortodoxa». Tanta cautela, como sabemos (y como quizá sabía el párroco), era más que oportuna, pero la voluntad de sumisión expresada en el «escrito» era sincera. Rechazado por sus hijos que le consideraban como una carga, una vergüenza ante la gente del pueblo, una ruina para la familia, Menocchio intentaba esforzadamente reintegrarse en la Iglesia que lo había alejado de su seno, estigmatizándole públicamente como réprobo. Por ello hacía un patético acto de pleitesía a los «superiores»: en primer lugar (comprensiblemente) a los «inquisidores» y luego, bajando a «obispos y vicarios y párrocos y capellanes y curas». Un acto de reverencia inútil en cierto modo, porque en la fecha en que lo había escrito las pesquisas del Santo Oficio sobre Menocchio aún no se habían reanudado. Pero el impulso irrefrenable de «buscar las cosas altas» acuciaba a Menocchio, le turbaba con «aflicciones», le hacía sentirse culpable frente al mundo, «caído en desgracia del mundo». Y entonces invocaba desesperadamente a la muerte. Pero la muerte le había olvidado: «Ella ha hecho lo contrario, me ha quitado uno de mis hijos [...], luego ha querido quitarme la mujer».[438] No le quedaba más que maldecirse: «Si yo hubiera muerto hace quince años» —es decir, cuando, para su desgracia y la de sus hijos, habían empezado sus desventuras con el Santo Oficio.

56
[SEGUNDA SENTENCIA]

Después de otro interrogatorio (19 de julio), le dijeron si quería un abogado, a lo que respondió: «Yo no quiero hacer otra defensa, sólo pido misericordia; aunque si se pudiera tener un abogado yo lo tomaría, pero soy un pobrecillo».[439] Cuando el primer proceso, su hijo Ziannuto se había ocupado de él, le había buscado un abogado; pero ahora Ziannuto estaba muerto y sus otros hijos no movieron un dedo en su favor. Le fue designado un defensor de oficio, Agostino Pisensi, que el 22 de julio presentó a los jueces una extensa defensa «pauperculi Dominici Scandella» [«del pobrecito Domenico Scandella»], en la que manifestaba que los testimonios aportados eran de segunda mano, contradictorios, o viciados por evidente animosidad, y que de ellos se colegía la «mera simplicidad e ignorancia» del encartado, del cual, por lo tanto, se pedía la absolución. El 2 de agosto se reunió la congregación del Santo Oficio: Menocchio fue declarado «relapso» por unanimidad. Era un reincidente. El proceso estaba cerrado. Sin embargo, se dictaminó que el reo fuera sometido a tortura para arrancarle los nombres de los cómplices. Ello tuvo lugar el 5 de agosto. El día anterior se practicó un registro en casa de Menocchio, en donde, ante testigos, se abrieron todas las arcas y se confiscaron «todos los libros y escritos». Desgraciadamente ignoramos de qué «escritos» se trataba.

57
[TORTURA]

Le pidieron que confesara quiénes eran sus cómplices, si no quería enfrentarse a la tortura.[440] Menocchio respondió: «Señor, no me recuerdo de haber dialogado». Lo hicieron desvestirse y lo examinaron para ver —como prescribían los reglamentos del Santo Oficio— si era apto para la tortura. Mientras tanto seguían acosándole con preguntas. Entonces arguyó: «He dialogado con tantos, que ahora no lo recuerdo». Lo ataron y volvieron a exigirle que dijera la verdad sobre sus cómplices. Volvió a responder: «No recuerdo». Fue trasladado a la cámara de tortura mientras le repetían la misma pregunta. «Yo he pensado y reflexionado —dijo— para recordar con quién he conversado, pero no consigo recordar». Lo prepararon para el tormento de la soga: «Oh, Señor Jesucristo, misericordia, Jesús misericordia, no sé de haber dialogado con nadie, que me muera si he tenido discípulos o compañeros, yo he leído por mi cuenta, oh, Jesús misericordia». Le dieron un primer tirón: «Oh Jesús, oh Jesús, oh pobre de mí, oh pobre de mí». «¿Con quién habéis hablado?», le repitieron. «Jesús, Jesús no sé nada», respondió. Le conminaron a decir la verdad: «La diría de buena gana, soltadme que voy a pensar».

Entonces le bajaron. Permaneció un momento concentrado, y luego profirió: «No sé haber dialogado con nadie, ni sé de nadie que tenga mis opiniones, yo no sé nada». Mandaron darle otro tirón. Mientras le levantaban del suelo, dijo: «Ay de mí, ay de mí, mártir, oh Señor Jesucristo», y a continuación: «Señor, dejadme que diré algo». Una vez abajo, dijo: «Yo le he dicho al señor Zuan Francesco Montareale, le he dicho que no se sabía cuál era la fe buena». (Al día siguiente precisó: «El antedicho señor Gio. Francesco me reprendió por mis locuras».) No pudieron sacarle nada más. Entonces lo desataron y lo condujeron a la cárcel otra vez. El notario acotó que lo tortura se había desarrollado «cum moderamine» [«con moderación»]. Había durado media hora.

Podemos imaginar el estado de ánimo de los jueces, testigos de la monótona repetición de la misma pregunta. Tal vez aquello fuera mezcla de aburrimiento y disgusto, según testimonio contemporáneo del nuncio Bolognetti, quien refiriéndose al Santo Oficio lamentaba «la molestia de tener que oír las simplezas de muchos al escribirlas palabra por palabra, una especie de tortura para quien no tenga una sólida flema».[441] El silencio obstinado del viejo molinero debía parecerles incomprensible.

Así, ni siquiera el dolor físico había conseguido que Menocchio se doblegara. No dio nombres o, mejor dicho, dio uno, el del señor de Montereale; lo que parece hecho aposta para disuadir a los jueces de una indagación a fondo. No cabe duda de que tenía algo que esconder, pero cuando afirmaba haber «leído por *su* cuenta», probablemente no se apartaba mucho de la verdad.

58
[SCOLIO]

Con su silencio Menocchio quiso poner de relieve, hasta el último momento, frente a sus jueces, que sus ideas habían nacido del aislamiento, por el solo contacto con los libros. Pero, como hemos visto, él proyectaba sobre la página impresa elementos extraídos de la tradición oral.

Es esa tradición, profundamente enraizada en la campiña europea, lo que explica la tenaz persistencia de una religión campesina intolerante ante dogmas y ceremonias, vinculada a los ritmos de la naturaleza, fundamentalmente precristiana. Era con frecuencia un auténtico extrañamiento del cristianismo, como en el caso de los pastores de los campos de Eboli que a mediados del siglo XVII les parecían a los consternados padres jesuitas «hombres, que no tienen de humano más que el aspecto, siendo en su capacidad y saber no muy distintos de los mismos animales que guardan: totalmente ignorantes, no ya de las oraciones, o de otros misterios particulares de la santa Fe, sino del propio conocimiento de Dios».[442] Pero también en circunstancias de menor aislamiento geográfico y cultural se pueden descubrir los signos de esta religión campesina que había asimilado y remodelado las aportaciones ajenas, empezando por las cristianas. El viejo campesino inglés que imaginaba a Dios como un «buen viejo», a Cristo como un «joven apuesto», al alma como un «hueso grande dentro del cuerpo», y al más allá como un «bello prado verde» a donde se va si se obra bien, no ignoraba, por supuesto, los dogmas cristianos;[443] simplemente los volvía a traducir en imágenes que se adaptaban a su experiencia, a sus aspiraciones, a sus fantasías.

En las declaraciones de Menocchio se observa una traducción análoga. Cierto que su caso es mucho más complejo; tanto por implicar la mediación de la página impresa, como por presuponer la desintegración de gran parte de la religión tradicional bajo los golpes más radicales de la Reforma. Pero es el mismo procedimiento, y no se trata de un caso excepcional.

Unos veinte años antes del proceso instruido contra Menocchio, un aldeano desconocido de la campiña de Lucca, oculto tras el pseudónimo de Scolio,[444] habló de sus propias visiones en un extenso poema de argumento religioso y moral, salpicado de ecos dantescos,[445] y que nos ha llegado en forma de manuscrito: el *Settennario*. El tema central, insistentemente reiterado, es que las diversas religiones poseen un núcleo común constituido por los diez mandamientos. En medio de una nube de oro Dios se aparece a Scolio:

> [...] Ya envié varios profetas
> distintos, porque varios eran ellos
> a quienes mis profetas dirigí,
> y les di distintas leyes
> como eran las costumbres que encontraron,
> como el médico diversas purgaciones
> da según las diversas complexiones.
> Manda el emperador tres capitanes
> al África, y al Asia y a Europa:
> a Judíos, a Turcos y a Cristianos,
> a cada uno de su ley da copia,
> y según las mil costumbres diferentes
> da a cada una su ley propia:
> pero a todos da diez mandamientos
> iguales, aunque el comentario sea diverso.
> Pero sólo hay un Dios, y sólo una fe [...][446]

Entre los «capitanes» enviados por el «emperador» está naturalmente también Mahoma,[447] «reputado por los reos malvado entre los buenos: / sin embargo, fue profeta y de Dios gran guerrero», al final de una lista que incluye a Moisés, Elías, David, Salomón, Cristo, Josué, Abraham y Noé. Turcos y cristianos deben dejar de combatir y llegar a una conciliación:

> Turco, y tú Cristiano, es mi decreto,
> no sigáis como habéis andado siempre:
> el Turco dé un paso hacia adelante
> y el Cristiano, de un paso retroceda.[448]

Ello es posible en tanto que los diez mandamientos constituyen la base no sólo de las tres grandes religiones mediterráneas (se detecta el recuerdo de la fábula de los tres anillos), sino también de las religiones que han sido y que serán: la cuarta sin especificar, la quinta que «en nuestros días Dios les dio»[449] y que está representada por la profecía de Scolio, y las dos futuras que conformarán el fatídico número siete.

Como vemos el contenido religioso de la profecía de Scolio es sencillísimo. Basta respetar los diez mandamientos, los «grandes preceptos de natura».[450] Se niegan los dogmas, y el primero el de la Trinidad:

> No se adore más que un Dios, ni se crea,
> no tiene compañero, amigo e hijo:
> es su hijo y su siervo y su amigo
> quien cumple sus preceptos y lo dicho.
> A otro no adoréis ni Santo Espíritu:
> si bien soy Dios, es que Dios está en todo.[451]

Los únicos sacramentos mencionados son el bautismo y la eucaristía. El primero reservado a los adultos:

> Se circunciden todos al octavo día
> y a los treinta años se bauticen,
> como mandaron Dios y los profetas
> y como bien hizo san Juan a Jesucristo.[452]

El segundo queda sustancialmente devaluado: «Y si yo os dijera»,[453] afirma Cristo.

> Que el pan bendito
> fuese mi cuerpo y mi sangre el vino,
> os lo dije porque me era grato
> y era alimento y un sacrificio pío,

pero no os lo mandé como precepto
sino porque se parecen a Dios el pan y el vino.
Mas ahora qué importancia tiene discutir,
con que cumpláis los diez mandamientos.

No se trata únicamente de intolerancia hacia las discusiones teológicas sobre la presencia real; por boca de Cristo, Scolio llega a negar cualquier eficacia sacramental al bautismo y a la eucaristía:

Mi bautismo con el sacrificio,
mi muerte, la hostia y mi comunión,
no fueron mandamientos, sino oficio
para hacer a veces en mi conmemoración.[454]

Lo que cuenta para alcanzar la salvación es, una vez más, sólo la observancia literal de los diez mandamientos, sin «glosa ni comentario alguno»,[455] sin interpretaciones dictadas por «silogismo o lógica extravagante». Las ceremonias religiosas son inútiles; el culto debe ser sencillísimo:

Que no haya columnas, ni figuras,
ni órganos, ni música, ni instrumentos,
ni campanarios, ni campanas, ni pinturas,
ni relieves, ni frisos, ni ornamentos:
sencillo sea todo, y sea puro,
y sólo se oigan los diez mandamientos...[456]

Sencillísima es la palabra de Dios, que ha querido que Scolio escribiera su libro en un lenguaje no «hinchado, oscuro, docto o afectado, sino amplio y llano».[457]

A pesar de ciertas afinidades (probablemente ajenas a vínculos directos, y de todos modos no documentadas) con las doctrinas de los anabaptistas, las afirmaciones de Scolio parecen brotar más bien de aquella corriente subterránea de radicalismo campesino hacia la cual también hemos hecho converger a Menocchio. Para Scolio el Papa no es el Anticristo (aunque, como veremos enseguida, su figura esté destinada a desaparecer en el futuro); el ejercicio de la autoridad no es (como para los anabaptistas) intrínsecamente condenable. Pero desde luego los detentores del poder deben gobernar paternalmente:

> Si mi Señor te hace hacedor suyo
> y te confía la administración,
> si te hace duque, papa, emperador,
> que te dé humanidad y discreción,
> si te concede fuerza, ingenio, gracia, honor,
> tú debes ser padre y defensor,
> que no es tuyo lo que tienes, sino de otros y es mío,
> de tu honrado yo queda fuera: es de Dios.[458]

Efectivamente, la sociedad soñada por Scolio es la pía y austera de las utopías campesinas: en ella se han suprimido las profesiones inútiles («que no haya tiendas ni artes manuales / sino las más importantes y principales; / estimad vanidad toda ciencia / prescindid de médicos y doctores»),[459] cimentada sobre agricultores y guerreros, regida por un único soberano, que será luego el propio Scolio.

> [...] Que desaparezcan el juego, la hostería,
> las putas, los bebedores y bufones,
> que los que hacen arte de la agricultura
> puedan progresar en utilidad y honores;
> que aquellos que combaten por la fe
> sean dignos de gran loa y gran merced;
> soberbia, pompa, fatuidad y crápula,

superstición se proscriban y vanagloria.
[...] Sean vedadas comilonas y copiosas cenas
por estar llenas de embriaguez y crápula,
que músicas y danzas, olores, baños, juegos,
vestir, calzar, sean parcos, sean pocos;
haya un solo monarca, hombre carnal,
en lo temporal y lo espiritual,
un hombre, único monarca, único señor,
que haya un solo redil y un solo pastor.[460]

En esta sociedad futura desaparecerán las injusticias, volverá la «edad dorada».[461] La ley, «breve, clara y común» estará:

En manos de todos
porque sólo así producirá buen fruto;
y sea vulgar, que todos la puedan entender,
y que puedan huir del mal, y seguir el bien.[462]

Un estricto igualitarismo abolirá las diferencias económicas:

Sea hombre o mujer, con tal que sea boca,
su parte de vivir le toca.
Y a ninguno es lícito tener más
que lo honesto de comer y de vestir,
para comer mejor o vestir mejor o estar,
el que quiere mandar debe obedecer.
Cosa impía e inhumana es que abuses,
que los otros por ti tengamos que sufrir;
Dios nos ha hecho ricos y no siervos:
¿por qué quieres que te engorden y te sirvan?
[...] Y si naces en ciudad, villa o castillo
de bajo linaje, o alto,
no haya diferencia entre uno y otro
y nadie tenga el menor privilegio.[463]

Pero esta sociedad sobria y pía sólo es un aspecto —el aspecto terreno— de la utopía campesina de Scolio. El otro, el ultraterrenal, es muy distinto: «Sólo es lícito en el cielo, no en este mundo / estar en gran abundancia y gozoso».[464] El más allá revelado a Scolio en una de sus primeras visiones es efectivamente el reino de la abundancia y el gozo:

> Dios me llevó el sábado siguiente
> sobre un monte del que se ve todo el mundo,
> era un paraíso y lugar tan bello
> rodeado de muros, de hielo y de fuego.
> Bellísimos palacios y bellos jardines
> y huertos y selvas y prados, ríos, lagos,
> manjares celestes y preciosos vinos
> había allí, y cenas y almuerzos, y grandes riquezas:
> estancias de oro, de seda y de lino,
> selectas doncellas, pajes, lechos, y magnos
> árboles y hierbas, y animales y todos
> diez veces al día de frutos renovados.[465]

Se percibe el eco del paraíso del *Corán*, asimilado en este caso a un sueño campesino de opulencia material, que de forma característica se expresa inmediatamente con trazos que evocan un mito que ya hemos encontrado. El Dios que se aparece a Scolio es una divinidad andrógina, una «mujer-hombre», con «las manos abiertas y dedos extendidos». De cada dedo, que simboliza uno de los diez mandamientos, brota un río en el que beben los seres vivientes:

> El primer río corre lleno de miel suave,
> duro y líquido azúcar el segundo,
> de ambrosía es el tercero, y de néctar es el cuarto,
> el quinto maná, el sexto pan que en el mundo
> nunca ha habido ni más blanco ni liviano

y a cualquier difunto le devuelve el gozo.
Bien dice la verdad un hombre pío
que la faz del pan nos muestra a Dios.
El séptimo aguas lleva preciosas,
el octavo fresca y blanca mantequilla,
el noveno son perdices gordas y sabrosas,
que si así son, son del paraíso.
De leche el décimo, y de piedras preciosas
son sus lechos donde siempre aspiro,
las orillas de lirios, rosas, oro, violetas,
plata y flores y esplendor del sol.[466]

Este paraíso (y Scolio lo sabía perfectamente) se parecía mucho al país de Cucaña.[467]

59
[PELLEGRINO BARONI]

Las analogías entre las profecías de Scolio y los discursos de Menocchio son evidentes. Está claro que no se explican por la presencia de fuentes comunes —la *Divina Comedia*, el *Corán*— no ignoradas por Scolio y probablemente tampoco por Menocchio. El elemento decisivo procede de un estrato común de tradiciones, mitos, aspiraciones transmitidos oralmente de generación en generación. En ambos casos se produce el contacto con la cultura escrita, adquirido a través de la escuela, que hace aflorar ese estrato profundo de cultura oral. Menocchio debía de haber frecuentado una escuela de ábaco; Scolio escribía sobre sí mismo:

Yo fui hecho pastor y luego escolar,
después soldado y pastor de nuevo
de toda clase de animales, y luego escolar,

y luego soldado y luego volví a pastor,
y siete artes mecánicas aprendí
y luego pastor, y a escolar volví.[468]

«Filósofo, astrólogo y profeta»[469] se definía Menocchio; «astrólogo, filósofo y poeta», además de «profeta de profetas», Scolio. Y sin embargo destacan algunas diferencias. Scolio aparece encerrado en un ambiente campesino carente, o casi, de contactos con la ciudad; Menocchio viaja, va varias veces a Venecia. Scolio niega todo valor a los libros que no sean los cuatro libros sagrados, es decir, el Antiguo y el Nuevo Testamento, el *Corán* y su *Settennario:*

Puedes ser docto obedeciendo a Dios
y no con libros ni con el estudio.
Que se prohíban y proscriban todos los doctores
que no sepan componer o estudiar;
que lector, componedor e impresor
no puedan escribir o imprimir un libro,
que lógico, disputador, predicador
no puedan razonar o predicar
más que los tres libros santos que he dicho yo
y este libro mío, o mejor de Dios.[470]

Menocchio compró el *Florilegio de la Biblia*, pero pidió prestado también el *Decamerón* y los *Viajes* de Mandeville; afirmaba que las Escrituras podían resumirse en cuatro palabras, pero también sintió la necesidad de apropiarse del patrimonio intelectual de sus adversarios, los inquisidores. En el caso de Menocchio se entrevé, pues, una actitud libre y agresiva, decidida a ajustar cuentas con la cultura de las clases dominantes; en el caso de Scolio, una posición más cerrada,[471] que agota la propia carga polémica en la condena moralista de la cultura ciudadana y en el anhelo de una sociedad igualitaria y patriarcal. A pesar de que las características del «mundo nuevo» que deseaba Menocchio queden difusas, sucumbimos a la tentación de imaginarlo distinto, al menos en parte, del descrito en la utopía desesperadamente anacrónica de Scolio.

Más cercana a la figura de Menocchio es la de otro molinero, Pellegrino Baroni,[472] llamado Pighino «el gordo», que vivía en un pueblecito de los Apeninos de Módena: Savignano sul Panaro. En 1570 fue procesado por el Santo Oficio de Ferrara;[473] pero nueve años antes ya había sido obligado a abjurar ciertos errores en materia de fe. Para sus paisanos era «mal cristiano», «herético», «luterano»; algunos le describían como «un fantasioso y cerebral», o simplemente «más bien [...] persona necia». En realidad Pighino distaba mucho de ser un necio. Durante el proceso supo enfrentarse a los inquisidores demostrando, además de una gran firmeza de ánimo, una inteligencia sutil y casi capciosa. Pero el desconcierto de los habitantes del pueblo y el desprecio del párroco ante los discursos de Pighino son fáciles de entender. Negaba la intercesión de los santos, la confesión, los ayunos prescritos por la Iglesia. Hasta aquí, nos encontraríamos en el terreno de un «luteranismo» genérico. Pero además afirmaba que todos los sacramentos, incluida la eucaristía (el bautismo no, al parecer) habían sido instituidos por la Iglesia y no por Cristo, y que sin ellos también podía uno salvarse. Además decía que en el paraíso «seremos todos parejos, que igual gracia tendrá el grande como el pequeño»; que la Virgen María «había nacido de una sierva»; que «no había infierno ni purgatorio, y que eran invenciones de curas y frailes para ganar»; que «si Cristo hubiera sido hombre de bien, no habría sido crucificado»; que «muerto el cuerpo muerta el alma», y que «todas las fes eran buenas para quien no violara su observancia». Aunque le torturaron varias veces, Pighino negó obstinadamente tener cómplices, afirmando que sus opiniones eran fruto de una iluminación recibida leyendo los Evangelios en lengua vulgar: uno de los cuatro libros que había leído. Los otros eran: el Salterio, la gramática de Donato y el *Florilegio de la Biblia.*

El destino de Pighino fue distinto del de Menocchio. Condenado a residir para siempre en el pueblo de Savignano, huyó de él para no tener que soportar la hostilidad de sus paisanos; pero, casi inmediatamente, se presentó al Santo Oficio en Ferrara, a sus torturadores, pidiendo perdón. Era un hombre vencido. El inquisidor, compadecido, acabó por conseguirle un puesto como sirviente del obispo de Módena.

Vemos que el final de estos dos molineros fue distinto, pero son sorprendentes las analogías en su vida. Probablemente se trata de algo más que de una extraordinaria coincidencia.

En la Europa preindustrial, el escaso desarrollo de las comunicaciones hacía que incluso centros de población muy reducidos tuviesen al menos un molino, de agua o de viento. Por esto el oficio de molinero estaba muy difundido. Por lo tanto la presencia masiva de molineros[474] en las sectas heréticas del Medievo, y más aún entre los anabaptistas, no tiene nada de excepcional. Y sin embargo, cuando a mediados del siglo XVI, un poeta satírico como el ya citado Andrea da Bérgamo afirma que «un verdadero molinero es medio luterano»,[475] parecía aludir a una relación más específica.

La secular hostilidad entre campesinos y molineros había consolidado una imagen del molinero malicioso, ladrón, pendenciero, destinado por definición a las penas del infierno.[476] Es un estereotipo negativo ampliamente documentado en tradiciones populares, leyendas, proverbios, fábulas, cuentos. «Fui al infierno y vi al Anticristo»,[477] dice una canción popular toscana

> y por las barbas retenía a un molinero,
> bajo los pies a un alemán,
> aquí y allá un posadero, un carnicero:
> le pregunté por el más malvado,
> y me dijo: «Atento que te lo enseño.
> Mira quién con las manos trepa:
> el molinero de la blanca harina.
> Mira quién con las manos ase,
> el molinero de la blanca harina.
> Del cuartillo al celemín;
> éste es el más ladrón: el molinero».

Con este estereotipo, la acusación de herejía encajaba perfectamente. Contribuía a alimentarla el hecho de que el molino era un lugar de encuentros, de relación social, en un mundo fundamentalmente cerrado y estático. Un lugar de circulación de ideas, como la hostería y la taberna. ¡De qué no habrán hablado los campesinos que se agolpaban a la puerta del molino, sobre «la tierra blanca y el barro, sucio / del meado de las mulas del pueblo»[478] (es también una descripción de Andrea da Bérgamo), para que les molieran el grano...! Y el molinero diría la suya. No cuesta mucho imaginarse escenas como la que se produjo un día delante del molino de Pighino. Éste, volviéndose hacia un grupo de campesinos, empezó a murmurar «de curas y frailes»,[479] hasta que un paisano suyo, Domenico de Masafiis, dirigiéndose al grupo les convenció a todos de que se marcharan diciéndoles: «Oh, hijos, haríais bien en dejar decir los oficios a curas y frailes, y no hablar mal de ellos, y dejar en paz a Pelegrino di Grassi» (Pighino). Las propias condiciones de trabajo[480] hacían del molinero —al igual que de los posaderos, taberneros, artesanos itinerantes— un grupo profesional tendencialmente abierto a las ideas nuevas y propenso a difundirlas. Además, los molinos, situados generalmente fuera de los núcleos de la población y a cubierto de miradas indiscretas, eran idóneos para encubrir reuniones clandestinas. El caso de Módena, en donde en 1192, durante la persecución lanzada contra los cátaros, se llegaron a derruir las *molendina paterinorum*, no debe ser excepcional.[481]

Finalmente la particular posición social de los molineros, tendía a aislarlos de la comunidad en que vivían. Ya hemos señalado la hostilidad de los campesinos; a ésta hay que añadir el vínculo de dependencia directa[482] que tradicionalmente ligaba los molineros con los señores feudales locales, detentores durante siglos del privilegio de molienda. No sabemos si esta situación se perpetuaba en Montereale: el molino para desbastar paños alquilado por Menocchio y su hijo era, por ejemplo, de propiedad privada. Sin embargo, tratar de convencer al señor de la aldea, Giovan Francesco de los condes de Montereale, de que «no se sabía cuál era la verdadera fe», basándose en el relato de los tres anillos, probablemente sólo fue posible por la originalidad de la figura social de Menocchio. Su oficio de molinero le diferenciaba automáticamente de la multitud anónima de campesinos con los que Giovan Francesco de Montereale jamás habría soñado ponerse a discutir de cuestiones religiosas. Pero Menocchio era también un campesino que trabajaba la tierra, «un campesino vestido de blanco», como lo describió el ex abogado Alessandro Policreto que le había conocido fugazmente antes del proceso. Todo esto nos ayuda quizá a comprender la compleja relación entre Menocchio y la comunidad de Montereale. Aunque ninguno, salvo Melchiorre Gerbas, hubiera aprobado sus ideas (si bien es difícil valorar la eventual reticencia de los testigos ante los inquisidores), había transcurrido mucho tiempo, tal vez treinta años, sin que Menocchio fuese denunciado a las autoridades religiosas. Y quien finalmente le había denunciado era el párroco del pueblo, azuzado por otro sacerdote. A pesar de su singularidad, las afirmaciones de Menocchio no debían parecerles a los campesinos de Montereale ajenas a su existencia, a sus creencias, a sus aspiraciones.

60
[DOS MOLINEROS]

En el caso del molinero de Savignano sul Panaro, los contactos con ambientes cultos y socialmente elevados fueron aún más escasos. En 1565 fray Gerolamo da Montalcino, que realizaba por cuenta del obispo de Módena una visita a la diócesis, vio a Pighino que le había sido señalado como «concubinario luterano».[483] En el informe sobre esta entrevista el fraile lo define como «un pobre campesino enfermo, feísimo, bajo de estatura», y añade: «Hablando con él me dejó estupefacto con las cosas que decía, falsas pero ingeniosas, por lo cual juzgo que las ha aprendido en casa de algún gentilhombre». Cinco años más tarde, al ser procesado por el Santo Oficio de Ferrara, Pighino dijo que había servido en casa de algunos nobles boloñeses: Natale Cavazzoni,[484] Giacomo Mondino, Antonio Bonasone, Vincenzo Bolognetti y Giovanni d'Avolio. Al preguntarle si en casa de alguno de ellos tenían lugar coloquios sobre temas religiosos, negó insistentemente pese a que le amenazaron con la tortura. Entonces le sometieron a un careo con el fraile que había conocido años atrás en Savignano. Fray Gerolamo declaró que entonces Pighino le había dicho que aquellas cosas «falsas pero ingeniosas» las había aprendido en casa de un gentilhombre boloñés, de un personaje que celebraba *lectiones*, sin especificar más. El fraile no recordaba bien; había pasado mucho tiempo y había olvidado tanto el nombre del gentilhombre como el del que le había dado aquellas *lectiones* —un sacerdote, creía él—. Pero Pighino negó todo: «Padre, yo no me acuerdo en modo alguno».[485] Ni con la tortura del fuego (no fue sometido al tormento de la soga porque padecía hernia) lograron hacerle confesar.

Sin embargo, no cabe ninguna duda sobre su reticencia. Tal vez nosotros podamos quebrarla. Al día siguiente de la confrontación con el fraile (11 de septiembre de 1570), los inquisidores volvieron a preguntar a Pighino los nombres de los nobles boloñeses a quienes había servido. El molinero repitió la lista anterior con una variante que pasó desapercibida:[486] en lugar de Vincenzo Bolognetti nombró a Vincenzo Bonini. Se plantea la duda de si no habrá sido precisamente Bolognetti el gentilhombre a quien Pighino trataba de encubrir con su silencio. Si así fuera (no existe la certeza), ¿quién había impartido aquellas *lectiones* que tanto impresionaron a Pighino?

Podría tratarse del famoso hereje Paolo Ricci, más conocido por Camilo Renato. Cuando llegó a Bolonia en 1538,[487] Ricci (que por entonces se hacía llamar con el pseudónimo humanista de Lisia Fileno) permaneció en esta ciudad dos años, durante los cuales hizo de preceptor de los hijos de algunos nobles: los Danesi, Lambertini, Manzoli, Bolognetti. Precisamente hay una alusión a los Bolognetti en un párrafo de la *Apología* que escribió en 1540,[488] para defenderse de las acusaciones del Santo Oficio. En su escrito, Fileno recurría al tema de las creencias ingenuamente antropomórficas de los campesinos y del vulgo que atribuyen a la Virgen un poder igual o superior al de Cristo, y proponía una religión cristocéntrica, exenta de supersticiones: «Iterum rustici fere omnes et cuncta plebs, et ego his meis auribus audivi, firmiter credit parem esse divae Mariae cum Iesu Cristo potestatem in distribuendis gratiis, alii etiam maiorem. Causa est quia inquiunt: terrena mater non solum rogare sed etiam cogere filium ad praestandum aliquid potest; ita namque ius maternitatis exigit, maior est filio mater. Ita, inquiunt, credimus esse in coelo inter beatam Virginem Mariam et Iesum Christum filium». [«De nuevo casi todos los campesinos y el populacho en masa —yo lo escuché con mis propios oídos— creen firmemente que Santa María tiene un poder igual al de Jesucristo en el otorgamiento de favores; y algunos opinan que incluso mayor. La razón que alegan es la siguiente: una madre terrenal puede no sólo rogar, sino incluso obligar a su hijo a prestar un servicio; puesto que así lo impone el derecho de maternidad, la madre es más poderosa que el hijo. De este modo, afirman ellos, creemos que ocurre en el cielo entre la Santísima Virgen María y su Hijo Jesucristo»]. Y al margen hizo la siguiente anotación: «Bononiae audita MDXL in domo equitis Bolognetti»[489] [«Oído en Bolonia en 1540, en casa del *cavaliere* Bolognetti»]. Como se ve, se trata de un recuerdo preciso. ¿Sería Pighino uno de los «rústicos» que Fileno conoció en casa de Bolognetti? Si así fuera, podríamos entrever en las remisas declaraciones que el molinero de Savignano hizo a los inquisidores de Ferrara un eco de los discursos que había oído a Fileno treinta años atrás. Cierto que Pighino dio como origen de sus propias opiniones heréticas una fecha más próxima —primero once años[490] y luego veinte o veintidós años— coincidente con la lectura del Evangelio en lengua vulgar. Pero su incertidumbre sobre las fechas podría ocultar el deliberado propósito de confundir a los inquisidores. En cuanto al hecho de que Paolo Ricci-

Lisia Fileno fuese un fraile que hubiera colgado los hábitos, e incluso un cura, como había afirmado fray Gerolamo de Montalcino, no es un problema: esta afirmación era una mera suposición.

Naturalmente, también la posibilidad de un encuentro, y de un diálogo, entre el refinado humanista Lisia Fileno y el molinero Pighino Baroni llamado «el gordo», es una mera suposición, verdaderamente fascinante. Es cierto que en octubre de 1540 Fileno fue capturado «en el Modenese, que andaba subvirtiendo a los villanos», como escribe Giovanni Domenico Sigibaldi al cardenal Morone.[491] Junto a Fileno había otro personaje que «hacía el mismo oficio luteranesco»: «El nombre era el Turchetto, hijo de un turco de Turquía».[492] Con toda probabilidad se trata de Giorgio Filaletto, llamado Turca, autor de la fantasmagórica traducción al italiano de *De Trinitatis erroribus* de Serveto, que quizá Menocchio tuvo en sus manos. Por un vericueto u otro, nos enredamos con los hilos sutilísimos que durante esta época vinculan a los herejes de formación humanista con el mundo rural.

Pero después de todo lo que hemos apuntado, inútil sería insistir en la imposibilidad de reducir estos fenómenos de radicalismo religioso rural a influencias externas, o de las clases altas. También los discursos de Pighino testimonian una postura activa respecto a los temas que circulaban por entonces en los círculos heréticos. Sus más originales afirmaciones —la del origen servil de María, la de la igualdad de «grandes» y «pequeños» en el paraíso— reflejan claramente el igualitarismo campesino expresado en aquellos mismos años en el *Settennario* de Scolio. De este modo, como inspiraba en un instintivo materialismo rural, aparece la convicción de que «muerto el cuerpo, muerta el alma». Pero en este caso el itinerario que siguió Pighino era más complejo. Antes que nada, la tesis sobre la mortalidad del alma aparece en contradicción con la de la igualdad de los bienaventurados en el paraíso. Al inquisidor, que le hizo una observación sobre esta contradicción, Pighino explicó: «Yo creía que las ánimas beatas debían estar en el paraíso un largo tiempo, pero que luego, cuando Dios quisiera, no tuvieran que suspirar por nada, sin sufrir dolor ni nada».[493] Poco antes había admitido haber creído «que el alma llegara a acabarse y a disolverse en nada: y esto por las palabras del Señor que dicen: "El cielo y la tierra pasarán, pero mi palabra no pasará", por lo que yo concluía que si el cielo tenía que acabar alguna vez, con mayor razón nuestra alma». Todo esto recuerda la tesis sobre el sueño de las almas[494] después de la muerte sostenida en los círculos boloñeses por Fileno, como se desprende de su *Apología* de 1540. Por lo tanto, se trataría de otro factor en favor de la identificación de Fileno como el «maestro» desconocido de Pighino. Pero es curioso que la formulación de Pighino fuese mucho más radicalmente materialista que las que circulaban en los ambientes heréticos de la época, ya que afirmaba el aniquilamiento final de las almas de los *beatos*, y no de los *condenados*, como sostenían los anabaptistas venecianos[495] que reservaban la resurrección el día del Juicio sólo a las almas de los justos. Puede que Pighino deformase, sobre todo a una distancia tan notable en el tiempo, el significado de los discursos —abarrotados quizá de una abstrusa terminología filosófica— que había oído en Bolonia. Pero, en cualquier caso, era una deformación significativa, al igual que la argumentación de tipo escriturario que emplea. Fileno escribe en la *Apología* que había visto con sus propios ojos referencias a la tesis sobre el sueño de las almas, no sólo en la patrística, sino también en las Sagradas Escrituras, sin precisar dónde. Pero Pighino, en lugar de referirse a un pasaje como aquel en que san Pablo[496] conforma a los hermanos de la iglesia de Tesalónica hablándoles de la resurrección final de los durmientes en Cristo, recurrió a un pasaje no tan claro, en el que ni siquiera se menciona el alma. ¿Por qué deducir el aniquilamiento definitivo del alma del aniquilamiento del mundo? Es muy probable que Pighino hubiera reflexionado sobre una serie de pasajes del *Florilegio de la Biblia*, uno de los pocos libros que había leído, como se recordará (pese a que al principio afirmara, quizá por prudencia, que lo tenía pero que «no lo leía»).[497]

«Y todas las cosas que Dios creó de la nada —afirmaba el *Florilegio*— son eternas y durarán siempre: y éstas son las que son eternas, a saber: ángeles, luz, mundo, hombre, alma».[498] Pero unos párrafos más atrás apuntaba una tesis distinta: «[...] Alguna cosa hay que tiene principio y tendrá fin: y esto es el mundo y las cosas creadas que son visibles. Otras hay que tienen principio y no tendrán fin, y éstas son los ángeles y las almas nuestras que nunca tendrán fin».[499] A continuación, como ya hemos visto, se menciona, entre los «grandes errores» sostenidos por «muchos filósofos» a propósito de la creación de las almas, lo siguiente: «[...] que todas las almas son una y que los elementos son cinco, los cuatro que se dicen más arriba y otro llamado *orbis:* y dicen que de este *orbis* hizo Dios el alma de Adán y todas las demás. Y por esto dicen que el mundo nunca acabará, porque al morir el hombre vuelve a sus elementos».[500] Si el alma es inmortal, el mundo es eterno, sostenían los filósofos (averroístas) refutados por el *Florilegio;* si el mundo es perecedero (como afirmaba en un cierto punto el *Florilegio*), el alma es mortal, «concluía» Pighino. Esta inversión radical suponía una lectura del *Florilegio* similar, al menos parcialmente, a la de Menocchio: «Yo creo que todo el mundo, a saber aire, tierra y todas las bellezas de este mundo son Dios [...]:

porque se dice que el hombre está hecho a imagen y semejanza de Dios, y en el hombre hay aire, fuego, tierra y agua, y de esto sigue que aire, tierra, fuego y agua es Dios». De la identidad entre el hombre y el mundo, basada en los cuatro elementos, Menocchio había deducido («y de esto sigue») la identidad entre el mundo y Dios. La deducción de Pighino («yo concluía») respecto a la mortalidad final del alma a partir de la no eternidad del mundo, implicaba la identidad entre el hombre y el mundo. De la relación entre Dios y el mundo, Pighino, más reticente que Menocchio, no decía nada.

Puede parecer arbitrario atribuir a Pighino una lectura del *Florilegio* análoga a la de Menocchio, pero es significativo que ambos cayeran en la misma contradicción, que los inquisidores no tardaron en descubrir —tanto los de Friuli como los de Ferrara—: ¿qué sentido tiene hablar del paraíso si se niega la inmortalidad del alma? Ya hemos visto que estas objeciones hacían que Menocchio cayera en una inextricable maraña de nuevas contradicciones. Pighino cortó el nudo hablando de un paraíso transitorio, seguido del aniquilamiento final de las almas.

En realidad estos dos molineros, que vivieron a centenares de kilómetros y murieron sin haberse conocido, hablaban el mismo lenguaje, respiraban la misma cultura. «[...] Yo no he leído otros libros que los que he dicho antes, ni he aprendido estos errores de ninguna persona, sino fantaseando por mi cuenta, o que el diablo me metió estas cosas en el ánimo, como yo creo: porque muchas veces me ha perseguido y he luchado en algunas apariciones o visiones, tanto de noche como de día, luchando contra él como si fuera un hombre. Al final me daba cuenta que era un espíritu», manifestó Pighino.[501] Y Menocchio: «Nunca he hablado con nadie que fuese hereje, pero tengo el cerebro sutil, y he querido buscar las cosas altas que no sabía [...] Esas palabras que antes he dicho las decía por tentación [...] ha sido el espíritu maligno que me hacía creer aquellas cosas [...] El diablo o algo me tentaba [...] El falso espíritu siempre me molestaba para hacerme pensar lo falso y no la verdad [...] Yo pensaba que era profeta, porque el espíritu malo me hacía ver vanidad y sueños [...] Que me muera si yo he tenido discípulos o compañeros, sino que he leído por mi cuenta [...]».[502] De nuevo Pighino: «[...] Yo quería inferir que cada hombre estaba obligado a seguir con su fe, entendiendo la hebrea, la turquesa y cualquier otra fe [...]».[503] Y Menocchio: «Si igual que combaten juntos cuatro soldados, dos de cada bando, y uno de un bando se pasa al otro, ¿no sería un traidor? Así yo he creído que si un turco abandonase su ley haciéndose cristiano, hiciera mal, y así también creía que un judío hiciera mal haciéndose turco o cristiano, y cualquiera que deje su ley [...]».[504] Según un testigo, Pighino había sostenido «que no había ni infierno ni purgatorio, y que eran invenciones de curas y frailes para ganar [...]».[505] El propio Pighino explicó a los inquisidores que: «Yo nunca he negado el paraíso, lo que he dicho es "Oh, Dios, ¿dónde pueden estar el infierno y el purgatorio?", porque me parece que bajo tierra sólo hay tierra y agua y que no puede haber infierno ni purgatorio, y tanto uno como otro están en esta tierra mientras vivimos [...]». Y Menocchio: «Predicar que los hombres vivan en paz me place, pero predicar sobre el infierno, Pablo dice una cosa, Pedro dice otra, creo que es mercancía, invención de hombres que saben más que otros [...] Yo no creía que el paraíso existiera, porque no sabía dónde estaba».[506]

61
[CULTURA DOMINANTE Y CULTURA SUBALTERNA]

En varias ocasiones hemos visto aflorar, por debajo de la profunda diferencia de lenguaje, sorprendentes analogías entre las tendencias de fondo de la cultura campesina que hemos intentado reconstruir y las de sectores más avanzados de la alta cultura del siglo XVI. Explicar estas analogías mediante la simple difusión de arriba a abajo, significa aceptar sin más la tesis, insostenible, según la cual las ideas nacen exclusivamente en el seno de las clases dominantes. El rechazo de esta explicación simplista implica, por otra parte, una hipótesis mucho más compleja sobre las relaciones que se producen durante este período entre cultura de las clases dominantes y cultura de las clases subalternas.

Más compleja y, en parte, indemostrable. El estado de la documentación refleja, como es lógico, el estado de las relaciones de fuerza entre clases. Una cultura casi exclusivamente oral como es la de las clases subalternas de la Europa preindustrial tiende a no dejar huellas, o a dejar huellas deformadas por inherencia. De ahí el valor sintomático de un caso límite como el de Menocchio, que replantea con fuerza un problema del que sólo ahora se empieza a ver la envergadura: el de las raíces populares de gran parte de la alta cultura europea, medieval y posmedieval.[507] Figuras como Rabelais y Bruguel no fueron probablemente espléndidas excepciones. Sin embargo, ponen punto final a una época caracterizada por la presencia de fecundos cambios subterráneos, en ambas direcciones, entre alta cultura y cultura popular. Por el contrario, el siguiente período[508] está marcado por una distinción cada vez más delimitada entre cultura de las clases dominantes y cultura artesana y campesina, así como por el adoctrinamiento en sentido único de las clases populares. Podemos situar la cesura cronológica de estos dos períodos hacia la mitad del siglo XVI, en no menos significativa coincidencia con la acentuación de las diferencias sociales impulsadas por la revolución de los precios. Pero la crisis decisiva se había producido unas décadas atrás con la revueltas campesinas[509] y el reino anabaptista de Münster. Fue entonces cuando se les plantea dramáticamente a las clases dominantes el imperativo de recuperar, también en lo ideológico, a las masas populares que amenazaban con sustraerse a cualquier forma de control desde arriba, pero manteniendo, incluso acentuando, las distancias sociales.

Este renovado esfuerzo hegemónico adopta diversas formas en los distintos países de Europa, pero la evangelización del agro[510] por obra de los jesuitas, y la organización religiosa capilar, sobre el núcleo familiar, realizada por las Iglesias protestantes, pueden conciliarse dentro de una tendencia única. A ésta corresponden, en el plano represivo, la intensificación de los procesos de brujería y el rígido control[511] de grupos marginales como vagabundos y gitanos. Sobre este fondo de represión y de aniquilamiento de la cultura popular se inscribe precisamente el caso de Menocchio.

62
[CARTAS DE ROMA]

Aunque el proceso había concluido, no habían acabado las vicisitudes de Menocchio. En cierto sentido, la parte más extraordinaria comienza en este momento. Viendo que por segunda vez se acumulaban los testimonios contra el molinero, el inquisidor de Aquileia y Concordia se dirigió a la congregación del Santo Oficio en Roma para informar del caso. El

5 de junio de 1599 uno de los miembros más relevantes de la congregación, el cardenal de Santa Severina, respondió al escrito insistiendo en que se llegase lo antes posible al encarcelamiento del «individuo de la diócesis de Concordia que *había* negado la divinidad de Cristo nuestro señor», «por ser su causa gravísima, máxime que otras veces ha sido condenado por hereje».[512] Además ordenaba que confiscaran sus libros y sus «escritos». Realizada la confiscación, se encontraron, como hemos visto, «escritos», aunque no sabemos de qué clase. Visto el interés que mostraba Roma por el caso, el inquisidor de Friuli envió a la congregación copia de tres denuncias contra Menocchio. El 14 de agosto, llegó otra carta del cardenal de Santa Severina: «Ese relapso [...] en sus exámenes se descubre como ateo»,[513] por lo que es necesario proceder «en los debidos términos de justicia y también para encontrar los cómplices»; la causa es «gravísima», por lo que «Vuestra Reverencia mande copia de su proceso o al menos el sumario». Al mes siguiente llegó a Roma la noticia de que Menocchio había sido condenado a muerte; pero aún no se había cumplido la sentencia. Probablemente, debido a un tardío sentimiento de clemencia, el inquisidor friulano dudaba. El 5 de septiembre escribió a la congregación del Santo Oficio una carta (que no se ha conservado) para comunicar sus vacilaciones. La respuesta expedida el 30 de octubre por el cardenal de Santa Severina, en nombre de toda la congregación, fue durísima: «Le digo por orden de la Santidad de Nuestro Señor que no deje de proceder con la diligencia que exige la gravedad de la causa, de forma que no quede impune de sus horrendos y execrables excesos, sino que con el debido y riguroso castigo, sirva de ejemplo para otros en aquélla: por lo tanto, no deje de ejecutarlo con toda solicitud y entereza de ánimo, que así lo exige la importancia de la causa, y es el entendimiento expreso de Su Santidad».

El jefe supremo del catolicismo, el papa Clemente VIII en persona, bajaba su mirada hacia Menocchio, convertido en miembro infecto del cuerpo de Cristo, y exigía su muerte. Por aquellos mismos meses finalizaba en Roma el proceso contra un ex fraile: Giordano Bruno. Es una coincidencia que puede simbolizar la doble batalla, hacia arriba y hacia abajo, que aquellos años libraba la jerarquía católica por imponer las doctrinas aprobadas en el Concilio de Trento. Ésa es la razón del encarnizamiento, incomprensible si no, con el viejo molinero. Poco después[514] (13 de noviembre) el cardenal de Santa Severina volvería a la carga: «No deje Vuestra Reverencia de proceder en la causa de ese campesino de la diócesis de Concordia, encartado por haber negado la virginidad de la santísima siempre Virgen María, la divinidad de Cristo Nuestro Señor, y la providencia de Dios, según ya le escribí por orden expresa de Su Santidad: porque la publicidad de causas de tanta importancia no se pueden en modo alguno revocar con la consiguiente duda hacia el Santo Oficio. Así pues, proceda virilmente en todo lo que convenga según los términos de justicia».

Era imposible resistir a presiones tan poderosas. Al poco tiempo Menocchio fue ejecutado. Lo sabemos con certeza por la declaración de un tal Donato Serotino.[515] El 6 de julio de 1601 éste dijo al comisario del inquisidor de Friuli que él se encontraba en Pordenone, poco después de que hubiera «sido ajusticiado por el Santo Oficio [...] el Scandella», y que se había encontrado con una mesonera por la que había sabido que «en dicha villa [...] había un cierto hombre llamado Marcato, o Marco, el cual sostenía que muerto el cuerpo moría también el alma».

Sabemos muchas cosas de Menocchio. De este Marcato o Marco —y de tantos otros como él, que vivieron y murieron sin dejar huellas— no sabemos nada.

POSFACIO 2019

I

Este libro se publicó por primera vez en 1976. A comienzos de los años sesenta había encontrado la documentación relativa al molinero Domenico Scandella, conocido como Menocchio, pero se había tratado de un hallazgo indirecto y fugaz. Por aquel entonces, estaba trabajando sobre los procesos contra las brujas y los *benandanti* (una especie de contrahechiceros) que habían tenido lugar en Friuli, en el extremo nororiental de Italia, entre los siglos XVI y XVII: el tema de mi primer libro.[1]

Al hojear el índice manuscrito, redactado por un inquisidor del siglo XVIII, de los primeros mil procesos celebrados por el tribunal del Santo Oficio de Aquilea y Concordia, había dado con una breve referencia (apenas unas líneas) a un campesino acusado de afirmar que el mundo tenía su origen en la putrefacción.[2] Había anotado en un trozo de papel los números de los dos procesos contra dicho campesino a la vez que me prometía volver un día a Udine para consultarlos. De tanto en tanto, esa nota pasaba por mi mente. Transcurrieron siete años. En 1970 me decidí por fin a solicitar un microfilm de los procesos; comencé a leerlos y quedé inmediatamente fascinado por ellos. Los transcribí, los estudié. Al cabo de unos siete años, apareció este libro.

No pretendo repasar la historia de su recepción, que en buena medida se me escapa, pero sí que me gustaría decir algo sobre el contexto en que surgió el libro. Me induce a hacerlo un tema sobre el que llevo años reflexionando: la diferencia que existe entre las intenciones de quien escribe (o actúa) y los resultados de lo que ha escrito (o hecho). Partiré del vínculo, en el que se entremezclan la cercanía y la lejanía, mi yo actual y el de entonces.

2

Empecé a aprender el oficio de historiador a finales de los años cincuenta, mientras trataba de recuperar fragmentos de una cultura campesina perseguida, borrada, olvidada, estudiando los procesos inquisitoriales.[3] Esta elección, influenciada por las reflexiones que Antonio Gramsci había hecho en la cárcel sobre la cultura de las clases subalternas, era anterior al hallazgo casual e indirecto de los procesos contra Menocchio, pero, aun así, no basta por sí sola para explicar la decisión que tomé de ocuparme de ellos muchos años más tarde. En la atención suscitada por el eco, banalizado por los inquisidores, de las palabras de Menocchio (las que luego dieron título al libro), reconozco retrospectivamente el mismo impulso que me llevó a investigar sobre los *benandanti* friulanos: una anomalía concerniente a un tema (la brujería) ya de por sí claramente anómalo respecto a las costumbres historiográficas predominantes en aquel momento.[4] Así pues, *El queso y los gusanos* nace también de la pasión por la anomalía y de la reflexión sobre las relaciones entre esta y la norma.[5]

A principios de los años setenta, François Furet (lo recuerdo en el prefacio) escribía que la documentación existente sobre las clases no privilegiadas era necesariamente de carácter estadístico: una afirmación que, de hecho, descalificaba por irrelevante una investigación como la que había emprendido. En contraste con sus palabras, yo había empezado a estudiar a un molinero que tenía un nombre, además de ideas extrañas, y que había leído ciertas lecturas, entre otras cosas. El tema de una posible nota al pie de página se había convertido de esta forma en el tema de un libro. Los perseguidos y los vencidos, a quienes la historiografía desdeñaba como marginales o, con más frecuencia, ignoraba por completo, pasaban a ocupar el centro de la investigación: una elección que cobraba nueva fuerza y nuevas justificaciones gracias al clima de radicalismo político de los años setenta.

Pero la dicotomía entre cultura erudita y cultura popular, además de la posibilidad de captar, a pesar de todo, elementos de esta a través de los procesos de la Inquisición, ya había inspirado mi primer libro, *Los benandanti* (1966). Hace unos años, sobre la base de mis estudios, se escribió que «la propia noción de cultura popular, que desapareció hace tiempo del horizonte de las ciencias sociales, parece casi un vestigio abandonado, que solo interesa ya a los arqueólogos culturales, a los coleccionistas interesados en ideas pasadas de moda o nostálgicos de un mundo perdido».[6] Se trata de una afirmación, a decir poco, miope. La llamada historia global no puede, ni podrá, prescindir de la imponente documentación acumulada durante siglos por la expansión colonial europea, que ha filtrado los comportamientos y las actitudes de los colonizados a través de sus diferentes categorías.[7] La lectura oblicua de los procesos inquisitoriales, basada en la dicotomía entre las dos culturas, la de los inquisidores y la de los investigados (e investigadas), ha proporcionado y podrá proporcionar indicaciones para abordar esa documentación, que también es intrínsecamente asimétrica. Las voces de los perseguidos (o de los colonizados) nos llegan, cuando nos llegan, filtradas muy a menudo por las preguntas de los perseguidores (o colonizadores) transcritas por sus notarios (o funcionarios). El resultado de esas dicotomías lleva a banalizar los testimonios; aquellos que niegan la diferencia y el choque entre culturas caen de forma inevitable en el positivismo ingenuo.[8]

3

¿Qué valor cabe atribuir a unos documentos como los relativos a los procesos de la Inquisición, fruto de una presión que era a la vez psicológica, cultural y física? En mi investigación sobre los *benandanti* tuve que afrontar ya esa dificultad. Los documentos (esos documentos) fueron los que me obligaron a reflexionar sobre el oficio del historiador, una reflexión que no se ha interrumpido hasta la fecha, aunque haya adoptado varias formas. En el supuesto de los *benandanti*, tuve la impresión de que podía sortear el obstáculo gracias a la disimilitud que se apreciaba entre las preguntas de los inquisidores y las respuestas de los acusados. Para los inquisidores, los relatos de los *benandanti* sobre sus batallas nocturnas, que combatían en espíritu contra las brujas y los brujos, no pasaban de ser un montón de disparates. De esa forma acogieron las afirmaciones de Menocchio sobre el origen del mundo. En los dos casos, la distancia que separaba las preguntas de los jueces de las contestaciones de los acusados permitía descartar la posibilidad de que las primeras pudieran haber influido en las segundas. Pero del análisis de los procesos de Menocchio surgía un elemento adicional: la diferencia en la forma en que Menocchio recordaba los libros que había leído y las páginas de dichos libros. En dicha disparidad afloraba una profunda capa de cultura oral: el filtro mediante el cual, inconscientemente, Menocchio se había acercado a la página escrita. «Lo más profundo de la historia podría ser también lo más seguro», escribió Marc Bloch en una ocasión.[9] Siempre he pensado que Freud estaba en la base de esa afirmación. En cambio, hoy me inclinaría a interpretarla también con otra analogía. La relativa ceguera de los actores —los inquisidores, Menocchio— respecto a nuestras preguntas configura una situación comparable a la de los denominados experimentos «de doble ciego», en los que tanto el investigador como los investigados desconocen sus objetivos.[10]

Un experimento siempre se lleva a cabo en determinadas condiciones, pero sus conclusiones pueden ser, con las debidas precauciones, generalizables. El sociólogo holandés Tony Hak, por ejemplo, partió del caso de Menocchio para construir un modelo de lectura aplicable a textos muy diferentes, incluidas las historias clínicas de los pacientes de las instituciones psiquiátricas.[11] El «caso» y la «generalización» nos llevan al ámbito de la microhistoria, de la que *El queso y los gusanos* se ha considerado a menudo un ejemplo típico, aunque en la obra no aparezca dicho término.[12] Esa lectura ha sugerido una identificación restrictiva y arbitraria del proyecto microhistórico con la historia de individuos, hombres y mujeres, pertenecientes a grupos socialmente marginales.[13] Ahora bien, si la microhistoria se entiende como una historia analítica centrada en el estudio de casos, la de Menocchio puede considerarse ejemplar por sus potencialidades.[14]

4

En 1970 empecé a enseñar en Bolonia. No tardé mucho en verme involucrado en una serie de debates relacionados con un proyecto de revista que nunca llegó a ver la luz. La iniciativa estaba dirigida por dos escritores: uno famoso desde hacía tiempo, Italo Calvino y otro recién llegado a la escena literaria, Gianni Celati.[15] Buena parte de nuestras controversias giraban en torno al concepto de «arqueología»: un término que Enzo Melandri, filósofo de gran ingenio, reelaboraba a partir de las posiciones de Michel Foucault, por las que sentía una gran perplejidad.[16] En el prefacio de *El queso y los gusanos* encontrará un eco, sin duda polémico, de las discusiones de aquella época, aunque el efecto liberador que produjeron en mí no se limitaba a esa parte de la obra.

Visibilizar la construcción de la investigación: durante una entrevista, el historiador austríaco Stephan Steiner me señaló que esa característica, recurrente en lo que escribo, es poco frecuente entre los historiadores. Steiner vio en ella un eco de la gran literatura del siglo xx; enseguida le di la razón, citando primero a Proust y luego a Brecht.[17] Pero en 1970, cuando empecé a trabajar en los procesos contra Menocchio, a esos nombres se había añadido el de Queneau, cuya obra *I fiori blu* (*Las flores azules*) estaba a punto de publicarse en la maravillosa traducción de Calvino. Me sentí tentado de imitar los *Ejercicios de estilo* de Queneau organizando mi libro en forma de párrafos escritos en diferentes estilos, inspirados en distintos géneros (incluida la parodia historiográfica).[18] Ese proyecto, que abandoné casi de inmediato porque tenía la impresión de que su frivolidad contradecía la naturaleza de los documentos, dejó sin embargo varias huellas en la elaboración del libro: sobre todo en la alternancia de fragmentos documentales sin comentarios y de exploraciones de hipótesis que luego se descartaron, entre otras.

Poner de relieve la construcción de la investigación tenía (y tiene) implicaciones no solo formales. La viveza de los diálogos que nos transmiten los procesos inquisitoriales es a la vez real e ilusoria. Tenemos la impresión de conocer a Menocchio, pero Menocchio se nos escapa en cierta medida y no solo porque respondiera en un contexto coercitivo (incluso antes de que se llegara a la tortura). El acceso al pasado siempre es mediado y, por tanto, siempre parcial.[19]

5

Al ser siempre mediado, vinculado en todo momento a un punto de vista, el conocimiento histórico es, por definición, imperfecto: incluso cuando no interviene, como suele ocurrir, el error humano. Todo esto se ha verificado puntualmente también en el caso de este libro. Las actas de los juicios contra Menocchio, que cité de forma amplia, aunque fragmentaria, han sido objeto de una edición ejemplar a cargo de Andrea Del Col, precedida de un largo ensayo introductorio.[20] Al repasar la historia, Del Col añadió nuevos elementos basándose en la documentación que yo había pasado por alto. De ella se desprende que algunos testigos contaron que Odorico Vorai, párroco de Montereale, había acosado a las hijas de Menocchio; que este se había enfrentado al párroco, quien lo había denunciado entonces a la Inquisición.[21] Al final del primer proceso, varios amigos y parientes de Menocchio decidieron vengarse. El párroco, agredido, se salvó por los pelos. Poco después, se vio obligado a abandonar Montereale y a instalarse en un pueblo cercano, en una nueva parroquia fundada expresamente para él.[22]

Además de completar mi reconstrucción en varios puntos, Del Col señaló un error en el que yo había incurrido. Las dos cartas escritas por el cardenal de Santa Severina el 30 de octubre y el 13 de noviembre de 1599 no se refieren a Menocchio, como yo había escrito, sino a otro hereje friulano, Antonio Scudellaro.[23] De hecho, la condena a muerte de Menocchio se había ejecutado ya en esas fechas: en un acta notarial fechada el 16 de agosto y descubierta por Del Col, el hijo de Menocchio, Stefano, aparece como *quondam* de Domenico Scandella.[24]

Todas esas integraciones y correcciones han supuesto un avance indudable en la investigación. Aun así, me parece inaceptable la interpretación propuesta por Del Col, que ve en las ideas de Menocchio una derivación de la herejía cátara. Se trata de una conjetura que yo mismo formulé al comienzo de mi investigación, cuando me acerqué por primera vez a los documentos, y que luego abandoné implícitamente.[25] Del Col la propuso de manera del todo independiente, acompañada de una serie de atenuantes que casi parecían anularla: «El molinero friulano no es ciertamente cátaro, ni su cultura religiosa, tal y como aparece documentada en los procesos, se remonta a las concepciones cátaras... Menocchio no es cátaro...».[26] Del Col era perfectamente consciente de que su hipótesis postulaba una transmisión plurisecular que aún estaba por documentar.

A decir verdad, yo había dado el primer el ejemplo avanzando, en una página a todas luces especulativa, una hipótesis aún más temeraria, basada en los supuestos paralelismos existentes entre los relatos de Menocchio sobre el caos del que habían surgido los ángeles, igual que los gusanos nacen del queso, y las cosmogonías difundidas por Asia central. En una reseña dura y generosa, el antropólogo Valerio Valeri elogió mi libro y echó por tierra esas conjeturas, que atribuyó al «fanatismo populista, a una idea romántica del carácter colectivo, espontáneo e inmemorial de la "tradición popular"».[27] Entretanto, el término «populismo» ha adquirido otro significado muy diferente. Lo utilicé hace muchos años para aludir al vínculo efectivo entre el entorno donde había crecido (que me transmitía, a través de mi padre, el eco del populismo ruso) y mis elecciones historiográficas.[28] De ahí surgió un impulso que me llevó a cometer, en algunos casos, errores y exageraciones. No quiero defender los primeros; los segundos son, creo, un ingrediente del conocimiento, que avanza a trompicones. También el análisis de los mecanismos de lectura de Menocchio surgió de una opción populista, en el sentido original del término: es decir, que era importante intentar reconstruir los libros que leía un molinero y la forma en que los leía. (Hoy en día, una elección de este tipo parece obvia; entonces no lo era.) Se han realizado investigaciones exhaustivas sobre algunos de esos libros, que han abierto nuevas vías.[29] Por citar solo la más prometedora: la hipótesis de que Menocchio leyera el *Alcorán de Mahoma* (1547), avanzada por el judío Simon y que yo retomé de forma insuficiente, puede considerarse ya demostrada.[30]

6

El libro tuvo mucho éxito y fue traducido a muchos idiomas.[31] Después, se ha leído de maneras que no acabo de entender, a través de filtros culturales (además de lingüísticos) que me resultan inaccesibles. Puede suceder, pero ¿por qué ha sucedido?

Creo que la primera respuesta hay que buscarla en la excepcionalidad del protagonista, Domenico Scandella, llamado Menocchio. Pero incluso un individuo excepcional vive y actúa en un contexto o, mejor dicho, en varios contextos. Dos de los elementos que aparecen en la historia de Menocchio contribuyeron a que acabara siendo inmediatamente comprensible incluso para los pertenecientes a una cultura muy alejada de la suya: la mezcla entre cultura oral y escrita, por un lado, y la rebelión contra la autoridad política y religiosa por otro. Muchos recuerdan hoy el nombre de ese molinero desconocido gracias a esa sublevación fallida.

NOTAS

PREFACIO

1. El hombre común, escribe VicensVives, «se ha convertido en el principal protagonista de la Historia» (cit. P. Chaunu, « Une histoire religieuse sérialle », en *Revue d'histoire moderne et contemporaine* XII, 1965, p. 9, nota 2).

2. La cita de Brecht está sacada de «Fragen eines Lesenden Arbeiters», en *Hundert Gedichte, 1918-1950*, Berlín, 1951, pp. 107-108. Ahora veo que la misma poesía la ha utilizado como epígrafe J. Kaplow, *The names of Kings: The Parisian Laboring Poor in the Eighteenth Century*, Nueva York, 1973. Véase también H. M. Enzensberger, «Letteratura come storiografia», en *Il Menabò*, nº 9, 1966, p. 13.

3. Utilizo el término gramsciano «clases subalternas» porque designa una realidad suficientemente amplia y no tiene la connotación paternalista, más o menos deliberada, de «clases inferiores». Sobre las polémicas suscitadas en su momento por la publicación de los apuntes de Gramsci sobre folclore y clases subalternas, véase la discusión entre E. De Martino, C. Luporini, F. Fortini *et al.* (véase la lista de interventores en L. M. Lombardi Satriani, *Antropologia culturale e analisi della cultura subalterna*, Rimini, 1974, p. 74, nota 34). Para los términos actuales de la cuestión, en gran parte eficazmente anticipados por E. J. Hobsbawm, «Per lo studio delle classi subalterne», en *Società*, XVI, 1960, pp. 436-449, véase más adelante.

4. Los procesos contra Menocchio se hallan en el Archivo de la Curia Arzobispal de Udine (en adelante ACAU), Santo Oficio,

Anno integro 1583 a n. 107 usque ad 128 incl., proc. núm. 126, y *Anno integro 1596 a n. 281 usque ad 306 incl.*, proc. núm. 285. El único erudito que los menciona (sin haberlos consultado) es A. Battistella, *Il S. Officio e la riforma religiosa in Friuli. Appunti storici documentati*, Udine, 1895, p. 65, en donde erróneamente afirma que Menocchio se salvó del suplicio.

5. La bibliografía sobre estos temas es, naturalmente, muy vasta. Para una orientación previa y más asequible véase A. M. Cirese, *Alterità e dislivelli interni di cultura nelle società superiori*, en AA. VV., *Folklore e antropologia tra storicismo e marxismo*, también de Cirese, Palermo, 1972, pp. 11-42; Lombardi Satriani, *Antropologia culturale op. cit.*; AA. VV., *Il concetto di cultura. I fondamenti teorici della scienza antropologia*, por P. Rossi, Turín, 1970. El concepto de folclore como «acervo inorgánico de ideas, etc.» fue también formulado con cierta vacilación por Gramsci: véase *Leterratura e vita nazionale*, Turín, 1950, pp. 215 y sigs. (véase también Lombardi Satriani, *Antropologia culturale*, *op. cit.*, pp. 16 y sigs.).

6. *Una cultura «orale»;* véase sobre el tema, C. Bermani, «Dieci anni di lavoro con le fonti orali», en *Primo Maggio*, nº 5, primavera de 1975, pp. 35-50.

7. R. Mandrou, *De la culture populaire aux XVIIe et XVIIIe siècles : La Bibliothèque bleue de Troyes*, París, 1964, señala que «cultura popular» y «cultura de masas» distan mucho de ser sinónimos. (Observaremos que *culture de masse* y su equivalente en español corresponden más bien a la expresión angloamericana *popular culture*, lo cual es origen de numerosos equívocos.) *Culture populaire*, expresión más antigua, designa, dentro de una perspectiva «populista», «la culture qui est l'oeuvre du peuple». Mandrou propone el mismo término en una acepción «más amplia» (en realidad, distinta): «La culture des milieux populaires dans la France de l'Ancien Régime, nous l'entendons [...], ici, comme la culture acceptée, digérée, assimilée, par ces milieux pendant des siècles» (pp. 9-10). De este modo la cultura popular acaba casi identificándose con la cultura de masas: lo que es anacrónico, ya que la cultura de masas en sentido moderno supone una industria cultu-

ral, que ciertamente no existía en la Francia del Antiguo Régimen (véase también p. 174). También es equívoco el empleo del término «superestructura» (p. 11); mejor hubiera sido, en la perspectiva de Mandrou, hablar de falsa conciencia. Por literatura de *colportage* como literatura de evasión, y simultáneamente reflejo de la visión del mundo de las clases populares, véase pp. 162-163. En cualquier caso, Mandrou es perfectamente consciente de los límites de su estudio pionero (p. 11), y tanto más meritorio por ello. De G. Bollème, véase « Littérature populaire et littérature de colportage au XVIIIe siècle » en AA. VV., *Livre et société dans la France du XVIIIe siècle*, I, París-Gravenhage, 1965, pp. 61-92, *Les Almanachs populaires aux XVIIe et XVIIIe siècle, essai d'histoire sociale*, París-Gravenhage, 1969; la antología *La Bibliothèque Bleue : La littérature populaire en France du XVIe au XIXe siècle*, París, 1971; *Représentation religieuse et thèmes d'espérance dans la « Bibliothèque Bleue ». Littérature populaire en France du XVIIe au XIXe siècle*, en *La società religiosa nell'età moderna*, Actas del congreso de estudios sobre historia social y religiosa, Capaccio-Paestum, 18-21 de mayo de 1972, Nápoles, 1973, pp. 219-243. Se trata de estudios de nivel desigual. El mejor es el dedicado a la antología de la *Bibliothèque Bleue* (en las pp. 22-23, se hallan las observaciones sobre el tipo de lectura que probablemente se hacía de estos textos) que contiene afirmaciones como ésta: «En definitiva la historia que entiende o lee el lector no es sino la que quiere que le cuenten [...] En este sentido podemos decir que la escritura, del mismo modo que la lectura, es colectiva, hecha por y para todos, difusa, difundida, sabida, dicha, intercambiada, no guardada, y que en cierto modo es espontánea [...]» (*id.*). Las inaceptables coacciones en sentido populista-cristiano contenidas por ejemplo en el ensayo *Représentation religieuse*, se basan en sofismas por el estilo. Parece increíble, pero A. Dupronto critica a Bollème por intentar caracterizar « l'historique dans ce qui est peut-êre l'anhistorique, manière de fonds commun quasi "indatable" de traditions... » (« Livre et culture dans la société française du 18e siècle », en *Livre et société*, *op. cit.*, I, pp. 203-204).

8. Sobre «literatura popular» véase el importante ensayo de N. Z. Davis, «Printing and the People», en *Society and Culture in Early Modern France*, Stanford, California, 1975, pp. 189-206, que gira en torno a presupuestos similares a los de este libro.

9. A un período posterior a la Revolución Industrial se refieren trabajos como los de L. James, *Fiction for the Working, Man, 1830-1850*, Londres, 1974 (1ª ed. Oxford, 1963); R. Schenda, *Volk ohne Buch, Studien zur Sozialgeschichte der populären Lesestoffe (1770-1910)*, Frankfurt, 1970 (forma parte de una serie dedicada a la *Triviallitteratur*); J. J. Darmon, *Le colportage de librairie en France sous le Second Empire. Grands colporteurs et culture populaire*, París, 1972.

10. Del libro de Bajtin conozco la traducción francesa: *L'oeuvre de François Rabelais et la culture populaire au Moyen Âge et sous la Renaissance*, París, 1970. [Hay también trad. cast.: *La cultura popular en la Edad Media y el Renacimiento: el contexto de François Rabelais*, Madrid, Alianza, 1995.] Véase en esta misma orientación la aportación de A. Berelovic, en AA. VV., *Niveaux de culture et groupes sociaux*, París-La Haya, 1967, pp. 144-145.

11. Véase Le Roy Ladurie, *Les paysans du Languedoc*, I, París, 1966, pp. 394 y sigs.; N. Z. Davis, «The Reasons of Misrule: Youth Groups and Charivaris in Sixteenth-Century France», en *Past and Present*, 50 (febrero 1971), pp. 41-75; E. P. Thompson, « Rough Music : le Charivari anglais », en *Annales ESC*, XXVII (1972), pp. 285-312 (y, actualmente, sobre el mismo tema, C. Gauvard y A. Gokalp, *Les conduites de buit et leur signification à la fin du Moyen Âge : Le Charivari*, *id.*, nº 29, 1974, pp. 693-704). Los estudios citados son útiles como ejemplo. Sobre el problema, algo distinto, de la persistencia de modelos culturales preindustriales entre el proletariado industrial, véase del mismo Thompson, «Time, Work-Discipline, and Industrial Capitalism», en *Past and Present*, 38 (diciembre 1967), pp. 56-97, y *The Making of the English Working Class*, Londres, 1968 (2ª ed. aumentada); de E. J. Hobsbawm, sobre todo *Primitive Rebels. Studies in Archaic Forms of Social Movement in the 19th and 20th Centuries*, Manchester, 1959 [Hay trad. cast.: *Rebeldes primitivos*, Barcelona, Crítica, 2001] y « Les classes

ouvrières anglaises et la culture depuis les débuts de la révolution industrielle », en AA. VV., *Niveaux de culture, op. cit.*, pp. 189-199.

12. Véase M. de Certeau, D. Julia y J. Revel, « La beauté du mort : le concept de "culture populaire" », en *Politique aujourd'hui*, diciembre de 1970, pp. 3-23 (la frase citada está en la p. 21).

13. En *Folie et déraison. Histoire de la folie à l'âge classique* (París, 1961), Foucault afirmó que «faire l'histoire de la folie, voudra donc dire: faire une étude structurale de l'ensemble historique —notions, institutions, mesures juridiques et policières, concepts scientifiques— qui tient captive une folie dont l'état sauvage ne peut jamais être restitué en lui-même; mais à défaut de cette inaccessible pureté primitive, l'étude structurale doit remonter vers la décision qui lie et sépare à la fois raison et folie» (p. VII). Todo ello explica la ausencia en su libro de los locos, ausencia que no se debe sólo, ni prevalentemente, a la dificultad de reunir una documentación adecuada. Los delirios transcritos en millares de páginas, conservados en la Bibliothèque de l'Arsenal, de un alcayo semianalfabeto y «demente furioso» que vivió a finales del siglo XVII, según Foucault, no tienen sitio en el «universo de nuestro discurso», son algo «irreparablemente menor en la Historia» (p. v). Es difícil determinar si testimonios de este cariz pueden arrojar luz alguna sobre la «pureté primitive» de la locura, quizá no tan «inaccesible» después de todo. De cualquier manera, la coherencia de Foucault, en este libro irritante pero genial, está fuera de dudas (salvo algunas contradicciones ocasionales: véanse, por ejemplo, las pp. 475-476). [Hay trad. cast.: *Historia de la locura en la época clásica*, Madrid, FCE, 1979.] Para un juicio sobre la involución de Foucault desde la *Histoire de la folie* (1961) hasta *Las palabras y las cosas* (1966) y *La arqueología del saber* (1969), véase P. Villar, « Histoire marxiste, histoire en construction », en *Faire de l'histoire*, dirigida por J. Le Goff y P. Nora, I, París, 1974, pp. 188-189. [Hay trad. cast.: *Hacer la historia*, Barcelona, Laia, 1985.] Respecto a las objeciones de Derrida, véase D. Julia, *La religion-Histoire religieuse, id.* II, pp. 145-146. Véase actualmente *Moi, Pierre Rivière, ayant égorgé ma mère, ma soeur et mon frère*, por M. Foucault *et al.*, París, 1973. [Hay trad.

cast.: *Yo, Pierre Rivière, habiendo degollado a mi madre, a mi hermana y a mi hermano*, Barcelona, Tusquets, 2001.] Referente al «estupor», al «silencio», al rechazo de interpretación, véanse pp. 11, 14, 243, 314, 348 nota 2. Sobre las lecturas de Rivière, véanse pp. 40, 42, 125. El pasaje sobre el vagabundeo en el bosque está en la p. 260. La referencia al canibalismo, en la p. 249. En lo que respecta a la deformación populista, véase sobre todo la contribución de Foucault, *Les meurtres qu'on raconte*, pp. 265-75. En general, véase actualmente G. Huppert, «Divinatio et Eruditio: Thoughts on Foucault», en *History and Theory*, XIII, 1974, pp. 191-207.

14. De J. Le Goff véase « Culture cléricale et traditions folkloriques dans la civilisation mérovingienne », en *Annales ESC*, XXII, 1967, pp. 780-791; « Culture ecclésiastique et culture folklorique au Moyen Âge : Saint-Marcel de Paris et le dragon », en *Ricerche storiche ed economiche in memoria di Corrado Barbagallo*, dirigida por L. De Rosa, II, Nápoles, 1970, pp. 53-94.

15. Véanse actualmente V. Lanternari, *Antropologia e imperialismo*, Turín, 1974, pp. 5 y sigs., y N. Wachtel, « L'acculturation », en *Faire de l'histoire*, *op. cit.*, I, pp. 124-146.

16. Véase C. Ginzburg, *I benandanti. Stregoneria e culti agrari tra '500 e '600*, Turín, 1974[3].

17. Véase para el primer tema *Livre et société*, *op. cit.*; para el segundo, P. Chaunu, *Une histoire religieuse*, *op. cit.*, y actualmente M. Vovelle, *Piété baroque et déchristianisation en Provence au XVIII*[e], París, 1973. En general, F. Furet, « L'histoire quantitative et la construction du fait historique », en *Annales ÉSC*, XXVI, 1971, pp. 63-75, que entre otras cosas señala acertadamente las implicaciones ideológicas de un método que tiende a reabsorber las rupturas (y las revoluciones) en los períodos largos y en el equilibrio del sistema. Véanse sobre esta misma pauta las investigaciones de Chaunu, así como la contribución de A. Dupront a éstas en el citado compendio *Livre et société* (I, pp. 185 y sigs.), en donde, tras ambiguas disquisiciones sobre el «alma colectiva», se llega a elogiar las virtudes tranquilizantes de un método que permite estudiar el siglo XVIII francés ignorando el desenlace revo-

lucionario, lo que equivaldría a liberarse de la «escatología de la historia» (p. 231).

18. Véase « Pour une définition des classes inférieures à l'époque moderne », en *Annales ÉSC*, XVIII, 1963, pp. 459-474, especialmente la p. 459.

19. Véase R. Romano, « À propos de l'édition italienne du livre de F. Braudel... », en *Cahiers Vilfredo Pareto*, nº 15, 1968, pp. 104-106.

20. Aludimos a O. Brunner, *Vita nobiliare e cultura europea*, Bolonia, 1972 (y véase C. Schorske, «New Trends in History», en *Daedalus*, nº 98, 1969, p. 963) y de A. Macfarlane, *The Family Life of Ralph Josselin, a Seventeenth Century Clergyman. An Essay in Historical Anthropology*, Cambridge, 1970 (pero véanse las observaciones de E. P. Thompson, «Anthropology and the Discipline of Historical Context», en *Midland History*, I, nº 3, 1972, pp. 41-45).

21. Véanse las consideraciones de P. Bogatyrev y R. Jakobson, «Il folclore comme forma di creazione autonoma», en *Strumenti critici*, I, 1967, pp. 223-240. Las famosas páginas de G. Lukács sobre la «conciencia posible» (véase *Storia e coscienza di classe*, Milán, 1967, pp. 65 y sigs. [hay trad. cast.: *Historia y consciencia de clase*, Barcelona, Grijalbo, 1978]) aun cuando insertas en un contexto totalmente distinto, pueden utilizarse en igual sentido.

22. Véase D. Cantimori, *Prospettive di storia ereticale italiana del Cinquecento*, Bari, 1960, p. 14.

23. Véase D. Julia, « La religion-Histoire religieuse », en *Faire de l'histoire*, *op. cit.*, II, p. 147.

24. Sobre la relación entre encuestas cuantitativas y encuestas cualitativas, véanse las observaciones de E. Le Roy Ladurie, «La révolution quantitative et les historiens français: bilan d'une génération (1932-1968)», en *Le territoire de l'historien*, París, 1973, p. 22. Entre las disciplinas «pionnières et prometteuses» que permanecen resuelta y justamente cualitativas, Le Roy Ladurie cita la «psychologie historique». El pasaje de E. P. Thompson se encuentra en la citada *Anthropology*, p. 50.

25. Véase «Le stanchezze di Clio», en *Rivista Storica Italiana*, LXXXIV, 1973, en particular las pp. 733-734, así como del mismo

autor, «Metodo quantitativo e storia delle idee», *Rivista Storica Italiana*, LXXVIII, 1966, pp. 932-947 (sobre las investigaciones de Bollème, pp. 939-941). Véanse las críticas de F. Venturi, *Utopia e riforma nell'illuminismo*, Turín, 1970, pp. 24-25.

26. Sobre la cuestión del modo de lectura, véase la bibliografía citada más adelante, p. 86.

27. Sobre historia de la mentalidad, véase actualmente J. Le Goff, «Les mentalités: une histoire ambigue», en *Faire de l'histoire*, *op. cit.*, III, pp. 76-79. El pasaje citado se encuentra en la p. 80. Le Goff observa significativamente: « Eminemment collective, la mentalité semble soustraite aux vicissitudes des luttes sociales. Ce serait pourtant une grossière erreur que de la détacher des structures et de la dynamique sociale [...] Il y a des mentalités de classes, à côté de mentalités communes. Leur jeu reste à étudier » (pp. 89-90).

28. Véase L. Febvre, *Le problème de l'incroyance au* XVI*e* *siècle. La religion de Rabelais*, París 1968 (1ª ed., 1942). [Hay trad. cast.: *El problema de la incredulidad en siglo* XVI, Madrid, Akal, 1993.] Como se sabe, la argumentación de Febvre, a partir de un tema específico —la refutación de la tesis propuesta por A. Lefranc, según la cual Rabelais en el *Pantagruel* (1532) sería un propagandista ateo— se prolonga en círculos cada vez más amplios. La tercera parte de la obra, sobre los límites de la incredulidad del siglo XVI, es desde luego la más moderna desde el punto de vista metodológico, pero también la más genérica e inconsistente, como tal vez lo presintiera el propio Febvre (p. 19). La falsa extrapolación a propósito de la mentalidad colectiva de los «hombres del siglo XVI» se resiente excesivamente de las teorías de Lévy-Bruhl («nuestro maestro», p. 17) sobre la mentalidad primitiva. (Es curioso que Febvre ironice sobre «la gente de la Edad Media» para hablar, pocas páginas después, de «hombres del siglo XVI» y de «hombres del Renacimiento», aunque admita en esta última cita que se trata de una fórmula «estereotipada, pero cómoda»: véanse pp. 153-154, 142, 382, 344.) La alusión a los campesinos está en la p. 253; ya Bajtin había observado (*L'oeuvre de François Rabelais*, *op. cit.*, p. 137) que el

análisis de Febvre se basa únicamente en los ambientes de la cultura oficial. El enfrentamiento con Descartes en pp. 393, 425, *passim*. Sobre este último punto, véase también G. Schneider, *Il libertino. Per una storia sociale della cultura borghese nel XVI e XVIII secolo*, Bolonia, 1974, y las observaciones (no todas aceptables) formuladas en la p. 7 y sigs. Sobre el riesgo, patente en la historiografía de Febvre, de caer en una modalidad de refinada tautología, véase D. Cantimori, *Storici e storia*, Turín, 1971, pp. 223-225. [Hay trad. cast.: *Los historiadores y la historia*, Barcelona, Península, 1985.]

29. Véase B. Geremek, «Il pauperismo nell'età preindustriale (secoli XIV-XVIII)», en *Storia d'Italia*, vol. V, tomo I, Turín, 1973, pp. 669-698; *Il libro dei vagabondi*, dirigido por P. Camporesi, Turín, 1973.

30. Se anuncia la aparición inminente de un importante trabajo de Valerio Marchetti sobre los artesanos del siglo XVI residentes en Siena.

31. Para lo expuesto en este párrafo, véanse además pp. 127-129.

32. No se confunda en modo alguno con la nostalgia reaccionaria del pasado, ni con la retórica igualmente reaccionaria so pretexto de una supuesta «civilidad campesina» inmóvil y ahistórica.

33. La frase de Benjamin figura en *Tesi di filosofia della storia* (*Angelus novus. Saggi e frammenti*, dirigida por R. Solmi, Turín, 1962, p. 73). [Hay trad. cast.: *Tesis de filosofía de la historia*, Barcelona, Etcétera, 2001.]

EL QUESO Y LOS GUSANOS

1. Es el nombre que figura en los documentos de la Inquisición. En otros figura también como «Menoch» o como «Menochi».

2. Véase ACAU, proc. nº 126, f. 15*v*.

3. Actualmente Montereale Cellina; es un pueblo entre colinas (a 317 metros sobre el nivel del mar) situado a la entrada del valle Cellina. En 1584 la parroquia contaba con seiscientas cin-

cuenta almas: véase AVP, *Sacrarum Visitadionum Nores ab anno 1582 usque ad annum 1584*, f. 168*v*.

4. Véase ACAU, proc. nº 126, f. 20*r*.

5. «Indutus vestena quadam et desuper tabaro ac pileo aliisque vestimentis de lana omnibus albo colore» [«ataviado con una especie de túnica y encima de tabardo, y con un capuchón y otras prendas, todas de lana, de color blanco»]. (*Ibid*., f. 15*v*). Este tipo de vestimenta lo usaban todavía los molineros de Italia en el siglo XIX: véase C. Cantú, *Portafoglio d'un operajo*, Milán, 1871, p. 68.

6. Véase ACAU, *Sententiarum contra reos S. Officii liber II*, f. 16*v*.

7. Sobre los contratos de aparcería en este período, véase G. Giorgetti, *Contadini e proprietari nell'Italia moderna. Rapporti di produzione e contrati agrari dal secolo XVI a oggi*, Turín, 1974, pp. 97 y sigs. No sabemos si se trataba de aparcerías «perpetuas» o de más breve duración (por ejemplo, veintinueve años o, lo más probable, nueve años). Sobre la imprecisión de la terminología en los contratos de este período, que muchas veces dificulta la distinción entre enfiteusis, aparcería o alquiler, véanse las observaciones de G. Chittolini, «Un problema aperto: la crisi della proprietà acclesiastica fra Quattro e Cinquecento», en *Rivista storica italiana*, LXXXV, 1973, p. 370. La ubicación probable de estos dos terrenos la hemos extraído de un documento posterior: una estimación realizada en 1596 a petición del lugarteniente veneciano (véase ASP, Notarile, b. 488, nº 3.785, ff. 17*r*-22*r*). Entre las 255 parcelas situadas en Montereale y en Grizzo (un pueblo cercano) figuran (f. 18*r*): «9. Aliam petiam terre arative, positam in pertinentis Monteregalis in loco dicto alla via del'homo dictam la Longona, unius iug. in circa, tentam per Bartholomeum Andrease: a mane dicta via, a meridie terrenum ser Dominici Scandelle, a sero via de sotto et a montibus terrenumn tentum per heredes q. Stephani de Lombarda»; (f. 19*v*): «Aliam petiam terrae unius iug. in circa loco dicto [...] il campo del legno: a mane dicta laguna, a meridie terrenum M. d. Horatii Montis Regalis tentum perser Jacomum Margnanum, a sero terrenum tentum per se Dominicum Scandelle et a montibus suprascriptus ser Daniel Capola». [«9. Otra parcela de tierra de labor situada en

el término de Montereale, en el paraje llamado *Alla Via del'Homo*, la cual lleva por nombre *Longona*, de una yugada aproximadamente, administrada por Bartolomeo Andrea: a levante, el dicho camino, a mediodía, la finca de maese Domenico Scandella, a poniente, la *Via de Sotto* y, por la parte de la montaña, la finca administrada por los herederos de Stefano de Lombarda»; «Otra parcela de tierra de una yugada aproximadamente, en el paraje dicho [...] *Il Campo del Legno:* a levante, la laguna citada, a mediodía, la finca del señor Orazio de Montereale, administrado por maese Giacomo Margnano; a poniente, la finca administrada por maese Domenico Scandella y, por la parte de la montaña, el antedicho maese Daniel Capola»]. No hemos podido confrontar con precisión los topónimos del texto. La identificación de estas dos parcelas con los «dos campos como aparcero» mencionados por Menocchio doce años atrás (1584) no es totalmente segura: entre otras cosas, sólo de la segunda parcela se habla de modo explícito como de un *terrenum tentum*, es decir, presumiblemente nivelado. Señalaremos que en un catastro de 1578 (ASP, Notarile, b. 40, nº 332, ff. 115*r* y sigs.) no aparece el nombre de Domenico Scandella, a diferencia del de Bernardo Scandella (no sabemos si eran parientes; el padre de Menocchio se llamaba Giovanni) mencionado varias veces. Por cierto que el apellido de Scandella actualmente es corriente en Montereale.

8. Véase A. Tagliaferri, *Struttura e politica sociale in una comunità veneta del '500 (Udine)*, Milán 1969, p. 78 (el alquiler de un molino con vivienda, en Udine: en 1571, por ejemplo, asciende a 61 celemines de trigo, más dos jamones). Véase también el contrato de alquiler de un nuevo molino efectuado por Menocchio en 1596 (véase además p. 150).

9. Véase ACAU, proc. nº 126, acta del 28 de abril de 1584 (hojas sin numerar).

10. Véase ASP, Notarile, b. 488, nº 3786, ff. 27*r*-27*v*, 26 de enero de 1600. El esposo se llamaba Daniele Colussi. Comparándola con otras dotes, véase *ibid.*, b. 40, n. 331, ff. 2*v* y sig.: 390 liras y diez sueldos; *ibid.*, ff. 9*r* y sig.: unas 340 liras; *ibid.*, b. 488, nº 3.786, ff. 11*r-v:* 300 liras; *ibid.*, 20*v*-21*v:* 247 liras y dos sueldos;

ibid., 23*v*-24*r*: 182 liras y quince sueldos. La exigüidad de esta última dote era debida al hecho de que la esposa, Maddalena Gastaldione di Grizzo, celebraba sus segundas nupcias. Lamentablemente no disponemos de datos sobre la posición social o la profesión de los individuos nombrados en estos contratos. La dote de Giovanna Scandella estaba constituida por los siguientes objetos:

Un lecho con colchón nuevo y un par de sábanas de lino medio usadas con fundas (de almohada), almohadones y cabezal nuevos; con una colcha, que el dicho Stefano promete comprar nueva

	L. 69	s. 4
Una camisa de cuero nueva	5	10
Una toquilla bordada	4	—
Un vestido gris	11	—
Una sábana de lana y algodón con cabezal de paño nueva	12	—
Otra sábana similar a la anterior	12	—
Un vestido gris medio usado	10	—
Una sábana blanca, listada de algodón blanco, con franja a los pies	12	10
Una camisola de media lana	8	10
Un par de mangas de paño anaranjado con cordones de seda	4	10
Un par de mangas de paño plateado	1	10
Un par de mangas de «bombasino» forradas de tela	1	—
Sábanas nuevas en n. de 3	15	—
Una sábana fina medio usada	5	—
Fundas nuevas en n. de 3	6	—
Toquillas en n. de 6	4	—
Toquillas en n. de 4	6	—
Pañuelos nuevos en n. de 3	4	10
Pañuelos medio usados en n. de 4	3	—
Un delantal bordado	4	—
Toquillas en n. de 3	5	10

	L. 69	s. 4
Un paño de bombaso	1	10
Un delantal viejo, una toquilla y un paño	3	—
Un pañuelo de cabeza nuevo bordado	3	10
Pañuelos de nariz en n. de 5	6	—
Una mantilla de cabeza medio usada	3	—
Cofias nuevas en n. de 2	1	10
Camisas de cuero nuevas en n. de 5	15	—
Camisas medio usadas en n. de 3	6	—
Cordones de seda en n. de 9 de todos los colores	4	10
Cíngulos de diversos colores en n. de 4	2	—
Un delantal nuevo de tela gruesa	—	15
Un arca sin cerradura	5	—
	256	9

No me ha sido posible consultar L. D'Orlandi y G. Perusini, *Antichi costumi friulani-Zona di Maniago*, Udine, 1940.

11. Ténganse en cuenta las observaciones realizadas a propósito de la campaña en Lucca de M. Berengo (*Nobili e mercanti nella Lucca del Cinquecento*, Turín, 1965): en las poblaciones más pequeñas «se anula cualquier distinción social efectiva ya que todos sacan su subsistencia de la explotación colectiva de tierras. Y aunque aquí como en todas partes se siga hablando de ricos y pobres [...] no habrá ninguno que no sea justamente definido como villano o, sencillamente, como campesino»; sin embargo, un caso aparte es el de los molineros, «presentes en todos los centros de cierta importancia [...], acreedores con bastante frecuencia del municipio o de particulares, no participantes en el cultivo de la tierra, más ricos que los demás» (*id.*, pp. 322, 327). En cuanto a la figura social del molinero, véase pp. 137-139).

12. Véase ASP, Notarile, b. 40, n. 333, f. 89*v:* exhorto por cuenta de Andrea Cossio, noble udinense, «potestati, iuratis, communi, hominibus Montisregalis» [«al *podestà*, a los jurados, al Consejo y al pueblo de Montereale»] para que le sean pagados los

arriendos que se le deben por ciertas tierras. El 1 de junio el exhorto se transmite a «Dominico Scandellae vocato Menocchio de Monteregali [...] potestati ipsus villae» [«a Domenico Scandella, llamado Menocchio de Montereale [...], *podestà* de la dicha ciudad»]. En una carta de Ziannuto, hijo de Menocchio (véanse pp. 45-49) se dice que había sido «alcalde y rector de cinco villas» (para los nombres véase *Leggi per la Patria, e Contadinanza del Friuli*, Udine, 1686, introducción, f. D *2r*) y «camarero» de la parroquia.

13. Véase G. Perusini, «Gli statuti di una vicinia rurale friulana del Cinquecento», en *Memorie storiche forogiulesi*, SLIII, 1958-1959, pp. 213-219. La «vecindad», es decir, la asamblea de cabezas de familia, es la constituida por un pequeño pueblo, Bueris, cercano a Tricesimo; los cabezas de familia que la formaban en 1578 eran seis.

14. Véase ACAU, Santo Oficio, proc. nº 126, f. 15*v*.

15. Véase G. Marchetti, «I quaderni dei camerari di s. Michele a Gemona», en *Ce fastu?*, 38, 1962, pp. 11-38. Marchetti observa (p. 13) que los camareros no pertenecían al clero ni al notariado, es decir, a la clase «letrada»; solían ser «burgueses o lugareños que habían podido ir a la escuela pública del municipio»: y cita el caso, probablemente excepcional, de un herrero analfabeto, camarero en 1489 (p. 14).

16. Véase G. Chiupanni, «Storia di una scuola di grammatica dal Medio Evo fino al Seicento (Bassano)», en *Nuovo archivio veneto*, XXIX, 1915, p. 79. En Aviano habría sido maestro el humanista Leonardo Fosco, que era natural de Montereale: véase F. Fattorello, «La cultura del Friuli nel Rinascimento», en *Atti dell'Accademia di Udine*, 6ª serie, I, 1934-1935, p. 160. La noticia, sin embargo, no figura en el perfil biográfico de Fosco trazado por A. Benedetti, en *Il Popolo*, semanario de la diócesis de Concordia-Pordenone, 8 de junio de 1974. Sería muy útil una investigación sobre las escuelas comunales de este período. La mayoría de las veces se trataba de comunidades pequeñísimas: véase por ejemplo A. Rustici, «Una scuola rurale della fine del secolo XVI», en *La*

Romagna, n.s., I, 1927, pp. 334-338. Sobre la difusión de la enseñanza en el campo de Lucca, véase Berengo, *Nobili e mercanti*, *op. cit.*, p. 322.

17. Véase ACAU, proc. nº 126, hoja sin numerar: «Fama publica deferente et clamorosa insinuatione producente, non quidem a malevolis orta sed a propis et honestis viris catolicaeque fidei zelatoribus, ac fere per modum no torii devenerit quod quidam Dominicus Scandella [...]» [«Por manifestación de la opinión pública y por denuncia de comentarios unánimes, no surgidas por cierto de gente malintencionada, sino de varones honrados y celosos de la fe católica, se ha hecho bien notorio que un tal Domenico Scandella [...]»] (y la fórmula ritual).

18. *Ibid.*, f. 2*r*.

19. *Ibid.*, f. 10*r*.

20. *Ibid.*, f. 2*r*.

21. *Ibid.*, ff. 13*v*, 12*r*.

22. *Ibid.*, ff. 6*v*, 7*v*, hoja sin numerar (autos de Domenico Melchiori), f. 11*r*, etc.

23. *Ibid.*, f. 8*r*.

24. *Ibid.*, f. 10*r*.

25. *Ibid.*, f. 8*r*.

26. *Ibid.*, f. 11*v*.

27. *Ibid.*, f. 5*r*. Como se sabe, en este período el término «luterano» tenía en Italia un valor bastante genérico.

28. *Ibid.*, f. 4*c* (Giovanni Povoledo); f. 6*v* (Giovanni Antonio Melchiori, no confundir con Giovanni Daniele Melchiori, vicario de Polcenigo); f. 2*v* (Francesco Fasseta).

29. *Ibid.*, f. 3*r*.

30. *Ibid.*, f. 13*r* (Antonio Fasseta); f. 5*v* (Giovanni Povoledo que dijo al principio que conocía a Menocchio hacía cuarenta años, y luego veinticinco o treinta). El único recuerdo datable con precisión es el siguiente de Antonio Fasseta (f. 13*r*): «Viniendo una vez de la montaña con Menocchio en el momento en que pasaba la emperatriz».

31. Véase ACAU, proc. nº 126, f. 6*r*, etc.

32. *Ibid.*, proc. nº 285, declaración de Curzio Celina, 17 de diciembre 1498, hoja sin numerar.

33. *Ibid.*, proc. nº 126, f. 18*v*.

34. *Ibid.*, f. 14*r*.

35. Lo recordó él mismo al Santo Oficio en la declaración del 1 de junio de 1584 (véase *ibid.*, proc. nº 136) doliéndose por no haberlo hecho antes.

36. *Ibid.*, proc. nº 284, hoja sin numerar (declaración del 11 de noviembre de 1598).

37. *Ibid.*, proc. nº 126, f. 10*r*.

38. Véase otro caso análogo sucedido en Friuli cit. por G. Miccoli, *La storia religiosa*, en *Storia d'Italia*, vol. II, tomo I, Turín, 1974, p. 994.

39. Véase ACAU, proc. nº 126, f. 10*r*.

40. *Ibid.*, f. 7*v*.

41. Véase ACAU, proc. nº 126, f. 3*r* (Daniele Fasseta); f. 8*r* (Giuliano Stefanut); f. 2*r* (Francesco Fasseta); f. 5*r* (Giovanni Povoledo); f. 3*v* (Daniele Fasseta).

42. *Ibid.*, f. 11*v* (Andrea Bionima).

43. *Ibid.*, proc. nº 134, declaración del 7 de mayo de 1584. Sobre el proceso anterior incoado a Melchiori, y sobre sus relaciones con Menocchio, véanse pp. 145-150. Tanto Melchiori como Policreto fueron procesados por el Santo Oficio (en marzo y en mayo de 1584 respectivamente) bajo la acusación de haber intentado influenciar con sus sugerencias la causa contra Menocchio: véase ACAU, proc. Melchiori le impusieron mantenerse a disposición del tribunal, y allí acabó la cosa; a Policreto le fue impuesta una pena canónica. A favor de Policreto testimoniaron el alcalde de Pordenone, Gerolamo de' Gregori, y personajes de la nobleza local como Gerolamo Popaiti. Policreto estaba vinculado a la familia Mantica-Montereale, a la que también pertenecían los señores de Montereale; en 1583 fue nombrado árbitro (sucediendo en esta función a su padre, Antonio) en un pleito entre Giacomo y Giovan Battista Mantica por una parte, y Antonio Mantica por otra (véase BCU, ms. 1042).

44. Véase ACAU, proc. nº 126, f. 15*v*.

45. *Ibid.*, ff. 16*r-v*.

46. *Ibid.*, ff. 17*r-v*.

47. *Ibid.*, f. 6*r* (Giovanni Povoledo).

48. *Ibid.*, ff. 2*v*-3*r*. Las manifestaciones de heterodoxia religiosa por parte de gente inculta muchas veces se consideraban efecto de locura: véase, por ejemplo, Miccoli, *La vita religiosa*, *op. cit.*, pp. 994-995.

49. Véase ACAU, proc. nº 126, f. 6*v*.

50. *Ibid.*, proc. nº 136, declaración del 14 de mayo de 1584, hoja sin numerar.

51. Véase Foucault, *Folie et déraison*, *op. cit.*, pp. 121-122 (caso de Bonaventure Forcroy), pp. 469 (en 1773 estuvo recluido un individuo por loco en el hospital St. Lazare afectado de «sentimientos extraordinarios»).

52. La carta de Ziannuto, el abogado Trapola, y la escrita materialmente por el párroco a sugerencia de Ziannuto se hallan registradas en el fascículo del primer proceso contra Menocchio (ACAU, proc. nº 126). Las versiones (previsiblemente distintas pero no contradictorias) que dieron Ziannuto y el párroco sobre las circunstancias en que fue escrita la carta a Menocchio forman parte del proceso contra el propio párroco (proc. nº 136). Los cargos contra Vorai, además del de haber escrito a Menocchio sugiriéndole una línea de defensa, fueron: haber esperado diez años para denunciar a Menocchio al Santo Oficio, a pesar de considerarle hereje; haber afirmado, hablando con Nicolò y Sebastiano condes de Montereale, que la iglesia militante, aun estando gobernada por el Espíritu Santo, puede equivocarse. El proceso, muy breve, concluyó con una pena canónica para el reo. Durante el interrogatorio del 19 de mayo de 1584, el párroco declaró entre otras cosas: «Yo me puse a escribir esa carta por el temor de mi propia vida, porque los hijos de esta Scandella cuando pasaban junto a mí y se mostraban alterados, ya no me saludaban como solían, y me habían avisado mis amigos que tuviese cuidado porque se opinaba que yo había denunciado al anteriormente citado Domenego y me habrían podido hacer algún entuerto [...]». Entre

los que habían acusado a Vorai de delación estaba Sebastiano Sebenico, que había aconsejado a Ziannuto difundir la historia de que Menocchio estaba loco o poseído (véase p. 45).

53. Parece que se lo había sugerido Ziannuto: véase proc. nº 126, f. 28*v*.

54. *Ibid.*, f. 19*r*.

55. *Ibid.*

56. *Ibid.*, f. 8*r*.

57. *Ibid.*, f. 19*r*.

58. *Ibid.*, proc. nº 134, declaración del 7 de mayo de 1584.

59. Véase Ginzburg, *I benandanti*, *op. cit.*, índice.

60. Véase P. Paschini, *Venezia e l'Inquisizione Romana da Giulio III a Pio IV*, Padua, 1959, pp. 51 y sigs.: A. Stella, *Chiesa e Stato nelle relazioni dei nunci pontifici a Enezia*, Vaticano, 1964, especialmente pp. 290-291.

61. Véase ACAU, proc. nº 126, f. 3*r*.

62. *Ibid.*, f. 4*r*.

63. *Ibid.*, f. 27*v*.

64. *Ibid.*, ff. 27*v*-28*v*.

65. Véase *Salmos* LXXXI 6.

66. Aquí Menocchio manifiesta su rebelión contra la reglamentación del matrimonio establecida por el Concilio de Trento: véase A. C. Jemolo, «Riforma tridentina nell'ambito matrimoniale», en AA.VV., *Contributi alla storia del Concilio di Trento e della Controriforma, Quaderni di Belfagor*, I 1948, pp. 45 y sigs.

67. Véase ACAU, proc. nº 126, f. 11*v*.

68. *Ibid.*, f. 38*r*.

69. *Ibid.*, f. 6*v*.

70. *Ibid.*, f. 11*v*.

71. *Ibid.*, f. 18*r*.

72. *Ibid.*, ff. 28*r*-*v*.

73. *Ibid.*, ff. 28*v*-29*r*.

74. Véase *ibid.*, f. 29*r*.

75. Véase *ibid.*, f. 33*r* (corrijo un error: «Christo» en lugar de «dios»).

76. Véase *ibid.*, f. 17*v*.

77. Véase *ibid.*, f. 33*r*.

78. Véase *ibid.*, f. 4*r*.

79. Véase *ibid.*, ff. 26*v*-27*r*.

80. Véase *ibid.*, f. 3*r*.

81. Véase *ibid.*, ff. 29*v*-30*r*.

82. Véase *ibid.*, f. 30*r*.

83. Sobre el Friuli de esta época, aparte de P. Paschini, *Storia del Friuli*, II, Udine, 1954, que trata exclusivamente de las vicisitudes políticas, véanse especialmente los numerosos estudios de P. S. Leicht: «Un programma di parte democratica in Friuli nel Cinquecento», en *Studi e frammenti*, Udine, 1903, pp. 107-121; *La rappresentanza dei contadini presso il Veneto Luogotenente della Patria del Friuli*, *ibid.*, pp. 125-144; «Un movimento agrario nel Cinquecento», en *Scritti vari di storia del diritto italiano*, I, Milán, 1943, pp. 73-91; «Il parlamento friulano nel primo secolo della dominazione veneziana», en *Rivista di storia del diritto italiano*, XXI, 1948, pp. 5-50; «I contadini ed i Parlamenti dell'età intermedia», en *IX Congrès International des Sciences Historiques... Etudes présentées à la Commission Internationale pour l'histoire des assemblées d'états*, Lovaina, 1952, pp. 125-128. Entre los trabajos recientes, véase en primer lugar A. Ventura, *Nobiltà e popolo nella società veneta del '400 e '500*, Bari, 1964, sobre todo pp. 187-214; véase también A. Tagliaferri, *Struttura*, *op. cit.*

84. Véase A. Battistella, «La servitú di masnada in Friuli», en *Nuovo archivio veneto*, XI, 1906, 2ª parte, pp. 5-62; XII, 1906, 1ª parte, pp. 169-191, 2ª parte, 320-331; XIII, 1907, 1ª parte, pp. 171-184, 2ª parte, pp. 142-157; XIV, 1907, 1ª parte, pp. 193-208; XV, 1908, pp. 225-237. Los últimos vestigios de esta institución desaparecen hacia 1460, pero en los estatutos friulanos de un siglo más tarde subsisten títulos como *De nato ex libero ventre pro libero reputando* (con la correspondiente afirmación «Quicumque vero natus ex muliere serve censeatur et sit servus cuius est mulier ex qua natus est, etiam si pater eius sit liber») [«Todo el que fuere nacido de mujer esclava debe ser tenido como tal y como propie-

dad del dueño de la mujer de quien hubiere nacido, aun cuando su padre fuese libre»] o *De servo communi manumissio.* Véase también G. Sassoli de Bianchi, «La scomparsa della servitú di masnada in Friuli», en *Ce Fastu?*, nº 32, 1956, pp. 145-150.

85. Véase «Relazioni dei rettori veneti in Terraferma», I: *La Patria del Friuli (luogotenenza di Udine)*, Milán, 1973 (pero sobre esta edición véase el resumen de M. Berengo, en *Rivista Storica Italiana*, LXXXVI, 1974, pp. 586-590).

86. Véase G. Persusini, *Vita di popolo in Friuli. Patti agrari e consuetudini tradizionali*, Florencia, 1961 (Biblioteca di «Lares», VIII), pp. XXI-XXII.

87. Sobre los hechos de 1511, véase Leicht, *Un movimiento agrario, op. cit.*, y Ventura, *Nobiltà e popolo, op. cit.*

88. Sobre la *Contadinanza*, véase también Leicht, *La rappresentanza dei contadini, op. cit.* Sobre este tema es de señalar la falta de un estudio moderno.

89. Véase *Constitutiones Patrie Foriiulii cum additionibus noviter impresse*, Venecia, 1524, cap. LX*v*, LXVIII*v*. Los mismos títulos se repiten en la edición de 1565.

90. Véase Leicht, *I contadini ed i Parlamenti, op. cit.*, en donde se subraya la excepcionalidad del caso friulano: en realidad en ningún otro país de Europa el órgano representativo de los campesinos delibera al mismo tiempo que el parlamento o asamblea de los estados.

91. Véase *Leggi per la Patria, op. cit.*, pp. 638 y sigs., 642 y sigs., 207 y sigs.

92. Véase Perusini, *Vita di popolo, op. cit.*, p. XXVI, y en general Giorgetti, *Contadini e propietari, op. cit.*, pp. 97 y sigs.

93. Véase Tagliaferri, *Struttura, op. cit.*, pp. 25 y sig. (con bibliografía).

94. Véase *Relazioni, op. cit.*, pp. 84, 108, 115.

95. Véase AA.VV., *Aspetti e cause della decadenza economica veneziana nel secolo XVII*, Venecia-Roma, 1961; *Crisis and Change in the Venetian Economy in the Sixteenth and Seventeenth Centuries*, dirigido por B. Pullan, Londres, 1968.

96. Véase el bellísimo libro de S. Ossowski, *Struttura di classe e coscienza sociale*, trad. italiana, Turín, 1966, especialmente pp. 23 y sig.

97. Véase ACAU, proc. nº 126, ff. 27*v*-28*r*.

98. Véase *ibid.*, f. 27*v*.

99. Véase ASP, Notarile, b. 488, nº 3.785, ff. 17*r* y sig., especialmente f. 19*v*. Lamentablemente no disponemos sobre este período de un inventario de los bienes eclesiásticos existentes en Friuli, como el enormemente analítico redactado en 1530 por orden del lugarteniente Giovanni Basadona (véase BCU, ms. 995): en ff. 62*v*-64*v* hay una lista de arrendatarios de la iglesia de Santa María de Montereale, en la que no figura ningún Scandella.

100. Véase A. Stella, «La proprietà ecclesiastica nella Repubblica di Venezia dal secolo XV al XVII», en *Nuova rivista storica*, XLII, 1958, pp. 50-77; A. Ventura, «Considerazioni sull'agricoltura veneta e sull'accumulazione originaria del capitale nei secoli XVI e XVII», en *Studi storici*, IX, 1968, pp. 674-722; y actualmente, en general, el importante ensayo de Chittolini, *Un problema aperto, op. cit.*, pp. 353-393.

101. Véase ACAU, proc. nº 126, f. 27*r*. Sobre la cuestión del amigo de Menocchio que se ofreció como fiador, véase p. 155 del texto.

102. Véase *ibid.*, proc. nº 285, hoja sin numerar.

103. La bibliografía es claramente inabarcable. Sobre las tendencias radicales en general, véase G. H. Williams, *The Radical Reformation*, Filadelfia, 1962. Sobre anabaptismo, véase actualmente C. P. Clasen, *Anabaptism, A Social History (1525-1618): Switzerland, Austria, Moravia, South and Central Germany*, Londres, 1972. Para Italia véase la rica documentación recopilada por A. Stella, *Dall'anabattismo al socinianesimo nel Cinquecento veneto*, Padua, 1967, e *id. Anabattismo e antitrinatarismo in Italia nel XVI secolo*, Padua, 1969.

104. Véase ACAU, proc. nº 126, f. 28*v*.

105. Véase Stella, *Dall'anabattismo, op. cit.*, pp. 87 y sig.; véase *idem Anabattismo e antitrinitarismo...*, pp. 64 y sigs. Véase también C. Ginzburg, *I costituti di don Pietro Manelfi*, Florencia-Chicago, 1970 («Biblioteca del Corpus Reformatorum Italicorum»).

106. Sobre la situación religiosa en Friuli en el siglo XVI véase P. Paschini, «Eresia e Riforma cattolica al confine orientale d'Italia», en *Lateranum* nueva serie, XVII, n°s 1-4, Roma, 1951; L. de Biasio, «L'eresia protestante in Friuli nella seconda metà del secolo XVI», en *Memorie storiche Forogiuliesi*, LII, 1972, pp. 71-154. Sobre los artesanos de Porcia, véase Stella, *Anabattismo e antitrinitarismo, op. cit.*, pp. 153-154.

107. Véase por ejemplo lo que escribía en 1552 Marco tintorero, anabaptista arrepentido: «Y me han predicho los anabaptistas que no se debe creer en el perdón que manda el Papa porque ellos dicen que son bromas [...]» (ASVen, Sant' Uffizio, b. 10).

108. Véase ACAU, proc. nº 126, f. 29*r*.

109. Véase Stella, *Anabattismo e antitrinitarismo, op. cit.*, p. 154. Véase también lo que dice el trapero de Bérgamo, Ventura Bonicello, procesado por anabaptista: «Otros libros que no sean la Sagrada Escritura los abomino» (ASVen, Sant' Uffzio, b. 158, «libro segundo», f. 81*r*).

110. Véase ACAU, proc. nº 126, ff. 37*v*-38*r*.

111. Véase Andrea da Bérgamo [P. Nelli], *Il primo libro delle satire alla carlona*, Venecia, 1566, f. 31 *r*.

112. Véase P. Tacchi Venturi, *Storia della Compagnia di Gesú in Italia*, I, Roma, 1938, pp. 455-456.

113. Véase F. Chabod, *Per la storia religiosa dello Stato di Milano...*, actualmente en *Lo Stato e la vita religiosa a Milano nell'epoca di Carlo V*, del mismo autor, Turín, 1971, pp. 335-336.

114. Testimonios como el siguiente, incluido en una carta del embajador veneciano en Roma, M. Dandolo (14 de junio de 1550) son bastante raros: «[...] algunos hermanos inquisidores [...] referían aquí cosas singulares de Bressa y tal vez aún más de Bergomo, entre ellas las de algunos artesanos que van de fiesta por los pueblos y suben a los árboles para predicar la secta luterana al populacho y a los campesinos [...]» (véase Paschini, *Venezia, op. cit.*, p. 42).

115. Me remito a un tema que ha surgido en un ensayo anterior a éste («Folklore, magia, religione», en *Storia d'Italia*, I, Tu-

rín, 1972, pp. 645, y sigs., 656 y sigs.) y que me propongo desarrollar en el futuro.

116. Con lo que sigue trato de precisar, y de corregir en parte, lo escrito en *Folklore, op. cit.* p. 645.

117. A pesar de desconfiar de las disquisiciones terminológicas, considero oportuno precisar el porqué he preferido esta expresión a «racionalismo popular», «Reforma popular», «anabaptismo». 1) El término «racionalismo popular» lo ha empleado Berengo (*Nobili e mercanti, op. cit.*, pp. 435 y sigs.) para definir fenómenos sustancialmente coincidentes con los que aquí se estudian. Sin embargo, me parece poco apropiado para actitudes sólo parcialmente asimilables a nuestro concepto de «razón», empezando por las visiones de Scolio (véanse pp. 208 y sigs.). 2) El radicalismo campesino que intento reconstruir es ciertamente uno de los componentes fundamentales de la «Reforma popular» delimitada por Macek («movimientos *autónomos* que acompañan a la historia europea de los siglos XV y XVI y que pueden ser entendidos como una Reforma popular o radical»: J. Macek, *La Riforma popolare*, Florencia, 1973, p. 2; la cursiva es mía). No obstante, he tenido en cuenta que se trata de algo más antiguo que el siglo XV (véase la nota siguiente) y que no puede reducirse a una réplica popular de la Reforma oficial. 3) El término «anabaptismo» como etiqueta general para todos los fenómenos de radicalismo religioso del siglo XVI había sido propuesto por Cantimori (*Eretici italiani del Cinquecento*, Florencia, 1939, pp. 31 y sigs.) que después lo abandonó aceptando las críticas de Ritter. Recientemente lo volvió a proponer Rotondò para designar la «mezcolanza de profetismo, radicalismo antieclesiástico, antitrinitarismo e igualitarismo social [...] difundida entre notarios y médicos, maestros de gramática, monjes y mercaderes, artesanos de las ciudades y campesinos del campo italiano del siglo XVI» (véase «I movimenti ereticali nell'Europa del Cinquecento», en *Rivista Storica Italiana*, LXXVIII, 1966, pp. 138-139). Esta extensión parece inoportuna pues induce a subestimar las profundas diferencias que existían entre religión popular y religión culta, o entre radicalismo del campo y radicalismo urbano. Cierto que «tipologías» y «sensibi-

lidades» ambiguas como las señaladas por A. Olivieri («Sensibilità religiosa urbana e sensibilitá religiosa contadina nel Cinquecento veneto: suggestioni e problemi», en *Critica storica*, nueva serie, IX, 1972, pp. 631-650) no ayudan mucho, ya que engloban, bajo el signo del anabaptismo, fenómenos totalmente ajenos al mismo, incluidas las procesiones en honor de la Virgen. El propósito de la investigación consiste más bien en reconstruir los vínculos, aún oscuros, entre los diversos componentes de la «Reforma popular», atribuyendo, antes que nada, su justo valor al sustrato religioso y cultural del campo, no sólo el italiano, sino el europeo, en el siglo XVI, ese sustrato que se filtra en las declaraciones de Menocchio. Para definirlo he hablado de «radicalismo campesino», pensando no en la *Radical Reformation* de Williams (sobre el cual véanse las observaciones de Macek), sino más bien en la frase de Marx, según la cual el radicalismo «toma las cosas por la raíz», metáfora, después de todo, curiosamente adecuada al contexto.

118. Véase el denso ensayo de W. L. Wakefield, «Some Unorthodox Popular Ideas of the Thirteenth Century», en *Medievalia et Humanistica*, nueva serie, n ° 4, 1973, pp. 25-35, basado en documentos inquisitoriales de la comarca de Tolosa, en los que se recogen «statements often tinged with rationalism, skepticism, and revealing something of a materialistic attitude. There are assertions about a terrestrial paradise for souls after death and about the salvation of unbaptized children; the denial that God made human faculties; the derisory quip about the consumption of the host; the identification of the soul as blooc; and the attribution of natural growth to the qualities of seed and soil alone» (pp. 29-30). Estas afirmaciones se asimilan convincentemente, más que a un influjo directo de la propaganda cátara, a una corriente de ideas y creencias autónomas. (El catarismo habría contribuido, si acaso, a sacarlas a la luz, directa o indirectamente, desencadenando las indagaciones inquisitoriales.) Es, por ejemplo, significativo que la tesis reprochada a un notario cátaro de finales del siglo XIV, «quod Deus de celo non facit crescere fructus, fruges et herbas et alia,

quae de terra nascuntur, sed solummodo humor terre» [«que no es Dios quien desde el cielo hace crecer las cosechas, los frutos, la hierba y demás productos de la tierra, sino solamente la humedad de la tierra»] fuera retomada casi al pie de la letra por un campesino del Friuli tres siglos más tarde: «Que las bendiciones de los sacerdotes que hacen sobre los campos, y el agua bendita, que sobre ellos se esparce el día de la Epifanía, no influyen en modo alguno en las viñas y en los árboles para hacerles producir fruto, sino sólo el estiércol y el trabajo del hombre» (véase A. Serena, «Fra gli eretici trevigiani», en *Archivio veneto-tridentino*, III, 1923, p. 173, y Ginzburg, *I benandanti*, *op. cit.*, pp. 38-39, a corregir en el sentido anteriormente señalado). Está claro que el catarismo nada tiene que ver. Más bien se trata de afirmaciones que «may well have arisen spontaneously from the cogitations of men and women searching for explanations that accorded with the realities of the life in which they were enmeshed» (Wakefield, *Some Unorthodox*, *op. cit.*, p. 33). Ejemplos análogos a los que hemos citado podrían fácilmente multiplicarse. Es a esta tradición cultural, que resurge al cabo de siglos, a la que queremos aludir con la expresión «radicalismo campesino» (o «popular»). A los componentes enumerados por Wakefield —racionalismo, escepticismo, materialismo— hay que añadir el utopismo de trasfondo igualitario y el naturalismo religioso. La combinación de estos elementos, o de casi todos, da lugar a los recurrentes fenómenos de «sincretismo» campesino, que pueden más exactamente definirse como fenómenos de sustrato: véase, por ejemplo, el material arqueológico recogido por J. Bordenave y M. Vialelle, *Aux racines du mouvement cathare: La mentalité religieuse des paysans de l'Albigeois médiéval*, Toulouse, 1973.

119. ACAU, proc. nº 126, ff. 2*v*-3*r*.

120. *Ibid.*, f. 21*v*.

121. *Ibid.*, proc. nº 285, hojas sin numerar (11 de noviembre de 1598).

122. *Ibid.*, proc. nº 126, f. 23*v*. No se menciona ningún Nicola da Porcia en los estudios que yo conozco sobre la pintura friulana del siglo XVI. Antonio Forniz, que está realizando una serie de

investigaciones sobre los pintores purlilianos, me informa amablemente, en una carta fechada el 5 de junio de 1972, que no ha encontrado rastro ni de «Nicola da Porcia» ni de «Nicola de Melchiori» (véanse otras notas). Se ha observado que el encuentro entre el pintor y el molinero podría estar vinculado a relaciones no sólo religiosas, sino profesionales. En los registros de patentes venecianas no era extraño el caso de pintores, escultores y arquitectos que solicitaban la exclusiva para la realización de molinos. Muchas veces son nombres conocidos, como el del escultor Antonio Riccio o del arquitecto Giorgio Amadeo, o de Jacopo Bassano, que obtuvieron del Senado, respectivamente en 1492 (los dos primeros) y en 1544 (el tercero) una exclusiva para ciertos molinos: véase G. Mandich, «Le privative industriali veneziane (1450-1550)», en *Rivista del diritto commerciale*, XXXIV, 1936, p. 1, pp. 538, 545, pero véase también p. 541. He podido descubrir casos análogos en una época ulterior en base a fotocopias del fondo ASVen, Senato Terra, puestas gentilmente a mi disposición por Carlo Poni.

123. Véase ACAU, proc. nº 285, hojas sin numerar (vista del 19 de julio de 1599).

124. Véase *ibid.*, hojas sin numerar (vista del 5 de agosto de 1599).

125. En el proceso contra el grupo de Porcia (véase ASVen, Sant' Uffizio, b. 13 y b. 14 fasc. *Antonio Deloio*) no figura ningún Nicola.

126. Véase ASVen, Sant' Uffizio, b. 34, fasc. *Alessandro Mantica*, vista del 17 de octubre de 1571. Nicola había ido a casa de Rorario «a coger algunas espátulas para pintar».

127. Véase ACAU, Sant' Uffizio, proc. nº 126, f. 23*v*.

128. Colofón: «In Vinegia nelle case de Giovann'Antonio di Nicolini da Sabbio, ne gli anni del Signore, MDXLI, dil mese di maggio». Carecemos de un estudio específico sobre este texto, pero véase V. Rossi, «Un aneddoto della storia della Riforma a Venezia», en *Scritti di critica letteraria*, III: *Dal Rinascimento al Risorgimento*, Florencia, 1930, pp. 191-222, y la introducción insertada en *Novelle dell'altro mondo. Poemetto buffonesco del 1513*, Bolo-

nia, 1929 («Nuova scelta di curiosità letterarie inedite o rare», 2) que ilustran de forma ejemplar la figura de Caravia y la veta literaria en la que parcialmente se inscribe el *Sogno*. Sobre viajes al infierno de bufones u otros personajes cómicos populares, véase Bajtin, *L'oeuvre de François Rabelais*, *op. cit.*, p. 393.

129. Véase *Il sogno*, *op. cit.*, f. A III*r*. La iconografía de la portada es la habitual del «melancólico»: pero la dependencia del grabado de Durero, bien conocida en los ambiente venecianos, parece indudable. Véanse R. Klibansky, F. Saxl y E. Panofsky, *Saturn and Melancholy. Studies in the History of Natural Philosophy, Religion and Art*, Londres, 1964. [Hay trad. cast.: *Saturno y la melancolía*, Madrid, Alianza, 1991.]

130. Véase *Il sogno*, *op. cit.*, f. B II*v*.

131. *Ibid.*, ff. G*v* - G II*r*.

132. *Ibid.*, f. G. III*r*.

133. *Ibid.*, f. G. II*v*.

134. *Ibid.*, ff. F. Iv*r*-*v* (aquí y en lo que sigue la cursiva es mía).

135. *Ibid.*, f. B*v*.

136. *Ibid.*, f. B III*v*.

137. *Ibid.*, f. B. Iv*r*.

138. Zanpolo no describe el Purgatorio; en un cierto punto se refiere de forma ambigua a las «penas / del infierno allí abajo, o en Purgatorio» (*ibid.*, f. Iv*r*).

139. *Ibid.*, f. C. Ii*v*.

140. Sobre este punto Caravia insiste especialmente, vituperando entre otras cosas la magnificencia de la construcción de la Scuola di San Rocco (Venecia).

141. *Ibid.*, f. D. III*v*.

142. *Ibid.*, f. E*r*.

143. *Ibid.*, f. B. Iv*r*.

144. Sobre su producción literaria, ulterior al *Sogno*, véase Rossi, *Un aneddoto*, *op. cit.* En 1557 Caravia sufriría un proceso inquisitorial, durante el cual le fue reprochado el propio *Sogno*, por estar compuesto «en irrisión de la religión» (véase p. 220; el

testamento característico, fechado 1 de mayo de 1563, está parcialmente reproducido en las pp. 216-217).

145. Es imposible, como hemos visto, datar el arranque de la heterodoxia de Menocchio. Sin embargo, señalaremos que él confesó que no observaba la cuaresma desde hacía veinte años (ACAU, proc. nº 126, f. 27*r*), fecha casi coincidente con la del decreto que le desterró de Montereale. Menocchio podría haber tenido contactos con círculos luteranos durante el período que residió en Carnia, zona fronteriza en la que la penetración de la Reforma era especialmente notoria.

146. Véase *ibid.*, ff. 16*r-v.*

147. Véase *ibid.*, f. 19*r.*

148. Véase *ibid.*, f. 21*v.*

149. Véase Chabod, *Per la storia, op. cit.*, pp. 299 y sigs.; D. Cantimori, *Eretici italiani del Cinquecento,* Florencia, 1939, pp. 10 y sigs.; M. Reeves, *The Influence of Prophecy in the Later Middle Ages. A Study in Joachinism,* Oxford, 1969; y actualmente G. Tognetti, «Note sul profetismo nel Rinascimento e la letteratura relativa», en *Bulletino dell'Istituto storico italiano per il Medio Evo,* nº 82, 1970, pp. 129-157. Sobre Giorgio Siculo, véanse Cantimori, *Eretici, op. cit.*, pp. 57 y sigs.; C. Ginzburg, «Due note sul profetismo cinquecentesco», en *Rivista storica italiana,* LXXVIII, 1966, pp. 184 y sigs.

150. Véase ACAU, proc. nº 126, f. 16*r.*

151. Véase *ibid.*, f. 14*v*, 2 de febrero de 1584; «Inveni, habla el notario, quosdam libros qui non erant suspecti neque prohibit, ideo R.p. inquisitor mandvit sibi restitui» [«Encontré ciertos libros que no eran sospechosos ni prohibidos, por lo que el Rvdo. Padre Inquisidor ordenó que le fueran restituidos»].

152. A juzgar por la bibliografía compilada por G. Spini, no debía tratarse de la traducción de Brucioli (véase *La Bibliofilia,* XLII, 1940, pp. 138 y sigs.).

153. Véase H. Suchier, *Denkmäler Provenzalischer Literatur und Sprache,* I, La Haya, 1883, pp. 495 y sigs.; P. Rohde, *Die Quellen der Romanische Weltchronik, ibid.*, pp. 589-638; F. Zambrini, *Le opere volgari a stampa dei secoli XIII e XIV,* Bolonia, 1884, col. 408.

Como hemos señalado las ediciones son de amplitud diversa: algunas comprenden hasta el nacimiento, otras hasta la infancia o la pasión de Cristo. Las que yo he localizado (sin efectuar una búsqueda sistemática) van de 1473 a 1552; casi todas son venecianas. No sabemos exactamente cuándo Menocchio compró el *Florilegio*. La obra siguió aún circulando durante mucho tiempo: el índice de 1569 incluye el «Flores Bibliorum et doctorum» (véase F. H. Reusch, *Die Indices librorum prohibitorum des sechszehnten Jahrhunderts*, Tubinga, 1886, p. 333). En 1576 el comisario del Sacro Palazzo, fray Damiano Rubeo, respondió a las dudas del inquisidor de Bolonia instándole a retirar de la circulación el *Florilegio de la Biblia* (véase A. Rotondò, «Nuovi documenti per la storia dell'«Indice dei libri proibiti» (1572-1638)», en *Rinascimento*, XIV, 1963, p. 157).

154. Menocchio habló primero del *Lucidario della Madonna*; a continuación se corrigió: «No me acuerdo bien si aquel libro se llamaba *Rosario* o *Lucidario*, pero estaba impreso» (véase ACAU, proc. nº 126, f. 18*r*, 20*r*). Del *Rosario* de Alberto da Castello conozco quince ediciones hechas entre 1521 y 1573. También aquí, como en otros casos, no he hecho una búsqueda sistemática. Si el libro que leyó Menocchio era efectivamente el *Rosario* (como veremos más adelante, la identificación no es segura) habría que explicar lo del «Lucidario»: ¿Se trata del recuerdo inconsciente de algún *Lucidario*, más o menos derivado del de Onorio di Autun? (A propósito de este tipo de literatura, véase Y. Lefèbre, *L'Elucidarium et les lucidaires*, París, 1954.)

155. También en este *lapsus* podemos detectar la interferencia de la lectura de algún *Lucidario* (véase anteriormente). Las ediciones de la versión en lengua vulgar de la *Leyenda áurea* son innumerables. Menocchio habría podido ver, por ejemplo, un ejemplar de la publicada en Venecia en 1565.

156. Véase *La poesia religiosa. I cantari agiografici e le rime di argomento sacro*, recopilación de A. Cioni, Florencia, 1963 (Biblioteca bibliográfica itálica, 30), pp. 253 y sigs. El texto que leyó Menocchio formaba parte del grupo en el que el cantar sobre la his-

toria del juicio va precedido por otro más breve sobre la llegada del Anticristo (*inc.:* «A te ricorro eterno Creatore»). Conozco cuatro ejemplares. Tres se conservan en la Biblioteca Trivulziana de Milán (véase M. Sander, *Le livre à figures italien depuis 1467 jusqu'à 1530*, II, Milán, 1942, n°s 3.178, 3.180, 3.181); el cuarto, en la Biblioteca Universitaria de Bolonia (*Opera nuova del guidicio generale, qual tratta della fine del mondo*, impreso en Parma y reimpreso en Bolonia, por Alexandro Benacci, con licencia de la Santissima Inquisitione, 1575; a propósito de este ejemplar, véase además nota en p. 223). En estas cuatro ediciones se repite el pasaje, parafraseando el Evangelio de Mateo, citado por Menocchio (véanse pp. 77 y sigs.); sin embargo, falta en las versiones más breves conservadas en la Biblioteca Marciana de Venecia (véase A. Segarizzi, *Bibliografia delle stampe popolari italiane della R. Biblioteca nazionale di S. Marco di Venezian* I, Bérgamo, 1913, n°s 134, 330).

157. Sobre esta obra existe una copiosa literatura. Véase la edición más reciente que conozco (*Mandeville's Travels*, por M. C. Seymour, Oxford, 1967), así como las interpretaciones discordantes de M. H. I. Letts (*Sir John Mandeville. The Man and His Book*, Londres, 1949) y de J. W. Bennett (*The Rediscovery of Sir John Mandeville*, Nueva York, 1954, en donde se intenta demostrar, con argumentos poco convincentes, la existencia histórica de Mandeville). Los *Viajes* traducidos al latín y después a todas las lenguas europeas, tuvieron una gran difusión, manuscrita e impresa. Tan sólo de la versión italiana existen, en el Museo Británico, veinte ediciones entre 1480 y 1567.

158. Sobre el *Sogno dil Caravia*, véanse los estudios de V. Rossi, citados anteriormente.

159. De la vulgarización de la crónica de Foresti conozco unas quince ediciones, aparecidas entre 1488 y 1581. Sobre su autor, véanse E. Pianetti, *Fra'Iacopo Filippo Foresti e la sua opera nel quadro della culturabergamasca*, en «*Bergomun*», XXXIII, 1939, pp. 100-109, 147-174; A. Azzoni, *I libri del Foresti e la biblioteca conventude di S. Agostino, ibid.*, LIII, 1959, pp. 37-44; P. Lachat, « Une ambassade éthiopienne auprès de Clément V, à Avignon, en 1310 »,

en *Annali del pontificio museo missionario etnologico ogià lateranensi*, XIII, 1967, p. 9, nota 2.

160. Sander (*Le livre à figures, op. cit.*, II, nos 3.936-3.943) da una lista de ocho ediciones, publicadas entre 1509 y 1533.

161. Sobre el hecho de que Menocchio leyera un ejemplar inmune a las censuras contrarreformistas, véanse *supra*, pp. 92-93 del texto. Sobre las censuras, véanse F. H. Reusch, *Der Index der verbotenen Bücher*, I, Bonn, 1883, pp. 389-391; Rotondò, *Nuovi documenti, op. cit.*, pp. 152-153; C. De Frede, «Tipografi, editori, librai taliani del Cinquecento coinvolti in processi d'eresia», en *Rivista di Storia della Chiesa in Italia*, XXIII, 1969, p. 41; P. Brown, «Aims and Methods of the Second "Rassettatura" of the Decameron», en *Studi Secenteschi*, VIII, 1967, pp. 3-40. Sobre la cuestión en general, véase actualmente A. Rotondò, *La censura ecclesiastica e la cultura*, en *Storia d'Italia*, vol. V, tomo II, Turín, 1973, pp. 1.399-1.492.

162. Véase C. De Frede, *La prima traduzione italiana del Corona sullo sfondo dei rapporti tra Cristianità e Islam nel Cinquecento*, Nápoles, 1967.

163. Véase ACAU, proc. nº 126, f. 20*r*.

164. Véase *ibid.*, proc. nº 285, hojas sin numerar (vista del 12 de julio de 1599).

165. Véase *ibid.*, proc. nº 126, ff. 17*r*, 20*r*.

166. Véase *ibid.*, hojas sin numerar (28 de abril de 1584).

167. Véase *ibid.*, f. 21*v*.

168. Véase *ibid.*, ff. 22*r*, 25*v*.

169. Véase *ibid.*, f. 23*v*.

170. Véase *ibid.*, proc. nº 285, hojas sin numerar (vista del 5 de agosto de 1599).

171. Véanse *ibid.*, proc. nº 126, hojas sin numerar (28 de abril de 1584).

172. Véase A. Battistella, *cit.* en Tagliaferri *Struttura, op. cit.*, p. 89.

173. Véase Schiuppani, *Storia di una scuola, op. cit.* Sobre estos problemas, dada la escasez de estudios recientes, siempre resulta útil el clásico trabajo de G. Manacorda, *Storia della scuola in Italia, I: Il Medioevo*, Milán-Palermo-Nápoles, 1914.

174. Hay que señalar que la historia de la alfabetización está todavía en sus inicios. El rápido panorama general trazado por C. Cipolla (*Literacy and Development in the West*, Londres, 1969) ha quedado anticuado. Entre los estudios recientes véanse L. Stone, «The Educational Revolution in England, 1560-1640», en *Past and Present*, nº 28, julio de 1964, pp. 41-80; *id.* «Literacy and Education in england», 1640-1900, *Past and Present*, nº 42, febrero de 1969, pp. 69-139; A. Wyczanski, « Alphabétisation et structure sociale en Pologne au XVIe siècle », en *Annales ESC*, XXIX, 1974, pp. 705-713; F. Furet y W. Sachs, « La croissance de l'alphabétisation en France —XVIIIe-XIXe siècle », *Annales ÉSC*, XXIX, 1974, pp. 714-737. Especialmente interesante, en el sentido de comparación con el caso que estamos estudiando, es el ensayo de Wycanzski. Del análisis de una serie de documentos fiscales de la región de Cracovia relativos al bienio 1564-1565, se deduce que el 22 por 100 de los campesinos que en ellos se mencionan sabían trazar su propia firma. El autor nos previene de que hay que evaluar prudentemente esta cifra, por referirse a una muestra muy exigua (dieciocho personas), constituida además por campesinos acomodados, que detentaban cargos en el pueblo (era éste precisamente el caso de Menocchio); sin embargo, concluye que «la enseñanza de tipo elemental no era inexistente entre los campesinos» (*Alphabétisation, op. cit.*, p. 710). Esperamos con curiosidad los resultados de las investigaciones que lleva a cabo B. Bonnin (*Le livre et les paysans en Dauphiné au XVIIe siècle*) y J. Meyer (*Alphabétisation, lecture et écriture : essai sur l'instruction populaire en Bretagne au XVIe siècle au XIXe siècle*).

175. Véase ACAU, proc. nº 126, f. 16*r:* «Respondit: "Yo sé decir el *credo*, y también el *credo* que se dice en la misa lo he oído, y he ayudado a cantar en la iglesia de Monte Reale". Interrogatus: "Sabiendo vos el *credo*, cómo decís, sobre ese artículo, 'et in Iesum Christum filium eius unicum dominum nostrum qui conceptus est de Spirito santo, natus ex Maria virgine', ['y en Jesucristo, su único Hijo, nuestro Señor, que fue concebido por obra del Espíritu Santo, y nació de Santa María Virgen'] qué es lo que en el pasado

habéis razonado y creído, y qué creéis actualmente?". Et ei dicto: "Entendéis por estas palabras, 'qui conceptus est de Spirito santo, natus ex Maria virgine?' ['que fue concebido por obra del Espíritu Santo, y nació de Santa María Virgen?'], respondit: 'Señor, sí que lo entiendo'"». El desarrollo del diálogo registrado por el notario del Santo Oficio parece indicar que Menocchio sólo entendió cuando le repitieron las palabras del *Credo*, tal vez más lentamente. El hecho de que también supiera el *Pater noster* (*ibid.*, proc. nº 285, hojas sin numerar, 12 de julio de 1599) no contradice la suposición que hemos formulado. Por el contrario son menos obvias las palabras de Cristo al ladrón que Menocchio citó («hodie mecum eris in paradiso»: [«hoy estarás conmigo en el Paraíso»], véase proc. nº 126, f. 33*r*): pero deducir sobre esta única base que tuviera un profundo conocimiento del latín, sería muy arriesgado.

176. Lamentablemente no disponemos de estudios sistemáticos sobre libros difundidos entre las clases subalternas en la Italia del Cinquecento, y menos aún entre la minoría de los miembros de estas clases que eran capaces de leer. Sería muy útil una investigación de los testamentos, los inventarios *post mortem* (como la emprendida por Bec, sobre todo en ambientes mercantiles) y los procesos inquisitoriales. Véanse también los testimonios recogidos por H.-J. Martin, *Livre, pouvoirs et société à Paris au XVIIe siècle (1598-1701)*, I, Ginebra, 1969, pp. 516-518, y para un período ulterior. J. Solé, « Lecture et classes populaires à Grenoble au dix-huitième siècle : le témoignage des inventaires après décès », en *Images du peuple au XVIIIe siècle-Colloque d'Aix-en-Provence, 25 et 26 octobre 1969*, París, 1973, pp. 95-102.

177. Para el primero véase Leonardo da Vinci, *Scritti letterari*, por A. Marinoni, nueva ed., Milán, 1974, p. 254 (es una conjetura verosímil). [Hay trad. cast.: *Escritos literarios*, Madrid, Tecnos, 2005.] Para el segundo, véase E. Solmi, *Le fonti dei manoscritti di Leonardo da Vinci*, Turín, 1908, supl. nº 10-11 del *Giornale storico della letteratura italiana*, p. 205 (sobre la reacción de Leonardo a la lectura del Mandeville, véase p. 84 del texto). En general véanse también, además de la edición citada de Marinoni, pp. 239 y sigs.,

E. Garin, «Il problema delle fonti del pensiero di Leonardo», en *La cultura filosofica del Rinascimento italiano*, Florencia, 1961, pp. 388 y sigs., y C. Dionisotti, «Leonardo uomo di lettere», en *Italia Medioevale e Umanistica*, V, 1962, pp. 183 y sigs. (que hemos tratado de tener en cuenta también metodológicamente).

178. Se trata del ejemplar de la *Opera nuova del giudicio generale* conservado en la Biblioteca Universitaria de Bolonia (código: Aula V, Tab. I, J.I., vol. 51.2). En la primera página lleva la inscripción «Ulyssis Aldrovandi et amicorum». Otras anotaciones, también en la primera página y sobre la última, no parecen de Aldrovandi. Sobre las vicisitudes de éste frente a la Inquisición, véase A. Rotondò, «Per la storia dell'eresia a Bologna nel secolo XVI», en *Rinascimento*, XIII, 1962, pp. 150 y sigs., con bibliografía.

179. Véase ACAU, proc. nº 126, f. 12*v*.

180. Sobre la cuestión de la lectura —casi siempre descuidada por los estudiosos de este tipo de problemas— véanse las justas observaciones de U. Eco («Il problema della ricezione», en *La critica tra Marx e Freud*, por A. Ceccaroni y G. Pagliano Ungari, Rimini, 1973, pp. 19-27) en gran parte coincidentes con lo que he expuesto. Un material muy interesante es el recopilado en la investigación de A. Rossi y S. Piccone Stella, *La fatica di leggere*, Roma, 1963. Sobre el «error» como experiencia metodológicamente crucial (lo que también se ha demostrado en el caso de las lecturas de Menocchio) véase C. Ginzburg, «A proposito della raccolta dei saggi storici di Marc Bloch», en *Studi medievali*, 3ª serie, VI, 1965, pp. 340 y sigs.

181. Véase ACAU, proc. nº 126, f. 21*v*.

182. Véase *ibid.*, ff. 17*v*-18*r*.

183. Cito a partir de la edición veneciana de 1575 (por Dominico de' Franceschi, en Frezzaria al segno della Regina), f. 42*r*.

184. Véase J. Furlan, «Il Calderari nel quarto centenario della morte», en *Il Noncello*, nº 21, 1963, pp. 3-30. El verdadero nombre del pintor era Giovanni Maria Zaffoni. No sé si se ha advertido que el grupo femenino de la derecha, en la escena de José con los pretendientes, copia un grupo análogo pintado por el Lotto en Trescore, en el fresco que representa la investidura de santa Clara.

185. Véase ACAU, proc. nº 126, f. 29*v*.

186. Véase *ibid.*

187. Cito a partir de la edición veneciana de 1566 (según Girolamo Scotto), p. 262. Por cierto, que se puede advertir que entre las escenas de los frescos del Calderari en San Rocco figura la de la muerte de María.

188. Véase ACAU, proc. nº 126, f. 16*r*. en el capítulo CLXVI del *Florilegio;* cito a partir de la edición veneciana de 1517 (por Zorzi di Rusconi milanés a instantia de Nicolò dicto Zopino et Vincentio compagni), f. O. V*v*.

189. Véase ACAU, proc. nº 126, f. 9*r*.

190. Véase *ibid.*, f. 16*v*.

191. Véase *ibid.*, f. 11*v*.

192. Véase *ibid.*, ff. 22*v*-23*r*.

193. Cito, corrigiendo un par de errores de distracción, de la edición del *Iudizio universal overo finale*, en Florencia, en las escaleras de Badia, s. d. (pero de 1570-1580), ejemplar conservado en la Biblioteca Trivulziana. El ejemplar de la edición boloñesa de 1575 presenta variantes de poca monta.

194. Véase Stella, *Anabattismo*, *op. cit.*, p. 75.

195. Véase ACAU, proc. nº 126, f. 21*v*.

196. Véase *ibid.*, f. 9*r*.

197. Véase *ibid.*, ff. 33*v*-34*r*.

198. En Venecia por Stephano da Sabbio, 1537. Sobre Crispoldi, véase A. Prosperi, *Tra evangelismo e Controriforma; G. M. Giberti (1495-1543)*, Roma, 1969, índice. Sobre el opúsculo, *op. cit.*, véanse actualmente C. Ginzburg y A. Prosperi, *Giochi di patienza. Un seminario sul «Beneficio di Cristo»*, Turín, 1975.

199. [Crispoldi], *Alcune ragioni*, *op. cit.*, ff. 34*r*-*v*.

200. Véase *ibid.*, ff. 29 y sigs., especialmente ff. 30*v*-31*r*: «Y cierto y ellos [soldados y señores] y todo estado y condición de personas y toda república y reino es digno de perpetua guerra y de nunca tener reposo, donde habemos muchos que odiamos el perdonar, o que decimos y consideramos mal al que perdona. Dignos son que cada uno haga venganza y razón por sí mismo, y que no haya ni

juez ni oficial público, para que con sus males vean cuán gran mal hay si cada uno impone su propia razón, y como las venganzas, para bien y paz de la vida pública, están encomendadas a los oficiales públicos para las leyes también de gentiles, y que aprendan aquellos también que era honesta cosa el perdonar, máxime cuando por bien de la república o de otra persona privada se hacía esto: como si alguien perdonase a un padre para que los hijos no fueran privados de esta ayuda. Y piensa cuán mayor causa es hacerlo porque Dios lo quiere. Esta razón del buen vivir público está repetidamente dicha en otros sitios y por muchos». Y véanse los capítulos XI-XV del I libro de los *Discorsi* (impresos por primera vez en 1531).

201. Véase prólogo de G. Procacci a N. Macchiavelli, *Il Principe e Discorsi sopra la prima deca di Tito Livio*, Milán, 1960, pp. LIX-LX.

202. Véase ACAU, proc. nº 126, f. 27*r*.

203. Véanse pp. 168 y sigs.

204. Véase la bibliografía esencial reseñada anteriormente.

205. Véase G. Atkinson, *Les nouveaux horizons de la Renaissance française*, París, 1935, pp. 10-12.

206. Cito a partir de la edición veneciana de 1534 (Joanne de Mandavilla, *Qual tratta delle piú maravegliose cose*), f. 45*v*.

207. Véase *ibid.*, ff. 46*r-v*.

208. Véase ACAU, proc. nº 126, f. 38*r*.

209. Véase Mandavilla, *Quad tratta, op. cit.*, f. 51*v*.

210. Véase ACAU, proc. nº 126, f. 16*v*.

211. Véase Mandavilla, *Qual tratta, op. cit.*, f. 52*r*.

212. Véase ACAU, proc. nº 126, f. 13*r*.

213. Véase *ibid.*, f. 16*v*.

214. Véase Mandavilla, *Qual tratta, op. cit.*, ff. 53*r-v*.

215. Véase *ibid.*, f. 63*r*. «Channe» es Thana, localidad situada en la isla de Salsette, al noroeste de Bombay (para la identificación de la toponimia de Mandeville, me he valido del comentario de M. C. Seymour en la edición citada).

216. Véase *ibid.*, f. 79*v*. Sobre este pasaje, como posible fuente de Swift, véase Bennett, *The Rediscovery, op. cit.*, pp. 255-256.

217. Véase ACAU, proc. nº 126, hojas sin numerar; *ibid.*, f. 22*r*.

218. Sobre los límites del relativismo de Montaigne, véase S. Landucci, *I filosofi e i selvaggi*, 1580-1780, Bari, 1972, pp. 363-364 y *passim*.

219. Véase Mandavilla, *Qual tratta*, *op. cit.*, ff. 76*v*-77*r*. Dondina (Dondun): quizá una de las islas del archipiélago de Andamán.

220. Véase Solmi, *Le fonti*, *op. cit.*, p. 205.

221. Véase ACAU, proc. nº 126, ff. 21*v*-22*r*.

222. Véase Mandavilla, *Qual tratta*, *op. cit.*, f. 63*v*.

223. *Ibid.*, ff. 63*v*-64*r*.

224. *Ibid.*, f. 75*r*. La descripción de los cinocéfalos está extraída del *Speculum historiale* de Vincente de Beauvais.

225. Véase Mandavilla, *Qual tratta*, *op. cit.*, ff. 110*r*-*v*. Para las citas de las Escrituras, véase Osías VIII 12; Sabiduría VIII 14; Juan X 16.

226. Véase Mandavilla, *Qual tratta*, *op. cit.*, ff. 118*v*-119*r*. «Et metuent»: Salmos 66 8. «Omnes gentes»: Salmos, 71, 11.

227. Se trata de dos localidades mencionadas en la tradición clásica, Oxydraces y Gymnosophistae. A estos pasajes de Mandeville se pueden comparar las representaciones de hombres con grandes orejas o pies enormes que figuran entre la multitud de los salvados en el pórtico de la iglesia de la Magdalena de Vézelay (véase E. Mâle, *L'art religieux du* XII*e* *siècle en France*, París, 1947, p. 330; véase también la iconografía de san Cristóbal cinocéfalo, en L. Réau, *L'iconographie de l'art chrétien*, vol. III, tomo I, París, 1958, pp. 307-308 [hay trad. cast.: *Iconografía de la Biblia*, Barcelona, Ediciones del Serbal, 1996]; ambos testimonios son amable indicación de Chiara Settis Frugoni), aunque la verdadera referencia sea la difusión de la palabra de Cristo aún entre poblaciones remotas y monstruosas.

228. Véase por ejemplo, C. Vivanti, *Lotta politica e pace religiosa in Francia fra Cinque e Seicento*, Turín, 1963, p. 42.

229. Además de M. Penna, *La parabola dei tre anelli e la tolleranza nel Medio Evo*, Turín, 1953 (insuficiente), véase U. Fischer,

«La storia dei trei anelli: dal mito all'utopia», en *Annali della Scuola Normale Superiore di Pisa—Classe di Lettere e Filosofia*, 3ª serie, 3, 1973, pp. 955-998.

230. Véase C. Ginzburg, *I benandanti*, *op. cit.*, índice.

231. Véase ACAU, proc. nº 285, vistas del 12 de julio, 19 de julio y 5 de agosto de 1599.

232. El cuento (*Melchisedec giudeo con una novella di tre anella cessa un gran pericolo dal Saladino apparecchiatogli:* es el tercero de la primera jornada) carece de referencias a los tres anillos en la edición corregida por Salviati (Florencia, 1573, pp. 28-30; Venecia 1582, etc.). En la edición «reformada por Luigi Groto ciego d'Adria» (Venecia, 1590, pp. 30-32) no sólo ha desaparecido el pasaje más chocante («Y así os digo, señor mío, de las tres Leyes a los tres pueblos dadas por Dios Padre, de las cuales proponéis la cuestión: cada uno su herencia, su verdadera Ley y sus mandamientos directamente cree tener y hacer; pero quien la tenga, como los tres anillos, todavía es cuestión pendiente»: véase G. Boccaccio, *Il Decameron*, por V. Branca, I, Florencia, 1951, p. 78), sino que todo el cuento ha sufrido una reescritura, empezando por el título (*Polifilo giovane con una novella di tre anella cessa una gran riprensione da tre donne apparecchiatagli*).

233. Véase D. Cantimori, «Castellioniana (et Servetiana)», en *Rivista Storica Italiana*, LXVII (1955), p. 82.

234. Véase en general las indicaciones metodológicas, a propósito de los «contactos» e «influencias», de L. Febvre, «Le origini della Riforma in Francia e il problema delle cause della Riforma», en *Studi su Riforma e Rinascimento e altri scritti su problemi di metodo e di geografia storica*, Turín, 1966, pp. 5-70.

235. Véase ACAU, proc. nº 126, f. 17*r*.

236. Véase *ibid.*, f. 22*r*.

237. Véase *Florilegio*, *op. cit.*, f. A IIII*r*.

238. Véase Foresti, *Supplementum*, *op. cit.*, f. I*v* (cito a partir de la edición veneciana de 1553).

239. Véase ACAU, proc. nº 126, f. 6*r*.

240. Véase *ibid.*, f. 17*r*. La cursiva es mía.

241. Véase *ibid.*, f. 20*r*.

242. Véase *ibid.*, f. 23*r*.

243. Véase *ibid.*, ff. 30*r-v*.

244. Véase *ibid.*, f. 31*v*.

245. Véase *ibid.*, ff. 36*v*-37*v*. La transcripción es íntegra. Me he limitado a cambiar la fórmula «Interrogatus [...] respondit» por el nombre de los dos interlocutores.

246. Véase *Dante con l'espositioni di Christoforo Landino et d'Alesandro Vellutello*, Venecia, 1578, f. 201*r*. Se alude también a la tesis de la creación del hombre como compensación a la caída de los ángeles en *Paradiso* XXX 134 y sigs.: véase al respecto B. Nardi, *Dante e la cultura medievale. Nuovi saggi di filosofia dantesca*, Bari, 1949, pp. 316-319.

247. Véase ACAU, proc. nº 126, f. 17*v*.

248. Para un ejemplo de la lectura de Dante en un ambiente popular (aunque urbano y además florentino) véase V. Rossi, «Le lettere di un matto», en *Scritti di critica letteraria, II: Studi sul Petrarca e sul Rinascimento*, Florencia, 1930, pp. 401 y sigs. Más proximo al caso de Menocchio es el del habitante de Lucchesia que se hacía llamar Scolio: a propósito de las resonancias dantescas de su poema, véase también nota en p. 251.

249. No disponemos de pruebas de que Menocchio hubiera leído una de las vulgarizaciones corrientes de la *Biblioteca storica* de Diodoro Siculo. En el capítulo primero de esta obra, aunque no se habla del queso, se hacen referencias a los seres vivos de la materia podrida. Volveremos sobre la fortuna de este pasaje. Lo que sí sabemos con certeza, es que Menocchio había tenido en sus manos el *Supplementum de Foreti*. En él había podido leer, en una breve síntesis, algunas doctrinas cosmológicas originarias de la Antigüedad o de la Edad Media: «[...] así pues brevemente todas estas cosas en el libro del Génesis están contenidas, a fin de que por ellas pueda todo fiel comprender que la teología de la gente es del todo vana: así comparándola con ésta es más impiedad que teología. De los cuales, algunos decían que no era Dios; algunos otros creían y decían que las estrellas fijas en el cielo eran fuego, o empero fuego

por vía y arte convertido y en torno trasladado, y en lugar de Dios lo adoraban; algunos decían que el mundo por ninguna providencia de Dios, sino por una natura razonable estaba gobernado; algunos dicen que el mundo nunca tuvo principio sino que fue eterno, y en modo alguno ha sido comenzado por Dios, sino ordenado al azar y a la fortuna; finalmente haber sido compuesto por algunos átomos y partículas y corpúsculos animados [...]» (*Supplementum*, *op. cit.*, f. 11*r*). Esta referencia al «mundo hecho al azar» nos remite (a menos que sea, lo que es poco probable, un eco del *Infierno*, IV, 136) a un diálogo mencionado por el párroco de Polcenigo Giovan Daniele Melchiori cuando fue a Concordia a testificar ante el Santo Oficio (16 de marzo). Quince años atrás, un amigo —probablemente el propio párroco— había exclamado mientras caminaba por el campo: «Grande es la bondad del Señor Dios al haber creado estos montes, estas llanuras y esta magnífica máquina del mundo». Y Menocchio, que le acompañaba: «¿Quién creéis que ha creado este mundo?». «Dios». «Os engañáis, porque este mundo ha sido hecho al azar, y si pudiese hablar hablaría, pero no quiero hablar». (ACAU, proc. nº 126, ff. 24*v*-25*r*.)

250. *Ibid.*, f. 37*r*.

251. En 1688 Redi demostró que en las sustancias orgánicas no expuestas al contacto con el aire no se producía putrefacción ni, en consecuencia, «generación espontánea».

252. Cit. en H. Haydn, *The Counter-Renaissance*, Nueva York, 1960, p. 209.

253. Véase U. Harva, *Les représentations religieuses des peuples altaïques*, trad. fr., París, 1959, pp. 63 y sigs.

254. Véase ACAU, proc. nº 126, f. 6*r* (y véanse pp. 95-96 del texto).

255. Véase G. De Santillana y H. von Dechend, *Hamlet's Mill*, Londres, 1970, pp. 382-383, quienes afirman que el estudio exhaustivo de esta tradición cosmogénica requeriría un libro entero. Quién sabe si, habiendo escrito uno, fascinante, sobre la rueda del molino como imagen de la bóveda celeste, no verían estos autores un hecho no casual en la reformulación de esta antiquísima

cosmogonía por boca de un molinero. Lamentablemente carezco de competencias para juzgar una investigación como *Hamlet's Mill.* La desconfianza que inspiran sus premisas hipotéticas y la audacia de ciertos pasajes son evidentes. Pero sólo sometiendo a discusión las certezas obtenidas sin esfuerzo podemos afrontar el estudio de continuidades culturales tan duraderas.

P. Zambelli ha suscitado recientemente una polémica contra la «idea de la autonomía absoluta de la cultura campesina» que me atribuye haber sostenido en mi libro (véase «Uno, due, tre, mille Menocchio», *Archivio Storico Italiano,* 1979, p. 59 y pp. 51-90 y sigs.). Sin embargo, creo que la hipótesis sobre la que gira el libro, hipótesis además claramente expuesta en diversas ocasiones —la de la «circularidad» entre cultura hegemónica y culturas subalternas— significa precisamente lo contrario. Pero según P. Zambelli, el concepto de «circularidad» no corresponde a la tesis del libro (p. 61, nº 19). La expresión: «relación compleja, compuesta por *intercambios recíprocos* (la cursiva es de P. Zambelli), y no solamente por represiones en una dirección única», que yo empleo en otro texto, le parece, por el contrario, llena de «matices sensiblemente distintos», y más aceptables (aunque, incluso, de todos modos no correspondan a mi investigación). No señala que ya en un párrafo del prólogo al libro, se habla de «*una influencia recíproca* (la cursiva es mía) entre cultura de las clases subalternas y cultura dominante», párrafo que ella misma cita (p. 63).

Sin duda mucho más inquisitivas, y útiles, son las páginas de P. Zambelli sobre la difusión de la idea de generación espontánea en los ambientes filosóficos, neoplatónicos y aristotélicos italianos del siglo XV y XVI. Sin embargo, no me parece que los textos que cita la autora constituyan precedentes realmente demostrativos en el esclarecimiento de la génesis de las ideas de Menocchio. Primero, y antes que nada, hay que señalar que en estos textos, o se habla de la putrefacción del queso, pero sin extenderla (Pomponazzi, p. 74) al origen del cosmos, o se habla del origen de los ángeles y los hombres a partir del Caos, pero no se menciona la putrefacción del queso, ni siquiera la putrefacción en general (Tiberio Russiliano Sesto, y la traducción en lengua vulgar de *Pimander*, pp. 78-79). Porque en una cultura vinculada a la experiencia de Menocchio, la separación entre «la imagen» (mejor dicho, «la experiencia») y «la idea» de la fermentación (p. 74) no era ni previsible ni evidente: la repetición obstinada en los discursos cosmológicos de Menocchio, de la referencia al queso putrefacto, de manera tanto analógica como explicativa, induce decididamente a excluir la mediación libresca supuesta (pero no demostrada) por Zambelli.

En realidad, la argumentación de esta autora se basa en la suposición, que habría que demostrar, de una extrema permeabilidad entre la alta cultura y cultura campesina (para evitar cualquier malentendido, quiero precisar que tampoco aquí propongo ni mucho menos la «idea de la autonomía absoluta de la cultura campesina», a la que me he referido anteriormente). Suponer que para un molinero, en contacto con círculos heréticos, «el conocimiento directo o indirecto» de los textos de M. Ficino haya sido infinitamente más fácil que el de los textos de Serveto «dado que aquéllos (los de Ficino) estaban muy difundidos» (p. 69) es absurdo. Como hemos dicho, un orfebre de Mantua podía leer a Serveto (sin comprenderlo): pero la hipótesis de la existencia de textos de Marsilio Ficino entre los libros de Menocchio nos sugiere la respuesta de C. Dionisotti a propósito de la «muy sorprendente identificación», refutada por Garin, de un *De immortalità d'anima*, mencionado en la lista de los libros propiedad de Leonardo da Vinci (que al fin y al cabo era Leonardo), con la *Théologie platonicienne* de M. Ficino: «Cuando lo considero, siempre me ha dado la impresión de una jirafa en un gallinero» (C. Dionisotti, «Leonardo uomo di lettere», *op. cit.*, *Stica*, V, 1962, p. 185). La observación de P. Zambelli (pp. 79-80) a propósito del término «terrigenae» empleado por M. Ficino, y luego por Tiberio Russiliano Sesto, discípulo de Pomponazzi —«y con certeza, cuando un tema se ha hecho tan corriente que necesitan crear una palabra especial en «su» latín, no es útil suponer que procede directamente, e incluso por vía puramente oral, de la India»— me parece realmente sorprendente. Ese latín habría sido incomprensible para Menocchio —en la hipótesis poco verosímil de que estos textos llegaran a las manos—. Por lo tanto, estamos ante dos culturas, aunque unidas —y éste es el problema— por relaciones circulares (recíprocas) que hay que demostrar analíticamente caso por caso.

No obstante, si aceptamos la hipótesis de circularidad, tenemos que admitir que ésta impone al historiador criterios de verificación distintos a los habituales. Esto se debe al hecho de que cultura dominante y culturas subalternas juegan una partida desigual, en la que los dados están trucados. Dado que la documentación expresa las relaciones de fuerza entre las clases de una sociedad determinada, las posibilidades de que la cultura de las clases subalternas haya dejado señales, aun deformadas, durante un período en el que el analfabetismo era todavía tan vasto, son muy limitadas. Por lo tanto, si aceptamos los criterios habituales de verificación, se exagera indebidamente el peso de la cultura dominante. En el caso que nos ocupa, por ejemplo, aceptar todos los testimonios escritos —incluso una lección todavía inédida de Pomponazzi, o un texto publicado clandestinamente y prácticamente desconocido de Tiberio Russiliano Sesto— como más demostrativo, para reconstruir las ideas de Menocchio, que una tradición «puramente» oral (el adverbio revelador es de P. Zambelli), significa decidir por anticipado el resultado de la partida a favor de una de las fuerzas en pugna (precisamente la más privilegiada). De este modo se acaba inevitablemente por «demostrar» la tesis tradicional según la cual las ideas nacen por definición, *siempre y solamente*, en los medios (aunque adopten posturas subversivas, pero esto no hace al caso) de la alta cultura: en el cerebro de monjes y profesores de universidad, pero no en el de molineros y campesinos. Un ejemplo caricatural de esta deformación, que desprecia incluso las precauciones cronológicas más elementales nos la da G. Spini, «Noterelle libertine», *Rivista Storica Italiana*, 1976, pp. 792-802; véanse las observaciones de P. Zambelli en pp. 66-67. Puede objetarse que la hipótesis que remite las ideas cosmogónicas de Menocchio a una antigua tradición oral tampoco está demostrada y puede que nunca lo sea (véase G. C. Lepschy, «Oral Literature», *The Cambridge*

Quarterly, VIII, 2, 1979, pp. 186-187), aunque, como he dicho antes, me proponga demostrar próximamente su plausibilidad con elementos ulteriores. Por otra parte, sería oportuno elaborar nuevos criterios de verificación, adaptados a un tipo de investigaciones basadas en una documentación tan heterogénea, e incluso desequilibrada. Además, que la creación de un nuevo campo de investigación modifica no sólo los métodos, sino también los propios criterios de verificación de una disciplina, está demostrado, por ejemplo, en la historia de la física: la aceptación de la hipótesis atómica obligó a cambiar los protocolos demostrativos basados en los límites de la física clásica.

256. «Tellerem genitam esse atque ortum olim traxisse ex Chao, ut testatur antiquitas tam sacra quam profana, supponamus: per Chaos autem nihil aliud intelligo quam massam materiae exolutam indiscretam et fluidam [...] Et cum notissimum sit liquores pingues et macros commixtos, data occasione vel libero aëri expositos, secedere ab invicem et separari, pinguesque innatare tenuibus; uti videmus in mistione aquae et olei, et *in separatione floris lactis a lacte tenui*, aliisque plurimis exemplis: aequum erit credere, hanc massam liquidorum se partitam esse in duos massas, parte ipsius pinguiore supernatante reliquae [...]» (T. Burnet, *Telluris theoria sacra, originem et mutationes generales orbis nostri, quas aut jam subiit, aut olim subiturus est, complectens*, Amstelaedami, 1699, pp. 17, 22, quedo sumamente agradecido a Nicola Badaloni por indicarme este pasaje.) [«Supongamos que la Tierra hubiese nacido y se hubiera originado del Caos, tal como atestigua la antigüedad, tanto sagrada como profana: por Caos no entiendo otra cosa que una masa de materia libre, mezclada y fluida [...] Y como es bien sabido, si se mezclan líquidos grasos y livianos, en ciertas condiciones dadas por ejemplo al ser expuestos al aire libre, se segregan, se separan el uno del otro, y los grasos sobrenadan por encima de los líquidos sutiles; es lo que vemos en una mezcla de agua y aceite y en la separación de la crema de la leche y el suero de la misma, así como en otros numerosos ejemplos. Sería lícito creer que esta masa líquida se ha dividido en dos masas, y que su

parte más grasa flota sobre la otra parte [...]» (T. Burnet, *Teoría sagrada de la Tierra, que comprende el origen y las mudanzas generales de nuestro mundo, tanto las que ya ha sufrido como las que en el futuro habrá de sufrir*, Amsterdam, 1699.)] Para las referencias a la cosmología india, véase *ibid.*, pp. 344-347, 541-544.

257. Véase Ginzburg, *I benandanti*, *op. cit.*, p. XIII. Sobre este tema volveré con mayor amplitud en un próximo estudio.

258. Sobre la relación entre ambos fenómenos, véase E. L. Eisenstein, « L'avènement de l'imprimerie et la Réforme », en *Annales ÉSC*, XXVI, 1971, pp. 1.355-1.382.

259. Véase sobre todo esto el fundamental ensayo de J. Goody y J. Watt, «The Consquences of Literacy», en *Comparative Studies in Society and History*, V, 1962-1963, pp. 304-345, en el que curiosamente se pasa por alto la ruptura que supone la invención de la imprenta. Sobre las posibilidades de autodidactismo que ofrecía, insiste muy acertadamente E. L. Eisenstein, «The Advent of Printing and the Problem of the Renaissance», en *Past and Present*, nº 45, noviembre de 1969, pp. 66-68.

260. Véase ACAU, proc. nº 126, f. 27*v*. Adviértase que en 1610 el lugarteniente veneciano A. Grimani ordenó que todos los procesos celebrados en Friuli en los que estuvieran implicados campesinos, fueran escritos en lengua vulgar: véase *Leggi*, *op. cit.*, p. 166.

261. Véase *ibid.*, proc. nº 285, hojas sin numerar (6 de julio de 1599).

262. Véase *ibid.*, proc. nº 126, f. 26*v*.

263. Véase *Florilegio*, *op. cit.*, ff. A. III*v*-A. Iv*r*.

264. Véase *Florilegio*, *op. cit.*, ff. C*r*-*v*.

265. Recurro aquí (aunque sea en una perspectiva distinta, como he expuesto en el prefacio) a la noción de «outillage mental» elaborada por Febvre (véase *Le problème de l'incroyance*, *op. cit.*, pp. 328 y sigs.).

266. Véanse pp. 145 y sigs.

267. Véase ACAU, proc. nº 126, f. 17*v*.

268. *Ibid.*, f. 28*r*.

269. *Ibid.*, f. 37*v*.

270. *Ibid.*, f. 21*v*.

271. Las dos imágenes eran tradicionales: véase K. Thomas, *Religion and the Decline of Magic*, Londres, 1971, p. 152.

272. Por ejemplo, *ibid.*, f. 20*r*, etc.

273. *Ibid.*, f. 6*r*.

274. *Ibid.*, f. 35*v*.

275. *Ibid.*, f. 16*v*.

276. *Ibid.*, f. 29*r*.

277. *Ibid.*, *f. 30*v.

278. *Ibid.*, f. 34*r*.

279. *Ibid.*

280. *Ibid.*, f. 37*r*.

281. *Ibid.*

282. *Ibid.*, f. 15*v*.

283. *Ibid.*, f. 37*r*.

284. *Ibid.*, f. 31*v*.

285. *Ibid.*, f. 29*r*.

286. Puede advertirse que si Menocchio tuvo entre sus manos, como hemos supuesto, el *Dante con l'espositioni di Christoforo Landino et d' Alessandro Vellutello*, habría podido leer en él, entre las acotaciones de Landino al canto IX del *Infierno:* «Los menandrianos toman el nombre de Menandro mago discípulo de Simón. Dicen que no es Dios quien ha hecho el mundo, sino los ángeles» (f. 58*v*). Un eco confuso y deformado de este pasaje parece detectarse en las palabras de Menocchio: «En este libro Mandavilla me parece haber leído que había un mago Simón que se transformaba en ángel». En realidad Mandeville ni siquiera menciona a Simón el Mago. Probablemente el desliz refleja un momento de embarazo de Menocchio. Después de decir que sus propias ideas procedían de la lectura de los *Viajes* de Mandeville, realizada «cinco o seis años» antes, escuchó la objeción del inquisidor: «Consta que hace quizá treinta años que tenéis estas opiniones» (ACAU, proc. nº 1216, f. 26*v*). Puesto en aprietos, Menocchio salió del paso atribuyendo a Mandeville una frase leída en otro texto —verosímil-

mente mucho tiempo atrás— y cambiando súbitamente de discurso. Se trata, no obstante, de simples conjeturas.

287. *Ibid.*, f. 37*r*.

288. Véase *Florilegio, op. cit.*, f. B. VIII*r*.

289. *Ibid.*, f. A. III*v*.

290. Véase ACAU, proc. N.º 126, f. 17*r*.

291. *Ibid.*, f. 11*v*.

292. *Ibid.*, f. 8*r*.

293. *Ibid.*, f. 12*r*.

294. *Ibid.*, f. 24*r*.

295. *Ibid.*, f. 25*r*.

296. *Ibid.*, f. 27*v*.

297. Véase Stella, *Anabattismo e antitrinitarismo, op. cit.*, pp. 7, 135-136.

298. Sobre Serveto véanse Cantimori, *Eretici, op. cit.*, pp. 36-49; *Autour de Michel Servet et al Sébastien Castellion*, por B. Becker, Haarlem, 1953; R. H. Bainton, *Michel Servet hérétique et martyr*, Ginebra, 1953.

299. ACAU, proc. nº 126, fg. 16*v*.

300. *Ibid.*, f. 32*r*.

301. Véase M. Serveto, *De Trinitatis erroribus*, Haguenau, 1531, facsímil, Frankfurt, 1965, f. 22*r*.

302. ACAU, proc. nº 126, ff. 16*v*, 29*v*, 21*v*. Para la interpretación del «espíritu» de la última cita, véase lo dicho en las pp. 119 y sigs. del texto.

303. Véase Serveto, *De Trinitatis, op. cit.*, f. 28*v*.

304. *Ibid.*, ff. 60*r-v*.

305. ACAU, proc. nº 126, ff. 2*r*, 5*r*.

306. Véase Serveto, *De Trinitatis, op. cit.*, ff. 66*v*-67*r*, 85*v* (véase también Cantimori, Eretici, *op. cit.*, p. 43, nota 3).

307. ACAU, proc. nº 126, ff. 8*r*, 3*r* (y 10*r*, 12*v*, etc.), 2*r*, 16*v*, 12*r*.

308. Véase la carta pseudomelanchtoniana enviada al Senado veneciano en 1539, sobre la cual véase K. Benrath, «Notiz über Melanchtons angeblichen Brief an den venetianischen Senat (1539)»,

en *Zeits für Kirkengeschichte*, I, 1877, pp. 469-471); el caso del orfebre de Mantua Ettore Donato que, habiendo tenido entre sus manos el texto de *De Trinitatis erroribus*, afirmó: «Era de un estilo que yo no entendía» (Stella, *Anabattismo e antitrinitarismo*, *op. cit.*, p. 135), sobre la difusión en círculos de Módena, véase J. A. Tedeschi y J. von Henneberg, «Contra Petrum Antonium a Cervia relapsum et Bononiae concrematum», en *Italian Reformation Studies in Honor of Laelius Socinus*, por J. A. Tedeschi, Florencia, 1965, p. 252, nota 2).

309. ACAU, proc. nº 126, f. 11*v*.

310. *Ibid.*, f. 34*r*.

311. *Ibid.*, ff. 38*r-v*.

312. «En el mundo de los campesinos no hay sitio para la razón, para la religión ni para la historia. No hay sitio para la religión precisamente porque todo participa de la divinidad, porque todo es divino, realmente y no simbólicamente, tanto el cielo como los animales, Cristo como la cabra. Todo es magia natural. Hasta las ceremonias de la iglesia se convierten en ritos paganos, celebratorios de la indiferenciada existencia de las cosas, de los infinitos dioses terrestres de la aldea» (C. Levi, *Cristo si è fermato a Eboli*, Turín, 1946 [hay tra. cast.: *Cristo se paró en Eboli*, Barcelona, Plaza & Janés, 1982]).

313. ACAU, proc. nº 126, f. 17*r*.

314. Véase *Florilegio*, *op. cit.* ff. B. VIII*r-v*. La cursiva es mía.

315. ACAU, proc. nº 126, f. 10*v*.

316. Véase Eclesiastés 3, 18 y sigs.: «Dixi in corde meo de filiis hominum, ut probaret eos Deus et ostenderet similes esse bestiis. Idcirco unus interitus est hominum et iumentorum, et aequa utriusque condition. Sicut moritur homo, sic et illa moriuntur [...]». [«Díjeme a mí mismo acerca de los hijos de los hombres: Dios quiere probarles y hacerles ver que son iguales que las bestias. Por eso es una misma la muerte de los hombres y de las bestias, y unos y otras tienen la misma condición. Tal como muere el hombre, igual mueren también ellas [...]»] Podemos recordar al respecto que entre las acusaciones hechas diez años atrás contra el noble de Por-

denone Alessandro Mantica, condenado más tarde por el Santo Oficio por «vehementemente sospechoso» de herejía (a pesar de que no se atisbaban elementos sólidos), figuraba también la de haber sostenido sobre la base de estos versículos la tesis de la mortalidad del alma. «Y considerando —se leía en la sentencia fechada el 29 de mayo de 1573— que el dicho Alessandro, por ser persona letrada, no se relacionaba con personas idiotas, muchas veces alegara "quod iumentorum et hominum par esse interitus", [«que es igual la muerte de los hombres y la de las bestias»] dando argumento de que el alma racional sea mortal [...]» (ASVen, Sant' Uffizio b. 34, fasc. *Alessandro Mantica*, ff. 21*v*-22*r*, y sentencia). Que entre aquellas «personas idiotas» estuviera también Menocchio, es una suposición atractiva pero indemostrable, y de todos modos innecesaria. En aquella época los Mantica se habían emparentado con la familia Montereale: véase A. Benedetti, *Documenti inediti riguardanti due matrimoni fra membri dei signori castellani di Spilimbergo e la familia Mantica di Pordenone*, s. l., s. f. (pero Pordenone 1973).

317. ACAU, proc. nº 126, f. 18*v*.

318. *Ibid.*, ff. 20*r-v*. La transcripción es fiel; sólo en los casos que siguen se ha restablecido el discurso directo: «Ei dictum, si el espíritu de Dios [...] y si este espíritu de Dios...»; «interrogatus si entiende que ese espíritu de Dios [...]»; «ei dictum que confiese la verdad y resuelva [...]». Además se ha corregido un error («alliego» por «alliegro» [alegre]).

319. El término «panteísmo» fue acuñado por John Toland en 1705 (véase P. O. Kristeller, *La tradizione classica nel pensiero del Rinascimento*, trad. it. Florencia, 1965, p. 87, nota 5).

320. Véase Ginzburg, *I benandanti*, *op. cit.*, p. 92.

321. ACAU, proc. nº 126, f. 21*r*.

322. *Ibid.*, f. 20*v*.

323. *Ibid.*, ff. 21*r-v*.

324. *Ibid.*, ff. 32*r-v*.

325. *Ibid.*, f. 34*v*.

326. Véase en general, al respecto, las decisivas consideraciones de Febvre, *Le problème de l'incroyance*, *op. cit.*, pp. 163-194.

327. Véase *Florilegio*, *op. cit.*, ff. B Iiv-B III*r*.

328. Véase también Febvre, *Le problème de l'incroyance*, *op. cit.*, p. 178, a propósito de la distinción formulada por Postel entre *animus* (en francés *anime*) inmortal y *anima* (en francés *âme*). Señalemos que para Postel es ésta la que va unida al Espíritu, mientras que l'*anime* la ilumina la *mente*.

329. Véase sobre todo esto G. H. Williams, *The Radical Reformation*, *op. cit.*, índice *sub voce* «psychopannychism»; *id.*, «Camillo Renato (c. 1500-1575)», en *Italian Reformation Studies*, *op. cit.*, pp. 106 y sigs., 169-170 *passim;* Stella, *Dall'anabattismo*, *op. cit.*, pp. 37-44.

330. Véase las vistas y declaraciones de un seguidor valtellinés de Renato (declaró «tener la misma fe» que él) Giovanbattista Tabacchino, amigo del anabaptista de Vicenza Jacometo «stringaro»: véase Stella, *Anabattismo e antitrinitarismo*, *op. cit.*, índice, *sub voce* «Tabacchino». Cae pues la prudente reserva formulada anteriormente a este respecto por Rotondò (véase C. Renato, «Opere, documenti e testimonianze», por A. Rotondò, *Corpus Reformatorum Italicorum*, Florencia-Chicago, 1968, p. 324). Sin embargo, adviértase que el opúsculo *La revelatione*, conservado manuscrito entre los papeles inquisitoriales venecianos, hasta la fecha se atribuye a Jacometto «stringaro» (véase Stella, *Dall'anabattismo*, *op. cit.*, pp. 67-71, que publicó largos pasajes; C. Ginzburg, *I costituti di don Pietro Manelfi*, «Biblioteca del Corpus Reformatorum Italicorum», Florencia-Chicago, 1970, p. 45, nº 22) es en realidad la obra de Tabacchino: véase ASVen, Sant' Uffizio, b. 158, «liber quartus», f. 53*v*. El opúsculo, que iba destinado a los compañeros de secta residentes en Turquía, merece un análisis más profundo, dadas las estrechas relaciones de su autor con Renato. A éste hasta ahora no se le atribuían doctrinas antitrinitarias (véase Renato, *Opere*, *op. cit.*, p. 328), mientras que *La revelatione* de Tabacchino está explicítamente orientada en sentido antitrinitario.

331. Véase Stella, *Anabattismo e antitrinitarismo*, *op. cit.*, p. 61. La cursiva es mía.

332. Véase C. Ginzburg, *I costituti*, *op. cit.*, p. 35.

333. Véase ASVen, Sant' Uffizio, b. 44 (*De Melchiori don Daniele*).

334. *Ibid.*, f. 39*v*, f. 23*v*, etc.

335. *Ibid.*, ff. 66*r-v*.

336. Cito a partir de la edición veneciana de 1589, ff. 46*r-v*. La primera edición fue en 1562. Sobre Ammiani, o Amiani, que fue secretario de la orden y participó en el Concilio de Trento, véase el artículo redactado por G. Alberigo, en *Dizionario biografico degli italiani*, II, Roma, 1960, pp. 776-777. En él se subraya la declaración de Ammiani, hostil a la controversia antiprotestante, y favorable a la vuelta a la tradición sobre todo patrística. Esto es evidente también en estos *Discursos* (a los que siguieron a los pocos años otras dos partes) en los que la polémica explícita contra los luteranos se reduce al discurso nº 40 («Che cosa habbia fatto il scelerato Luthero con i suoi seguaci», ff. 51*r-v*).

337. Véase ASVen, Sant' Uffizio, b. 44, f. 80*r*. La mención de Wyclif en una sentencia inquisitorial de esta época, es totalmente excepcional.

338. Véanse pp. 147 y sigs.

339. ACAU, proc. nº 126, ff. 31*v*-32*r*.

340. *Ibid.*, f. 32*v*.

341. *Ibid.*, f. 33*v*.

342. Véase p. 146 del texto.

343. ACAU, proc. nº 126, f. 29*v*.

344. *Ibid.*, f. 28*v*.

345. *Ibid.*, f. 29*r*.

346. *Ibid.*, f. 35*r*.

347. *Ibid.*

348. *Ibid.*, ff. 32*r-v*.

349. *Ibid.*, f. 35*v*.

350. Véase Mandavilla, *Qual tratta*, *op. cit.*, f. 51*r*.

351. ACAU, proc. nº 126, f. 38*v*.

352. *Ibid.*, f. 30*r*.

353. Véase Goody-Watt, *The Consequences*, *op. cit.*; F. Graus, «Social Utopias in the Middle Ages», en *Past and Present*, nº 38,

diciembre de 1967, pp. 3-19; E. J. Hobsbawm, «The Social Function of the Past: Some Questions», *Past and Present*, nº 55, mayo de 1972, pp. 3-17. Siempre es útil el texto de M. Halbwachs, *Les cadres sociaux de la mémoire*, París, 1952, 1ª ed. de 1925.

354. «When Adam delved and Eve span / Who was then a gentleman?», es un famoso proverbio cuya difusión está documentada desde la revuelta de los campesinos ingleses en 1381 (véase R. Hilton, *Bond Men made Free. Medieval Peasant Movements and the English Rising of 1381*, Londres, 1973, pp. 222-223).

355. Véase en general G. Miccoli, *Ecclesiase primitivae forma*, en *Chiesa gregoriana*, Florencia, 1966, pp. 225 y sigs.

356. ACAU, proc. nº 126, f. 35*r*.

357. Véase Landucci, *I filosofi*, *op. cit.*; W. Kaegi, «Voltaire e la disgregazione della concezione cristiana della storia», en *Meditazioni storiche*, Bari, 1960, pp. 216-238.

358. Véase Foresti, *Supplementum*, *op. cit.*, ff. CCCLV*r-v* (pero la numeración está equivocada).

359. ACAU, proc. nº 132, declaraciones del párroco Odorico Vorai, 15 de febrero de 1584.

360. *Ibid.*, proc. nº 126, f. 9*r*.

361. *Ibid.*, véase ff. 7*v*, 11*r*, etc.

362. *Ibid.*, proc. nº 132, hojas sin numerar (vista del 18 de febrero de 1584).

363. *Ibid.*, proc. nº 126, f. 13*v*.

364. *Ibid.*, f. 10*v*.

365. *Ibid.*, f. 12*v*.

366. *Ibid.*, proc. nº 132, hojas sin numerar (vista del 25 de abril de 1584).

367. *Ibid.*, proc. nº 126, f. 27*v*.

368. *Ibid.*, ff. 23*v*-24*r*.

369. Véase E. J. Hobsbawm, *Bandidos*, Barcelona, Crítica, 2003.

370. Véanse pp. 55-59.

371. ACAU, proc. nº 126, f. 34*v*.

372. *Mundus novus*, s. l., s. d. (¿1500?), hojas sin numerar. La cursiva es mía.

373. Véase *Opus epistolarum Des. Erasmi...*, por P. S. Allen, VII, Oxonii, 1928, pp. 232-233.

374. Se encuentra en el apéndice de *Begola contra la Bizaria*, Módena, s. a. (utilizo el ejemplar existente en la Biblioteca Comunale dell'Archiginnasio, Bolonia, código 8. Lett. it., *Poesie varie*, cap. XVII, nº 43). No he logrado averiguar el impresor. Véase R. Ronchetti Bassi, *Carattere popolare della stampa in Modena nei secoli XV-XVI-XVII*, Módena, 1950.

375. Véase Graus, *Social Utopias*, *op. cit.*, pp. 7 y sigs., aunque subestima excesivamente la difusión sobre este tema, y su resonancia popular. En general, véase Bajtin, *L'oeuvre de François Rabelais*, *op. cit.*, *passim*. (Por cierto, se puede advertir en el «nouveau monde» que el autor imagina descubrir por boca de Pantagruel un eco del país de Cucaña, correctamente identificado por E. Auerbach, *Mimesis. Il realismo nella letteratura occidentale*, Turín, 1970, II, pp. 3 y sigs., especialmente la p. 9 [hay trad. cast.: *Mímesis*, Madrid, FCE, 1983].) Para Italia, consultar el siempre fundamental V. Rossi, «Il paese di Cuccagna nella letteratura italiana», en el apéndice a *Le lettere di meser Andrea Calmo*, Turín, 1888, pp. 398-410. Hay algunas indicaciones útiles en el ensayo de G. Cocchiara, incluido en la recopilación del mismo título *Il paese di Cuccagna*, Turín, 1956, pp. 159 y sigs. Para Francia, véase A. Huon, «"Le Roy Sainct Panigon" dans l'imagerie populaire du xvie siècle», en *François Rabelais. Ouvrage publié pour le quatrième centenaire de sa mort (1553-1953)*, Ginebra-Lille, 1953, pp. 210-225. En general véase E. M. Ackermann, *«Das Schlaraffenland» in German Literature and Folksong... with an Inquiry into its History in European Literature*, Chicago, 1944.

376. Sobre ellos insiste por ejemplo el ensayo de Cocchiara, aunque sin vincularlos a las descripciones de los indígenas americanos (sobre la ausencia de propiedad privada, véase R. Romero, *Le scoperte americane nella conscienza italiana del Cinquecento*, Milán-Nápoles, 1971, pp. 12 y sigs.). A este vínculo hace una explícita referencia Ackermann, *Das Schlaraffenland*, *op. cit.*, p. 82 y sobre todo 102.

377. Podemos recordar la categoría freudiana de los movimientos de espíritu dirigidos contra «instituciones [...], proposiciones de la moral o de la religión, concepciones de la vida que gozan de tanto respeto que cualquier objeción a las mismas no puede enunciarse si no es bajo el disfraz de un movimiento espiritual, y aun así de un movimiento espiritual cubierto por una fachada» (véase el comentario de F. Orlando, *Per una teoria freudiana della letteratura*, Turín, 1973, pp. 46 y sigs.). Así durante el siglo XVI, la *Utopía* de Tomás Moro viene incluida en recopilaciones de paradojas frívolas o jocosas.

378. Véase P. F. Grendler, *Critics of the Italian World (1530-1560). Anton Francesco Doni, Nicolò Franco, and Ortensio Lando*, Madison, Wisconsin, 1969. Del *Mondi* he utilizado la edición de 1562 (*Mondi celesti, terrestri et infernali de gli academici pellegrini...*): el diálogo sobre el *Mondo nuovo* se encuentra en las pp. 172-184.

379. Véase Graus, *Social Utopias*, *op. cit.*, p. 7, en la que afirma que el escenario de Cucaña nunca es urbano. Una excepción parece ser la *Historia nuova della città di Cucagna*, impreso en Siena hacia finales del siglo XV, citado por Rossi (*Le lettere*, *op. cit.*, p. 399); lamentablemente no he podido localizar este texto.

380. Véase Doni, *Mondi*, *op. cit.*, p. 179.

381. Véase A. O. Lovejoy y G. Boas, *Primitivism and related Ideas in Antiquity*, Baltimore, 1935; H. Levin, *The Myth of the Golden Age in the Renaissance*, Londres, 1969; y actualmente H. Kamen, «Golden Age, Iron Age: a Conflict of Concepte in the Renaissance», en *The Journal of Medieval and Renaissance Studies*, nº 4, 1974, pp. 135-155.

382. Véase Doni, *Mondi*, *op. cit.*, p. 173.

383. Sobre esta distinción, véase N. Frye, «Varieties of Literary Utopias», en *Utopias and Utopian Thought*, por F. E. Manuel, Cambridge (Mass.), 1966, p. 28.

384. Véase Doni, *Mondi*, *op. cit.*, p. 176: «Todo era común, y los campesinos vestían como los habitantes de la ciudad, porque todos llevaban puesto el fruto de su fatiga, y cogían lo que les hacía

falta. Se abstenían de tener que vender, revender, comprar y volver a comprar».

385. Véase Foresti, *Supplementum*, *op. cit.*, ff. CCCXXXIX*v*-CCCXL*r*.

386. Véase ACAU, proc. nº 126, f. 34*r*.

387. Sobre el significado de la utopía urbana de Doni, véase actualmente las páginas, bastante superficiales, de G. Simoncini, *Città e società nel Rinascimento*, I, Turín, 1974, pp. 271-73, y *passim*.

388. Véase Grendler, *Critics*, *op. cit.*, pp. 175-176 (y en términos más generales, pp. 127 y sigs.). No siempre convencen las observaciones de Grendler: por ejemplo, hablar de «materialismo» más o menos explícito a propósito de Doni, me parece una exageración (véase, por parte, las significativas vacilaciones en pp. 135 y 176). De cualquier modo, las inquietudes religiosas de Doni no dejan lugar a dudas; pero no parece haberlas tenido en cuenta A. Tenenti, «L'utopia nel Rinascimento (1450-1550)», en *Studi Storici*, VII, 1966, pp. 689-707, que habla del *Mundo nuevo* calificándolo de «teocracia ideal» (p. 697).

389. Véase Doni, *Mondi*, *op. cit.*, p. 184. Grendler (p. 176), habla de «orthodox religious coda»: en realidad estas palabras confirman la religión simplificada propuesta por Doni. Véase también ACAU, proc. nº 126, f. 28*r*.

390. *Ibid.*, f. 35*r*.

391. *Lamento de uno poveretto huomo sopra la carestia, con l'universale allegrezza dell'abondantia, dolcissimo intertenimento de spiriti galanti*, s. l., s. d. (he consultado el ejemplo que se conserva en la biblioteca Comunale dell'Archiginnasio, Bolonia, ref. 8. Lett. it., *Poesie varie*, cap. XVII, nº 40).

392. Sobre la visión cíclica implícita en las utopías populares insiste acertadamente Bajtin (véase *L'oeuvre de François Rabelais*, *op. cit.*, pp. 211 y *passim*). Pero al mismo tiempo atribuye contradictoriamente un valor de ruptura irreversible con el «viejo» mundo feudal a la concepción del mundo carnavalesca y renacentista: véase *ibid.*, pp. 215, 256, 273-274, 392. Esta superposición de un tiem-

po lineal y progresivo a un tiempo cíclico y estático es indicio de una exageración de las características eversivas de la cultura popular, exageración que constituye la faceta más discutible de un libro que sigue siendo fundamental. Véase también P. Camporesi, «Carnevale, cuccagna e giuochi di villa (Analisi e documenti)», en *Studi e problemi di critica testuale*, nº 10, abril de 1975, pp. 57 y sigs.

393. Véase *ibid.*, pp. 17, 20-21, 98-103, y *passim* (véase nota anterior). El problema acerca de Campanella lo plantea L. Firpo, en «La cité idéale de Campanella et le culte du Soleil», en *Le soleil à la Renaissance. Science et mythes*, Bruselas, 1965, p. 331.

394. Véase Bajtin, *L'oeuvre de François Rabelais*, *op. cit.*, pp. 89-90.

395. Véase *ibid.*, pp. 218-462, y sobre todo G. B. Lander, «Vegetation Symbolism and the Concept of Renaissance», en *De artibus opuscula XL. Essays in honour of Erwin Panofsky*, por M. Meiss, I, Nueva York, 1961, pp. 302-322. Véase también *id.*, *The idea of Reform: Its Impact on Christian Thought and Action in the Age of the Fathers*, Cambridge (Masigs.), 1959. El siempre importante trabajo de K. Burdach, *Riforma-Rinascimento-Umanesimo*, trad. it., Florencia, 1935, pp. 3-71.

396. Véase *Daniel* 7, 13 y sigs. Se trata de una de las tesis fundamentales de la literatura milenarista.

397. ACAU, proc. nº 126, ff. no numerados.

398. Véase *supra*, p. 50 del texto.

399. En la transcripción hemos eliminado seis errores y tres repeticiones.

400. Véase M. Scalzini, *Il secretario*, Venecia, 1587, f. 39.

401. Véase el fascículo de escrituras notariales redactado por él en ASP, Notarile, b. 488, n. 3785.

402. Véase P. Valesto, *Strutture dell'alliterazione. Grammatica, retorica e folklore verbale*, Bolonia, 1967, en especial la p. 186 (sobre la aliteración en el lenguaje religioso).

403. ACAU, proc. nº 126, f. 34*v*.

404. *Ibid.*, *Sententiarum contra reos S. Officii liber II*, ff. 1*r*-11*v*. La abjuración se encuentra en los ff. 23*r*-34*r*.

405. Véase Ff. CLIII*v*-CLIV*r*, CLVII*r*.

406. ACAU, *Sententiarum contra reos S. Officii liber II*, f. 12*r*.

407. *Ibid.*, ff. 15*r-v*.

408. *Ibid.*, ff. 16*r-v*.

409. *Ibid.*, ff. 16*v*-17*r*.

410. ACVP, *Visitationum Personalium anni 1593 usque ad annum 1597*, pp. 156-157.

411. ASP, Notarile, b. 488, nº 3785, ff. 1*r*-2*v*.

412. *Ibid.*, ff. 3*r-v*.

413. *Ibid.*, ff. 6*v*, 17*v*.

414. ACAU, proc. nº 285, hojas sin numerar.

415. *Ibid.* Las hojas de este proceso no están numeradas.

416. Juan 20.29.

417. Véase ACAU, proc. nº 285, hojas sin numerar (11 de noviembre de 1598, declaración del padre Ottavio de los condes de Montereale).

418. *Ibid.* (17 de diciembre de 1598).

419. *Ibid.*

420. *Ibid.* (3 de agosto de 1599).

421. Véase Stella, *Anabattismo e antitrinitarismo*, *op. cit.*, p. 29; y «Guido da Fano eretico del secolo XVI al servizio dei re d'Inghilterra», en *Rivista di Storia della Chiesa in Italia*, XIII (1959), p. 226.

422. Véase ACAU, proc. nº 285, hojas sin numerar (6 de mayo de 1599).

423. Se trata de una frase blasfema corriente, como se deduce, por ejemplo, de un testimonio de 1599 contra Antonio Scudellario, llamado Fornasier, habitante cercano a Valvasone (ACAU, «año íntegro 1599, a nº 341 usque ad 404 incl.», proc. nº 361).

424. Véase A. Bocchi, *Symbolicarum quasteionum... libri quinque*, Bononia, 1555, ff. LXXX-LXXXI. Sobre este símbolo hablaré en otro contexto.

425. ACAU, proc. nº 285, hojas sin numerar (6 de julio de 1599).

426. *Ibid.* (12 de julio de 1599).

427. Equivalía al primer grado de enseñanza. Desgraciadamente no disponemos de datos sobre este período de la vida de Menocchio.

428. No consigo localizar la página exacta, véase pues Foresti, *Supplementum*, *op. cit.*, ff. 180*r-v*.

429. Véase C. Ginzburg, *Il nicodemismo. Simulazione e dissimulazione religiosa nell'Europa del '500*, Turín, 1970.

430. Véase M. de Montaigne, *Essais*, por A. Thibaudet, París, 1950, p. 489 (libro II, cap. XII, *Apologie de Raimond Sebond*).

431. Véase ACAU, proc. nº 285, hojas sin numerar (19 de julio de 1599).

432. Véase *l'Alcorano di Maometto, nel qual si contiene la dottrina, la vita, i costumi et le leggi sue, tradotto, nuovamente dall'arabo in lingua italiana*, Venecia, 1547, f. 19*r*.

433. Véase ACAU, proc. nº 285 (12 de julio de 1599).

434. *Ibid.* (19 de julio de 1599).

435. *Ibid.* (12 de julio de 1599).

436. *Ibid.*, hojas sin numerar. He corregido dos errores.

437. *Me trano ne li chochi*, me consideran un extravagante (véase G. Boerio, *Dizionario del dialetto veneziano*, Venecia, 1856).

438. Esta personalización es como una lucerna en las manifestaciones de las clases populares de este período frente a la muerte; manifestaciones de las que poseemos pocos datos. Los raros testimonios sobre el tema aparecen, en realidad, casi siempre, filtrados por un estereotipo deformante: véase, por ejemplo, el citado en *Mourir autrefois*, por M. Vovelle, París, 1974, pp. 100-102.

439. ACAU, proc. nº 285, hojas sin numerar (19 de julio de 1599).

440. En general véase P. Fiorelli, *La tortura giudiziaria nel diritto comune*, Milán, 1953-1954, 2 vols.

441. Véase Stella, *Chiesa e Sato*, *op. cit.*, pp. 290-291. La relación de Bolognetti es de 1581.

442. Véase Ginzburg, *Folklore*, *op. cit.*, p. 658. Para casos análogos en Inglaterra, véase Thomas, *Religion*, *op. cit.*, pp. 159 y sigs.

443. *Ibid.*, p. 163, y el comentario de Thompson, *Anthropology, op. cit.*, p. 43, repetido aquí casi al pie de la letra. Sobre la actitud activa, e innovadora de las clases populares en materia de religión, ha insistido N. Z. Davis, polemizando con los que estudian la religión popular asumiendo el punto de vista de las clases superiores (e incluso del clero), y considerándola únicamente como simplificación o distorsión en sentido mágico de la religión oficial: véase N. Z. Davis, «Some Tasks and Thermes in the Study of Popular Religion», en *The Pursuit of Holiness in Late Medieval and Renaissance Religion*, por Ch. Trinkaus y H. A. Oberman, Leiden, 1974, pp. 307 y sigs. A nivel general, véase lo expuesto en el prólogo a propósito de las polémicas sobre el concepto de «cultura popular».

444. Véase el hermoso ensayo de E. Donadoni, «Di uno sconosciuto poema eretico della seconda metà del Cinquecento di autore lucchese», en *Studi di litteratura italiana*, II, 1900, pp. 1-142, aunque sea un texto viciado por un intento de establecer nexos exactos —claramente forzados— entre el poema de Scolio y las doctrinas anabaptistas. Berengo, al reutilizar este ensayo (véase *Nobili e mercanti, op. cit.*, pp. 450 y sigs.), ha atenuado las conclusiones, aunque sin refutarlas del todo: por una parte afirma que «sería estéril esforzarse por situar este texto en el ámbito de una corriente religiosa bien definida», por otra, ha catalogado a Scolio dentro de la corriente de «racionalismo popular». Aparte de las reservas sobre esta expresión (véase nota 117) el vínculo me parece incontrovertible. Sobre el autor, véase la sugestiva hipótesis de Donadoni, que propone identificar a Scolio con el quesero Giovan Piero di Dezza, obligado a abjurar en 1559 (*Di uno sconosciuto, cit.*, pp. 13-14). La redacción del poema, como advierte su autor en la última página, duró siete años (de ahí el título de *Settennario*) a partir de 1563, y la revisión otros tres años.

445. Aparte de la referencia explícita a Dante (BCL, ms. 1271, f. 9*r*) véanse los versos como «Sta su la scala l'alma Beatrice» (ibid) o «ch'eran ancora in terra al cald'e al gelo» (véase *Paradiso* XXI, 116). Y véase Donadoni, *Di uno sconosciuto, op. cit.*, p. 4.

446. BCL, ms. 1721, f. 10*r*.

447. *Ibid.*, f. 4*v* (y Donadoni, *Di uno sconosciuto*, *op. cit.*, p. 21). En la última página del poema, Scolio insertó una ambigua retractación: «Porque cuando lo escribía estaba fuera de mí, y forzado a escribirlo, y estaba ciego, mudo y sordo, y cómo me valí, no recuerdo ciertamente...» (*ibid.*, p. 2). Consecuencia de esta retractación son las correcciones y las acotaciones marginales a la mayoría de los pasajes citados aquí.

448. BCL, ms. 1271, f. 14*r* (y Donadoni, *Di uno sconosciuto*, *op. cit.*, p. 93).

449. BCL, ms. 1271, f. 10*r* (y Donadoni, *Di uno sconosciuto*, *op. cit.*, p. 28).

450. BCL, ms. 1271, f. 10*r*.

451. *Ibid.*, f. 19*r* (y Donadoni, *Di uno sconosciuto*, *op. cit.*, pp. 130 y sigs.).

452. BCL, ms. 1271, f. 15*r* (y Donadoni, *Di uno sconosciuto*, *op. cit.*, p. 90).

453. BCL, ms. 1271, f. 2*r* (y Donadoni, *Di uno sconosciuto*, *op. cit.*, p. 120).

454. BCL, ms. 1271, f. 2*r*.

455. BCL, ms. 1271, f. 10*r*.

456. *Ibid.*, f. 15*r* (en el texto, *ma organi* [...] *ma campanil*: sigo la enmienda de Donadoni, *Di uno sconosciuto*, *op. cit.*, pp. 94-95).

457. BCL, ms. 1271, f. 1*r*.

458. *Ibid.*, f. 16*r*.

459. *Ibid.*, f. 13*r* (y Donadoni, *Di uno sconosciuto*, *op. cit.*, p. 99).

460. BCL, ms. 1271, f. 13*r* (y, en parte, Donadoni, *Di uno sconosciuto*, *op. cit.*, p. 97).

461. Véase Donadoni, *Di uno sconosciuto*, *op. cit.*, p. 34.

462. BCI, ms. 1271, f. 14*r*.

463. Véase Donadoni, *Di uno sconosciuto*, *op. cit.*, pp. 102, 97.

464. BCL. ms. 1271, f. 19*r*.

465. *Ibid.*, f. 4*r*.

466. *Ibid.*, (y, en parte, Donadoni, *Di uno sconosciuto*, *op. cit.*, p. 125).

467. Véase Donadoni, *Di uno sconosciuto*, *op. cit.*, pp. 128-130. Que Scolio era consciente, se deduce de una apostilla añadida en la revisión al margen de una de estas descripciones del paraíso: «Yo siendo profeta y el rey de los locos fui llevada al gran paraíso de los locos, estatutos, groseros, palurdos en el paraíso de las delicias o de los asnos y me pareció ver todas estas cosas: pero de todo me desdigo». Se trata de nuevo de una retractación ambigua y poco convincente, que en realidad confirma el enraizamiento que tenía en la imaginación campesina el mito de Cucaña. El «paraíso de las delicias» era sinónimo del paraíso terrestre. Sobre los posibles nexos entre el paraíso mahometano y el país de Cucaña, véase también Ackermann, *Das Schlaraffenland*, *op. cit.*, p. 106. (Por lo tanto se trata de asnos («asini» en italiano) y no de «Urini», como interpreta erróneamente Donadoni, *Di uno sconosciuto*, *op. cit.*, p. 128).

468. Véase Donadoni, *Di uno sconosciuto*, *op. cit.*, p. 8.

469. Véase p. 47 del texto; BCI, ms. 1271, f. 30*r* (y Donadoni, *Di uno sconosciuto*, *op. cit.*, p. 40).

470. BCI, ms. 1271, f. 12*r*.

471. Eludo aquí elementos de difícil interpretación, como la reiterada y sorprendente legitimación de antropofagia, en la tierra o en el cielo: «Al rey por gusto, más que por necesidad / carne humana comer no es impiedad / la come el gusano y la devora el fuego / terreno es uno y el otro no poco celeste» (*ibid.*, f. 13*r*); «Si además tuviera ganas de probar / carne humana como había en la tierra / o probar cualquier otra vianda / que por mucho que las ganas uno se reprima / enseguida se la traen / y puede comerla sin disputa o guerra: / todo es lícito en el cielo, todo está bien hecho / que se acabó la Ley y roto el Pacto» (f. 17*r*). Donadoni, de manera poco convincente, interpreta este último pasaje como una alusión argótica a la sodomía (*Di uno sconosciuto*, *op. cit.*, p. 127).

472. Para ulteriores datos sobre este personaje, recomiendo un ensayo que va a publicar A. Rotondò.

473. Véase ASM, Inquisizione, b. 5*b*, fasc. *Pighino Baroni*, hojas sin numerar parcialmente. En el fascículo están las copias de dos testimonios relativos al proceso de Ferrara (1561).

474. Véase *Hérésies et sociétés dans l'Europe préindustrielle (XIe-XVIIIe siècles)*, París-La Haya, 1968, pp. 185-186, 278-280; C. P. Clasen, *Anabaptism, op. cit.*, pp. 319-320, 432-435.

475. Véase Andrea da Bergamo [Piero Nelli], *Delle satire alla carlona libro secondo*, Venecia, 1566, f. 36*v*.

476. Véase sobre todo R. Bennett y J. Elton, *History of Corn Milling, III: Feudal Laws and Customs*, Londres, 1900 (facsímil, Nueva York, s. a.), pp. 107 y sigs., y *passim;* pero véanse también los textos recopilados por G. Fenwick Jones, «Chaucer and the Medieval Miller», en *Modern Language Quarterly*, XVI (1955), pp. 3-15.

477. Véase A. D'Ancona, *La poesia popolare italiana*, Livorno, 1878, p. 264.

478. Véase Andrea da Bergamo [Piero Nelli], *Delle satire, op. cit.*, f. 35*v*.

479. ASM, Inquisizione, b. *5b*, fasc. *Pighino Baroni*, hojas sin numerar (1 de febrero de 1571). Ya en el proceso de 1561 un testigo había declarado que había oído a Pighino en su molino «decir malas cosas de la misa».

480. Sobre este punto insiste R. Mandrou, en *Hérésies et sociétés, op. cit.*, pp. 279-280.

481. Véase C. Violante, *ibid.*, p. 186.

482. Véase M. Bloch, «Avènement et conquête du moulin à eau», en *Mélanges historiques*, II, París, 1963, pp. 800-821.

483. Véase ASVat, Concilio Tridentino, b. 94, fasc. *Visita della diocesi di Modona 1565*, f. 90r (y véase también f. 162*v*, a propósito de una visita cuatro años después, y f. 260*v*).

484. Véase ASM, Inquisizione, b. *5b*, fasc. *Pighino Baroni*, ff. 18*v*-19*r*.

485. *Ibid.*, f. 24*r*.

486. *Ibid.*, f. 25*r*.

487. Véase A. Rotondò, «Per la storia dell' eresia a Bologna nel secolo XVI», en *Rinascimento*, XIII, 1962, pp. 109 y sig.

488. Véase Renato, *Opere, op. cit.*, p. 53.

489. Rotondò identificó en principio este personaje con

Francisco Bolognetti (véase *Per la storia*, *op. cit.*, p. 109, nota 3), pero éste fue nombrado senador sólo muchos años después, en 1555 (véase G. Fantuzzi, *Notizie degli scrittori bolognesi*, II, Bolonia, 1782, p. 244). Pero precisamente en la edicción de las *Opere* de Renato, Rotondò ha abandonado esta identificación (véase índice de nombres). Por el contrario la hipótesis de que se tratara de Vincenzo Bolognetti no presenta dificultades, ya que éste forma parte hasta 1534 de los ancianos y *gonfalonieri*: véase G. N. Pasquali Alidosi, *I signori anziani, consoli e gonfalonieri di giustizia della città di Bologna*, Bolonia, 1670, p. 79.

490. Véase ASM, Inquisición, b. *5b*, fasc. *Pighino Baroni*, ff. 12*v*, 30*r*.

491. Véase Renato, *Opere*, *op. cit.*, p. 170.

492. *Ibid.*, p. 172. La identificación de éste con fray Tomaso Paluio de Apri, llamado il Grechetto, propuesta por Rotondò, parece poco convincente. Por el contrario, que pueda tratarse de Giorgio Filaletto, llamado Turca o Turchetto, me ha sido sugerido por Silvana Seidel Menchi, a quien quedo muy agradecido.

493. Véase ASM, Inquisición, b, *5b*, fasc. *Pighino Baroni*, f. 33*v*.

494. Véase Renato, *Opere*, *op. cit.*, pp. 64-65, y Rotondò, *Per la storia*, *op. cit.*, pp. 129 y sig.

495. Véase p. 147.

496. I Tesalonicenses 4, 13 y sigs.: «Nolumus autem vos ignorare, fratres, de dormientibus, ut non contristemini sicut et ceteri qui sepem non habent. Si enim credimus quod Iesus mortuus est et resurrexit, ita et Deus eos qui dormierunt per Iesum adducet cum eo etc». [«No queremos, hermanos, que ignoréis la suerte de quienes duermen [*i.e.* de los muertos], a fin de que no os aflijáis como los demás, que carecen de esperanza. Pues si creemos que Jesús murió y resucitó, así Dios se llevará consigo a los que se durmieron por Jesús»]. Véase Williams, *Camillo Renato*, *op. cit.*, p. 107.

497. Vëase ASM, Inquisición, b. *5b*, fasc. *Pighino Baroni*, f. 2*v*; también véase F. 29*v*. El *Florilegio* fue incluido en el Índice.

498. Véase *Florilegio*, *op. cit.*, f. A Viv.

499. *Ibid.*, f. B 11*r*.

500. *Ibid.*, ff. Cr-*v*.

501. Véase ASM, Inquisición, b. *5b*, fasc. *Pighino Baroni*, f. 30*r*.

502. Véase p. 56.

503. Véase ASM, Inquisición, b. *5b*, fasc. *Pighino Baroni*, f. 20*v*.

504. Véase ACAU, proc. nº 285, hojas sin numerar (19 de julio de 1599).

505. Véase ASM, Inquisición, b. *5b*, fasc. *Pighino Baroni*, hojas sin numerar (1 de febrero de 1571) y f. 27*r*.

506. Véanse pp. 153 y 194.

507. Véase Bajtin, *L'oeuvre de François Rabelais*, *op. cit.*

508. Sobre un panorama general véase J. Delumeau, *Le catholicisme entre Luther et Voltaire*, París, 1971, sobre todo pp. 256 y sig. [Hay trad. cast.: *El Catolicismo de Lutero a Voltaire*, Barcelona, Labor, 1973.] J. Bossy propone una interesante perspectiva de investigación en «The Counter-Reformation and the People of Catholic Europe», en *Past and Present*, nº 47, mayo de 1970, pp. 51-70. Ahora compruebo que G. Hennigsen ha propuesto una cronología análoga en *The European Witch-Persecution*, Copenhague, 1973, p. 19, en la que se propone volver sobre el tema.

509. Sería de agradecer una investigación exhaustiva sobre sus repercusiones, tanto indirectas como remotas.

510. Sobre esta aproximación, véase Bossy, *The Counter-Reformation*, *op. cit.*

511. Sobre vagabundos, véase la bibliografía citada anteriormente, p. 198; sobre los zíngaros, véase H. Asséo, *Marginalité et exclusion : Le traitement administratif des Bohémiens dans la société française du XVII*ᵉ *siècle*, en *Problèmes socio-culturels en France au XVII*ᵉ *siècle*, París, 1974, pp. 11-87.

512. Véase ACAU, «Epistole Sac Cong. S. Officii ab anno 1588 usque ad 1613 incl.», hojas sin numerar. Santoro, cardenal de Santa Severina, había estado a un paso de la silla de san Pedro durante el cónclave que después se resolvió con la elección de Clemente VIII. En contra suya influyó sobre todo su fama de severo.

513. Por lo tanto no negador de la divinidad de Cristo, como se estimaba al principio, sino todavía algo peor. A propósito de este tipo de terminología véase en general, H. Busson, «Les noms des incrédules au XVIe siècle», en *Bibliothèque d'Humanisme et Renaissance*, XVI (1954), pp. 273-283.

514. Mientras, el 26 de enero de 1600 se registraba ante notario la dote de Giovanna Scandella, en el acta figura «domi heredum quondam ser Domini Scandelle» (ASP, Notarile, b. 488, n. 3786, f. 27*v*).

515. Véase ACAU, «ab anno 1601 usque ad annum 1603 incl. a n. 449 usque ad 546 incl.», proc. nº 497. En todo caso hay que corregir a Paschini, *Eresia*, *op. cit.*, p. 82, que afirma, basándose en los documentos que conoce, que el único ajusticiado por el Santo Oficio de Friuli fue un herrero alemán, en 1568.

POSFACIO 2019

1. Ginzburg, *I benandanti*, cit.

2. Cfr. *1000 processi dell'Inquisizione in Friuli* (1551-1647), a cargo de L. De Biasio, Centro regionale di catalogazione dei Beni Culturali, Villa Manin di Passariano, 1976.

3. C. Ginzburg, *Stregoneria e pietà popolare. Note a proposito di un proceso modenese del 1519* [1961], en *Miti emblema spie. Morfologia e storia*, Einaudi, Turín, 1986. [Hay trad. cast.: *Mitos, emblemas, indicios: Morfología e historia*, Gedisa Editorial, 2020.]

4. Véase C. Ginzburg, *Streghe e sciamani* [1993], en *Il filo e le tracce. Vero falso finto*, Feltrinelli, Milano, 2006, pp. 281-293.

5. Recientemente he retomado estos temas desde otro punto de vista: *Nondimanco. Machiavelli, Pascal*, Adelphi, Milán, 2018.

6. F. Benigno, *Parole nel tempo. Un lessico per pensare la storia*, Viella, Roma, 2013, p. 79 (y véase todo el ensayo *Cultura popolare*, pp. 79-114). [Hay trad. cast.: *Las palabras del tiempo: un ideario para pensar históricamente*, Ediciones Cátedra, 2013.]

7. Véanse las páginas finales de D. Chakrabarty, *Provincializing Europe. Postcolonial Thought and Historical Difference* [2000], nueva edición, Princeton University Press, Princeton, 2007.

8. Cfr. A. Del Col, «Il Menocchio lettore», en la revista *Metodi e ricerche*, nueva serie, XVII, 2, 1998, pp. 63-77.

9. Cit. por Ginzburg, *Il filo e le tracce*, cit., p. 10.

10. Una lectura en clave política de esta metáfora en V. Foa y C. Ginzburg, *Un dialogo*, Feltrinelli, Milán, 2003, pp. 130-131. He retomado este tema en el ensayo «Schemi, preconcetti, esperimenti a doppio cieco. Riflessioni di uno storico», en *Mefist*, I, 1, 2017, pp. 57-78.

11. T. Hak, «Developing a Text-sociological Analysis», en *Semiotica*, 75-1/2, 1989, pp. 25-42.

12. Véase J. Serna y A. Pons, *Cómo se escribe la microhistoria. Ensayo sobre Carlo Ginzburg*, Universitat de València, Madrid, 2000; C.A. Aguirre Rojas, *Contribución a la Historia de la Microhistoria Italiana*, Prohistoria Ediciones, Rosario, 2003; H. Espada Lima, *A micro-história italiana. Escalas, indícios e singularidades*, Civilização Brasileira, Rio de Janeiro, 2006; J. Serna y A. Pons, *microHistoria. Las narraciones de Carlo Ginzburg*, Editorial Comares, Granada, 2019. La versión de microhistoria ejemplificada por las investigaciones de L. González y González (muy diferente de la propuesta por el grupo de historiadores italianos de los que yo formaba parte) se debate en C. Ginzburg, *Microstoria: due o tre cose che so di lei* [1994], en *Il filo e le tracce*, cit., pp. 241-269.

13. Esta interpretación restrictiva fue de inmediato desmentida por los títulos aparecidos varios años más tarde en la serie «Microstorie», publicada por Einaudi y dirigida por Giovanni Levi y por el autor de estas líneas, en colaboración con Simona Cerutti.

14. En relación con mi interpretación de la microhistoria, remito a los siguientes ensayos: *Microstoria: due o tre cose che so di lei*, cit.; *Latitude, Slaves, and the Bible: An Experiment in Microhistory*, in «*Critical Inquiry*», XXXI, 3, primavera 2005, pp. 665-683; *Microhistory and World History*, en *The Cambridge World History*, Cam-

bridge University Press, Cambridge, 2015, vol. VI: *The Construction of a Global World, 1400-1800 CE*, segunda parte: *Patterns of Change*, a cargo de J.H. Bentley, S. Subrahmanyam, M.E. Wiesner-Hanks, pp. 447-473.

15. Véase I. Calvino y otros, *Alì Babà. Progetto di una rivista 1968-1972*, a cargo de M. Barenghi y M. Belpoliti, en «*Riga*», 14, 1998; A. Cortellessa, *Libri segreti. Autori-critici nel Novecento italiano*, Le Lettere, Firenze, 2008, pp. 431-433 y *passim*.

16. M. Foucault, *L'archéologie du savoir*, Gallimard, París, 1969 [Hay trad.cast. *La arqueología del saber*, Siglo XXI de España Editores, 2009]; E. Melandri, *La linea e il circolo. Studio logico-filosofico sull'analogia*, il Mulino, Bolonia, 1968 (nueva edición con un ensayo introductorio de G. Agamben, Quodlibet, Macerata, 2004). Ya había expresado mi perplejidad en una breve crítica sobre Foucault, *Folie et déraison*, cit., publicada en *Studi medievali*, tercera serie, V, 1, 1964, pp. 412-414

17. «Ich habe von den Inquisitoren gelernt», entrevista con S. Steiner, en *Falter*, 22/09, pp. 30-31.

18. Véase Carlo Ginzburg, *Microstoria: due o tre cose che so di lei*, cit., p. 256.

19. No es el caso de añadir, a las reales, mediaciones inexistentes: los notarios del Santo Oficio no tradujeron al latín las respuestas de Menocchio ni fueron traducidas de nuevo de esta lengua al italiano del siglo xx por Andrea Del Col, como afirman D. Levine y Z. Vahed, *Ginzburg's Menocchio: Refutations and Conjectures*, in *Histoire sociale / Social History*, XXIV, 68, 2001, pp. 437-464, en particular, la p. 442 y la nota 17. En algunas ocasiones no estaría de más un poco de «*obsessive concern with textual analysis*» (una actitud de la que se alejan los dos autores).

20. *Domenico Scandella detto Menocchio: i processi dell'Inquisizione* (1583-1599), a cargo de A. Del Col, Biblioteca dell'Immagine, Pordenone, 1990.

21. *Ibid.*, pp. XXII-XXIV.

22. *Ibid.*, pp. LXXXI-LXXXVIII.

23. *Ibid.*, p. CI. Y véase la traducción inglesa: *Domenico Scandella Known as Menocchio. His Trials Before the Inquisition* (1583-1599), a cargo de A. Del Col, trad. ingl. de J. e A. C. Tedeschi, Medieval & Renaissance Texts & Studies, Binghamton (NY), 1996, en la que se señala explícitamente mi error (p. CXII, nota 201).

24. *Domenico Scandella detto Menocchio*, cit., pp. C-CI, 243-245.

25. Véase A. Prosperi, *Carlo Ginzburg a Montereale*, Circolo culturale Menocchio, Sequals (Pordenone), 1999, p. 32 (con un fragmento de una de mis cartas, de fecha 1 de octubre de 1970).

26. *Domenico Scandella detto Menocchio*, cit., pp. LXV-LXVII.

27. *The Journal of Modern History*, LIV, 1, 1982, pp. 139-143.

28. Ginzburg, *Streghe e sciamani*, cit., pp. 282-285, en particular la p. 283 (donde recordaba que Franco Venturi escribió que «el *animus* de los *narodniki* había encontrado una nueva y original encarnación» en los escritos y en la persona de mi padre, Leone Ginzburg: cfr. *Il populismo russo*, Einaudi, Turín, 1952, vol. II, p. 1163).

29. Cfr. A.L. Lepschy, *«Quel libro del Mandavila... che me aveva tuto travaliato»: presentazione degli incunaboli italiani* [1986], en *Varietà linguistiche e pluralità di codici nel Rinascimento*, Olschki, Firenze, 1996, pp. 9-20; E. Benini Clementi, *Riforma religiosa e poesia popolare a Venezia nel Cinquecento: Alessandro Caravia*, Olschki, Firenze, 2000; M. Giola, «Tra cultura scolastica e divulgazione enciclopedica: un volgarizzamento del Trésor in compilazioni tardomedievali», en *Rivista di letteratura italiana*, XXIV, 1, 2006, pp. 21-49.

30. Véase Levine-Vahed, *Ginzburg's Menocchio: Refutations and Conjectures*, cit.; P.M. Tommasino, *L'Alcorano di Macometto. Storia di un libro del Cinquecento europeo*, il Mulino, Bolonia, 2013, pp. 269-286.

31. En junio de 2019 eran veintitrés.

ABREVIATURAS

ACAU	Archivo de la Curia Arzobispal de Udine
ACVP	Archivo de la Curia Obispal de Pordenone
ASM	Archivo de Estado de Módena
ASP	Archivo de Estado de Pordenone
ASVen	Archivo de Estado de Venecia
ASVat	Archivo Secreto del Vaticano
BCL	Biblioteca Comunal de Lucca
BCU	Biblioteca Comunal de Udine

AUSTRAL